臺灣歷史與文化 研究輯刊

十八編

第 2 冊

宜蘭「文化立縣」的經驗及其民俗過程（上）

楊金源 著

花木蘭文化事業有限公司

國家圖書館出版品預行編目資料

宜蘭「文化立縣」的經驗及其民俗過程（上）／楊金源 著 --
初版 -- 新北市：花木蘭文化事業有限公司，2020〔民109〕
目 6+186 面；19×26 公分
（臺灣歷史與文化研究輯刊十八編；第 2 冊）
ISBN 978-986-518-182-6（精裝）
1. 文化行政 2. 文化產業 3. 民俗 4. 宜蘭縣
733.08　　　　　　　　　　　　　　　　109010598

ISBN-978-986-518-182-6

9 789865 181826

臺灣歷史與文化研究輯刊
十八編 第二冊　　　　　　　ISBN：978-986-518-182-6

宜蘭「文化立縣」的經驗及其民俗過程（上）

作　　者　楊金源
總 編 輯　杜潔祥
副總編輯　楊嘉樂
編　　輯　許郁翎、張雅淋　美術編輯 陳逸婷
出　　版　花木蘭文化事業有限公司
發 行 人　高小娟
聯絡地址　235　新北市中和區中安街七二號十三樓
　　　　　　電話：02-2923-1455／傳真：02-2923-1452
網　　址　http://www.huamulan.tw 信箱 hml 810518@gmail.com
印　　刷　普羅文化出版廣告事業
初　　版　2020 年 9 月
全書字數　315941 字
定　　價　十八編 16 冊（精裝）台幣 40,000 元

宜蘭「文化立縣」的經驗及其民俗過程（上）

楊金源　著

作者簡介

楊金源，知識學習領域由社會工作而社會學理論；又以文化社會學及文化政策的訓練基底，從人類學及民俗學視角跨入地方文化治理及地方文化現象變遷的研究範疇。

在日常生活現場，作者是一資深社會工作師，是地方社會運動的觀察者、倡議者，是宜蘭縣政府前計畫處長，是佛光大學社會學系、文化資產與創意學系兼任助理教授。目前懷抱正向、溫暖給力的心念，專注於非營利組織的社會行動及實踐工作。

提　　要

本研究，聚焦宜蘭地方社會復振變遷與應用民俗元素建構「文化立縣」經驗的民俗過程。方法上，以公共民俗學、文化社會學及本土人類學等綜融研究取徑，設定台灣解除戒嚴令前夕，陳定南在宜蘭以本土價值及地方主義，開創政治抵抗與文化轉向的階段為背景舖陳；進而深入揭露 1989 年 12 月以降，游錫堃承續地方自主路線膺任宜蘭縣長後，以民俗主義為中心的地方文化重建過程與文化治理邏輯，所形成的文化象徵體系為研究範圍，藉以探討地方文化治理的可能範式。

1980 年代以降，宜蘭的發展路徑與特質有了與台灣社會殊異的發展理路，研究從游錫堃運用政治資源，旗幟昂揚的經由民俗資本的轉化應用，力推「開蘭 195 週年紀念」定義宜蘭生日，開拓文化政治場域的「文化立縣」傳統的策略脈絡展開，探討其以民俗作為本土化、地方化重建經驗模型的新民俗屬性與結構紋理。研究架構，從第二章宜蘭地方主義的興起與「文化立縣」經驗的形成背景入題，溯尋陳定南所啟動的新政治風格、新治理思維的本土化策略基礎，再以第三、四、五、六章正式進入本研究的核心主題，探討宜蘭如何經由傳統節日的復振，重塑地方集體記憶；如何透過空間記憶與再詮釋，形塑地方認同；如何承續傳統戲曲，成為地方識別符碼；如何重修地方史及動員社區基層社會，進行社區鄉土化的營造等文化治理政策。

歸納實徵研究成果：宜蘭「文化立縣」經驗，主要係藉由民俗資本通過民俗過程發展新文化，形成抵抗政治的發展邏輯與社會特質。這地方性的建構，是一個由體制外抗爭而體制內執政的文化穿透過程；是掌握地方文化領導權的黨外菁英，循著特定的意識型態與價值策略，展開民俗資本採擇、干預與創造的民俗過程。這漸進演繹的價值策略，有力形構了屬於宜蘭的地方知識、地方意義系統與地方情感。

致謝辭

　　難得重溫學習夢的七年，宛如曼妙樂曲般，或快板般暢快傾瀉激盪；或中板般心曠野田舒緩流淌；也嘗曲折緩行於慢板蜿蜒，而更沉靜徐步踏尋寬廣。這驚艷生涯采風，可銘紀為一段心智跋涉、養性怡情，同時發心愉悅的奇幻旅程，路途上有感動、有感恩及更多的自省自勉。

　　感動的是：妻子的無微承擔與三位寶貝孩子的贊聲陪伴；林美容老師的大氣指導；李正芬老師荒漠甘泉般的賜福。要感謝的是：陳其南老師在論文擇題與視野的精妙點撥；安德民老師新民俗理論及時的醍醐灌頂；李世偉老師、陳進傳老師的書審指導，及偕同林美容老師、林信華老師、黃雯娟老師的諄諄面審；江帆老師、葉濤老師、施愛東老師、蕭放老師的激勵鼓舞；劉惠萍、劉秀美及彭衍綸老師的開門牽引與期許等。另者，拙作研究廣涉宜蘭田野龐雜議題與史料或原始文獻，感謝諸多在地研究先進、報導人及傳承人的熱心協助；林正芳兄、莊文生兄、宜蘭文化局前局長宋隆全兄，及文化局陳曉慈秘書的行家對話與文本提供。尤其是作為宜蘭地方知識累積見證的「宜蘭縣史館」，蒐藏豐富基礎文獻及在地官方文化政策實作公文書，瑰寶入裡，惠我良多。

　　博士班同學林全洲兄、溫宗翰兄、王人弘兄，及學長蔡昇德兄、葉威伸兄等師道同門，相激相盪、互攜互勉，則溫暖難忘！

目

次

圖表目錄

第一章　緒　論

　　縱觀台灣社會自解除戒嚴前夕，民主化、本土化趨勢凌厲果快，尋求台灣主體性，同時總結新階段的集體意志論述，在台灣內部社會結構上取得了無比強勁的社會驅力。此一時潮語境下，台灣，作為一個主體意識醒覺的島嶼、作為移民社群身分認同的心靈邊界、作為生命共同體立地著根的集體意志岩磐，一世紀以來的政治流變物換星移，集體心靈於是發酵感染為浪漫、悲愴散文式的黯傷流淌。在集體記憶裡、在各種意識形態的社會動員較勁過程中，這島的身世，縮影著如悲劇程式般的始終悲情，隱喻著抵抗又串引著否極泰來的想望。但舊幕下、新幕啟，新傷卻屬似舊痕，總使島民們宿命似的跌宕重創得低迴不已！外環境的淒厲強凌、相對剝奪的創傷深烙，身分的尋找、集體面孔的勾繪定著，由是直直激化著零和兩立，無以對話的亢調。

　　此其間，台灣置身全球社會的另一維度，刻正互映搬演著全球化（Globalization）〔註1〕與在地化（Localization）〔註2〕趨勢交錯的風景。而宜蘭先行於台灣社會，首映的本土化等於地方化、等於鄉土化、等於民俗化的地方經驗與文化景觀，鮮明展現了會銜台灣民主化、本土化的主流趨勢，

〔註1〕 全球化（Globalization）是在政治、經濟、戰爭、文化、知識與跨境交通等國際社會的演變中，因為世界觀、產品、概念及其他文化元素的交換，所帶來國際性整合的過程及難以抗拒的普遍化潮流。

〔註2〕 在地化或稱本土化（Localization）是相對全球化而來的另一趨勢和潮流。在市場自由化與科技力量推波助瀾下，各國商品生產、消費生活乃至文化內容、普世價值觀和行為模式都有趨同（convergence）的同質化發展，此處在地化即在反應或反思此情勢下持續表現或維持自身既有文化，以維主體性及身分識別。

接合（articulation）〔註 3〕而為宜蘭在地化、民俗化的地方符碼化風潮。筆者，起心以本土民俗學及公共民俗學等新民俗學研究取徑，動念深入宜蘭地方民俗復建應用的個案研究方法，研究起點設定自台灣解除戒嚴令前夕，陳定南首在宜蘭以本土價值及地方主義，堅定開創的政治抵抗與抵抗文化為前因背景，及至游錫堃 1989 年 12 月當選膺任第 11 屆宜蘭縣長，承續地方自主路線，所逐序呈現以民俗主義為中心的地方文化重建過程與文化邏輯。筆者的現下關懷，在沉澱萃取宜蘭「文化立縣」的經驗與民俗過程，所創發的人文價值以及地方意義系統；終極關懷，則盼從民俗和民間人文美學跨界整合的文化知識體系，理、感性兼具的入世對話當今文化治理的可能範式，以及台灣身世的合理出路。

第一節　研究動機與研究旨趣

一、研究背景與研究重點

　　本研究聚焦探索：宜蘭藉民俗過程，形構地方性的文化治理機轉。希望實證檢視宜蘭文化經驗中，先行於台灣社會的民俗表現形式、民俗應用語彙等所涉文化政治及意義指涉，及其地方價值創新重建之變遷過程。這治理機轉及變遷過程，包括官方與民間、政治與經濟力量的介入、庶民累積生活觀與文化領導權者意識形態間，互動盤結的民俗文化過程。更精確的說，係預期藉小型地方社會──宜蘭的實徵驗證，考察民俗資本在台灣移民社會中，涉入有關李國祁所歸納的「內地化」與陳其南所倡議的「土著化」的主體性辯證過程與社會實踐效應。

　　筆者假設：宜蘭地方社會為台灣本土社會的縮影。嘗試經由縱深剖理宜蘭經驗的文化政治結構與民俗過程，深描宜蘭以在地民俗應用架構，建立主

〔註 3〕此處筆者以英國文化研究學者霍爾（Stuart Hall）在 "The Hard Road to Renewal" 一書討論現代世界的權力現象時，借用了葛蘭西霸權理論發展了「接合（articulation）」此一關鍵概念，形成了對後現代社會文化研究的「接合理論（articulation theoty）」。以接合概念剖析現代世界，其權力建構仍然是由政治、道德、知性、文化、意識形態等衍生建構的，其中包含匯總了各種十分不同的社會力量和分歧概念，使之接合成策略聯盟，建構了一個新的文化秩序，塑造了一個全新的歷史計劃（historical project），但並非在反映一個早已形成的集體意志。此註，部分參考馮偉才：〈文化研究學者對霸權（Hegemony）的解釋〉。

體政治、滿足身分認同、增益城市觀光的文化條件等經驗。藉由宜蘭個案經驗來詮釋戰後台灣社會，在集體意識解放之際，急速尋索腳下土地與身分認同的後戒嚴社會，所建構地方主體認同兼及創意經濟的民俗過程。

二、研究旨趣與研究目的

　　台灣解除戒嚴後劇變的文化政治場域，本土化、去中心化及地方化的風潮威猛興起，關鍵現象表現為台灣社會、地方社會新一輪文化領導權的爭執與協商。本文研究旨趣在：以公共民俗學的思維及方法為中心，跨際整合文化人類學、文化社會學、地方社會史學、文化地理學、社會心理學等與民俗相關的概念工具，梳理宜蘭地方社會從 1980 年代萌發到 2010 年代間，回應本土化、去中心化及地方化風潮的新民俗過程，多層次辯證宜蘭「文化立縣」治理傳統中，民俗應用的在地知識體系。切入此地方知識體系的層次，筆者參照德國批判理論巨擘 Jurgen Habermas 在《認識與旨趣》中，所揭露的從「技術認知旨趣（technical interests）」而進階「實踐認知旨趣」（practical cognitive interest），最終進入本研究的知識修行過程，尋求徜徉「解放認知旨趣」（emancipatory cognitive interest）的心智增益與知性的愉悅。

　　各階所採研究策略，從「技術認知旨趣」的基礎層次進入宜蘭文化事象的經驗科學研究始；亦即首先儘量正確、客觀的觀察、採集、判斷、描述宜蘭民俗過程等地方社會文化事件。再進階探求「實踐認知旨趣」的詮釋學研究層次，就宜蘭「文化立縣」治理傳統形成的社會實踐進程，進行語境重建，同理過程中如何經由多途徑語言溝通，克服誤解與衝突，在有效互動的社會機轉中，實現行動意義和地域效應。最後進入「解放認知旨趣」（emancipatory cognitive interest）的解構範疇，對宜蘭「文化立縣」治理傳統創生歷程的權力結構，及其間衍生的政治、經濟、族群等支配權力關係，進行辯證解構與批判，為台灣民俗學領域增益一地方民俗學及應用民俗學之學科視窗及可能性。

第二節　研究範圍與研究方法

一、問題意識

　　現代性作為人類文明史上重大事件，在時間軸及空間軸上無限展開，就文化範疇言，一如 Michel Foucault 對治理性（governmentality）潮流興起的觀

察，文化治理已經成為可經由漸趨理性的文化決策尋求涉入公眾生活可能性的社會景觀，或批判檢視的論戰議題。戰後台灣社會，國民黨一貫遂行威權統治，1987年後進入政治社會轉型階段，從1988到1993年的台灣政治民主化，主要表現在：民主政黨競爭型態的出現、直接民主、權力核心的改變、文化自覺、語言及社會生活趨勢的鄉土化等〔註4〕，而伴隨現代性全球化呼應在地化的雙趨課題，台灣各地方社會皆迫切努力於自明性符碼的再象徵化，藉以用力揭露身分識別，本土傳統之復建倡議於是有了社會基底，傳統在地鄉土庶民文化，於是自邊陲向主流中心區帶位移。

本研究所要提問的是：

（一）宜蘭1980年代以降的發展路徑與特質，是否有其可歸因且具代表性的「內在程式與軟體結構」〔註5〕，成為民俗過程的社會條件？

（二）宜蘭地方治理及地域發展理路，如何經由民俗過程展開傳統重建或發明？

（三）民俗資本的轉化應用與文化政治場域，是否存有密切互動關係？

（四）宜蘭「文化立縣」治理傳統，是否有其內化的新民俗屬性與結構紋理，在此期間實現而為地方象徵與身分認同符碼？

（五）宜蘭地方社會，以民俗作為本土化、地方化的地方重建經驗模型，是否可推據為台灣大社會的縮影？

二、研究假設

在前揭語境中，為深入探索宜蘭地域詮釋、符碼展演、集體記憶書寫等現象，本研究在下列假設架構下展開蘭陽地方民俗學研究：

（一）假設宜蘭地方主義的興起，係緣起於宜蘭政治生態、經濟型式及發展路徑的選擇。

（二）前項的路徑選擇，應有其漸次所發展而成的地方性典範及地方意義系統。

〔註4〕王振寰：〈權力與政治體系〉中就台灣因政治體系的解構所影響的社會連動有周延的觀察，收錄於與瞿海源共同主編之《社會學與台灣社會》（台北：巨流，1999年）。

〔註5〕參考陳其南：〈文化發展的程式〉，收於《文化結構與神話──文化的軌跡（上冊）》（台北：允晨文化，1986年），頁3～8。「內在程式與軟體結構」，係陳其南借用資訊科技軟體程式邏輯概念，類比社會體運系作互動機轉如同軟體一般同時具有外在和內在的質量特性。

（三）宜蘭藉復振與應用民俗元素的「文化立縣」經驗，係以取得地方
文化政治場域的文化領導權，進行策略性的民俗元素揀擇與干預
的民俗過程為中心。

三、研究範圍與研究架構

本個案研究，以起自 1980 年代台灣社會活躍的社會力為背景，聚焦游錫
堃 1989 年 12 月擔任第 11 屆宜蘭縣長後，承續陳定南政治抵抗與抵抗文化脈
絡，所逐序呈現以民俗為中心的宜蘭地方文化重建現象。宜蘭地方社會如此
這般的指標性變遷，緣起於 1987 年台灣解除戒嚴前夕社會氛圍，更勝而進之
的是 1988 年 1 月 13 日，強人蔣經國過世、李登輝即日繼任總統，社會質性
變遷力道峰湧的大環境背景。此一歷史階段的宜蘭地方情境是：1981 年 11 月
地方選舉出現了首位「黨外」縣長陳定南〔註6〕，出乎意料的以政壇新秀之姿
高票膺任第就九、十屆兩任共八年縣長，任內以衝撞既有政治框架、成功阻
絕台塑集團第六輕油裂解廠在宜蘭設廠〔註7〕等，且聲望峰頂高票轉任立法委
員；在地「反核四」、「反火電」的環境自覺行動日炙〔註8〕；教師、農民權益
等社會運動強勢抬頭〔註9〕；地方自主性意識亢奮崛起。宜蘭新政治、新地方
策略於焉成型。

本研究以宜蘭地方社會，在前述期間饒富地方性、差異性的新民俗過程所
顯現事象為範圍。第一章〈緒論〉，澄清研究語境與研究旨趣、前人相關研究與
文獻檢討、研究範圍與研究方法、問題意識與研究假設；第二章〈宜蘭地方主
義的興起與「文化立縣」經驗的形成〉，從陳定南新政治風格、新治理思維溯源
調查入題，逐續梳理宜蘭社會特質構成，探察宜蘭地方社會在本土化策略基礎
下，所創制「文化立縣」傳統，如何在官方與民間互動下形成殊異文化政策。

〔註6〕「黨外」，為當時「非國民黨」陣營，或稱「泛反國民黨」陣營之特定自稱或
他稱。

〔註7〕「反六輕」，在台灣所謂「經濟起飛」的發展狂潮下，陳定南藉地方豐沛社會
力與素有「台灣經營之神」名望的台塑集團巨人王永慶捉對周旋，迫使該集團
1988 年 10 月放棄宜蘭利澤簡既有廠址，轉場落腳於雲林，成功避免了石油化
工業的汙染噩運。係時任宜蘭縣長陳定南政治明星化的起手式，更是確立宜蘭
環境意識及反資本主義式開發之地方策略定義的歷史節點。

〔註8〕台灣環保聯盟宜蘭分會 1988 年 2 月成立「反火電專案小組」，展開一系列理念
宣傳及抵制蘇澳煤火發電廠抗爭。

〔註9〕訴求教師權利及教育改革的「宜蘭縣教師工會籌備會」及訴求農民權益的「宜蘭
縣農民權益促進會籌備會」，相繼於 1988 年 5 月及 6 月成立，並積極活躍運作。

　　第三、四、五、六章正式進入本研究的核心主題，探討宜蘭如何經由傳統節日的復振，重塑地方集體記憶；如何透過空間記憶與再詮釋，形塑地方認同；如何承續傳統戲曲，成為地方識別符碼；如何重修地方史及動員社區基層社會，進行社區鄉土化的營造。其中第三章以〈傳統節日與地方集體記憶的重塑〉為題，敘述游錫堃藉漢族介入蘭陽地區開發時間節點，設定儀式化「開蘭紀念日」，通過溯源進行宜蘭人身分建構；再以夙負盛名的「頭城中元普渡搶孤祭典」；及已然表演化、公共化的「歡樂宜蘭年」等突出的歲時節慶，從時間向度呈現屬於宜蘭的時間意義。第四章〈空間記憶與地方認同〉，借冬山河的希望之河意象及依附其上的親水公園與國際童玩節新傳統，再現宜蘭地景以詮釋地域的蘭陽博物館，以及再創造為傳統技藝展演空間的宜蘭傳藝中心等，從空間向度呈現屬於宜蘭的空間意義。第五章〈傳統戲曲承續與重建〉，以原生於宜蘭員山的歌仔戲為中心，從肩負歌仔戲曲傳承使命的蘭陽戲劇團研究入始，輔以民間戲曲博物館化的宜蘭台灣戲劇館及其歌仔戲薪傳計畫等，系統性揭露宜蘭以原生傳統戲曲為有效民俗資本，作為地方文化符碼的民俗過程。第六章〈身分的復歸〉，從去中心化的地方史與鄉土教材編撰、社區總體營造所顯現的地方特色，觀看宜蘭地方身分的書寫。第七章〈宜蘭經驗及其民俗過程的經驗辯證〉，在總結並歸納本研究所揭露宜蘭藉由發展新文化，所形成抵抗文化的發展邏輯與社會特質，是一個體制外而體制內的文化穿透過程，掌握地方文化領導權的黨外菁英，循著特定的價值策略，展開民俗資本的採擇、干預與創造的民俗過程，有力形構了屬於宜蘭的地方知識、地方意義系統與地方情感，以及宜蘭經驗的台灣意義。第八章〈結論〉，則以研究結果辯證應驗相關提問與假設。

四、研究方法

（一）民俗文本與傳承語境並重

　　在研究命題的擇定策略上，筆者傾心於當代的、本土的、地方性的新民俗現象，故以宜蘭地方性新民俗過程的變遷事象為範疇。在方法上，希望避免受限純粹民俗文本研究桎梏於「回到遙遠的過去」，及「就文本話文本」的遙遠化境；也希望避免類似傳統人類學一貫的「異地觀察異文化」的奇觀式民族誌探索。由於民俗有層積性，中間有許多複合成分，如果僅僅是忠實於文本描述，而不進入承載民俗文本的社會載體及歷史背景加以分析，所得的

在地知識將僅及於「經驗—分析的科學研究」，欠缺了地方社會實踐維度的理解詮釋，更往往輕略了對社會事象變遷影響深遠的政治，或經濟權力宰制體系等結構性力量的洞察與批判〔註 10〕。因此本研究以新民俗學取徑，藉宜蘭在地社會活態文本，註解當代台灣新民俗趨勢，實徵宜蘭地方性新民俗節慶事象，觀看宜蘭以民俗為核心的地方性創生結構與社會歷程，使知識產出能回饋為公眾民俗學的入世實踐資糧。

　　中國民俗學者安德民，在〈民俗學家鄉研究的理論反思〉中，論及「家鄉民俗學」新研究路徑的發展性與研究倫理問題時，指出了「早年知識分子所做的蒐集工作（主要集中在民間文學作品上），並不是嚴格意義上的田野作業，而只是對文本所做的採錄」，一種只見文本而略失載體的方法顯示在「工作的重點主要是放在對民間文學作品的記錄而不是整體生活文化的研究上。蒐集材料的過程——也即與人打交道的過程，並不是最為重要的問題」，對於民間傳承人或田野報導人的態度，也視「作為那些文學作品的主體的人，往往只是充當著文本材料的提供者，可以被忽略不計，或被掩蓋在豐富的民間文學作品之後〔註11〕」，強調田野資材內容與載體情境的不可偏廢。金榮華在論及民間藝文調查採集態度上，也強調〈游魚和魚乾〉之別〔註12〕，金、安兩位學術前輩均強調民間資材採集與詮釋，應兼及資材所在之社會背景及文化意義。這般學術倡導，適與此期間台灣社會所同時興起一股由下而上的地方學風潮暗合，以在地區域為中心，進行全向度系統性微觀研究的地方學，在自由化與本土化的社會解構

〔註10〕德國的批判理論學者哈伯瑪斯（Jurgen Habermas）在知識論上主張：任何一個認識都起源於旨趣（knowledge interest）。他提出人類旨趣的三種類型（1）技術的興趣（technical interests）：指人類關注的是對生活世界作正確、客觀的觀察描述、判斷、預測和控制。行動方式是工具性理性，追求實證主義所主張的科學的知識。（2）實踐的興趣（practical interests）：因人對社會事實的瞭解途徑有許多是來自意義的瞭解和彼此的互動，人們透過語言而產生溝通行動，增進彼此的瞭解並克服生活中因誤解和詮釋產生的衝突。（3）解放的興趣（emancipatory interests）：由於生活世界的勞動和互動兩個基本要素會衍生出權力，權力產生人與人之間的支配宰制。參閱哈伯瑪斯（Jurgen Habermas）著，方環非譯：〈知識與人類的旨趣——一個普遍的視角〉收於《世界哲學》第二期（北京：中國社科院哲學所，2015 年）。

〔註11〕安德民：〈民俗學家鄉研究的理論反思〉，發表於《民間文化論壇》，2005 年第 4 期；暨安德民發表於《2010 海峽兩岸民俗暨民間文學學術研討會》的〈當家鄉成為田野——民俗學家鄉研究的倫理與方法問題〉。

〔註12〕參據金榮華：〈游魚和魚乾——論民間藝文和現代科技〉，收錄於《民間文學年刊》第 2 期增刊（花蓮：國立東華大學民間文學研究所，2009 年）。

氛圍下，形成了在地文化盤點與與生活世界知識化的覺醒運動。高丙中也並列「民俗文本研究」與「民俗整體研究」，指出兩種學術取向應互補互長，並引據喬伊納（C. W. Joyner）：〈分析歷史處境中的民俗表演的一個範式〉，主張共時性與歷時性的研究應結合起來的方法，將民俗中的人、活動與政治、經濟、自然等處境因素考慮進來〔註13〕。周星在〈從「傳承」的角度理解文化遺產〉中，談到民俗傳承重視「口承」、「書承」及其他傳承法之外，應重視作為傳承者與傳承母體的社區，是創造、享有並持續傳承集體記憶的主體，傳承文本無法脫離包括聽眾在內的反覆語境〔註14〕。參據前揭趨勢及借鑒西方「俗民方法論」（ethnomethdology）〔註15〕，均普遍指向研究者應回到人們生活的世界中，了解人們與環境、他人或事與物的互動，以及在互動過程中的意義建構和分享，倡議在方法上對作為民俗傳統載體的在地生活世界，展開多方位的整體關懷。

　　綜此，本文對當代宜蘭民俗變遷研究，回到常民生活，瞭解宜蘭住民在民俗變遷重構的過程中與環境、與社群、與公共事務與官方政策互動等種種表現態樣，以及這過程中的意義建構與分享型式的研究方法策略於是確立。方法上，假定宜蘭這文化變遷的過程，參與的地方人們生活在充滿意義的情境中，其藉由民俗資本莊嚴地方主體性的社會行動，往往源自對週遭人事物的意義詮釋，社區社群及住民個體會對每天行動賦予意義，具備所謂的反身性（reflexivity），也因此完成文化立縣治理傳統的集體行動。從俗民方法論的觀點而言，宜蘭已儼然成形的「以文化為先」的地方聲望象徵，應合理懷疑其並非於焉天成的客觀實體現象，純然客觀的社會結構與一般想法，並非造就宜蘭特質鮮明差異性的決定因素。按俗民方法論主張，社會成員其實受到一套共享的符號意義結構所彰顯的象徵意義（symbolic meanings）所影響。此一象徵意義在宜蘭地方社會成員頻密互動中累積建構完成，社會發展規範也在頻密互動中形成了地方意義詮釋〔註16〕。筆者在宜蘭文化研究的過程中，

〔註13〕高丙中：〈文本和生活：民俗研究的兩種學術取向〉，收於周星主編：《民俗學的歷史、理論與方法》上冊（北京：商務印書館，2006年），頁117～128。
〔註14〕周星：〈從「傳承」的角度理解文化遺產〉，收於周星主編：《民俗學的歷史、理論與方法》上冊（北京：商務印書館，2006年），頁129～143。
〔註15〕Harold Garfinke 是俗民方法論的代表人物之一，於 1967 年發表"Studies in Ethnomethodology"一書確立論述深遠。俗民方法論者著重對普遍社會知識的研究，關心對他人的理解，和人事物出現時環境的多元性。
〔註16〕俗民方法論進入表象後側觀看影響俗民生活的結構性因素，參閱 Coulon, A. （1995）Ethnomethodology. London: Sage Publications。

希望探求「社會成員是否受到一套宜蘭共享的符號意義結構」所影響，而形成特有的實徵現象。而詮釋人類學者 Clifford Geertz 在〈地方知識〉中，認為詮釋人類學不以理論賦予個案的意義為意義，詮釋人類學方法上在致力於探求個案在特定文化中所具備的特定意義。這種文化意義的個別差異顯示在地方生活中所承載的對事、物、行為的符號性上，在 Geertz 的看法上，地方文化的表現是一種「演出的文本（acted document）」，是一種特有的符號系統，而要精準解讀在地符號的正確意義，則應回歸符號表現所在的「想像的宇宙（imaginative universe）」的語境中〔註17〕，研究者方得以切近本真現象完整正確的詮釋解譯。按詮釋人類學這「特定意義產生於特定文化的詮釋」邏輯言，對地方知識的文化理解，須將作為理解對象的地方放回相應的文化脈絡中始能準確據實地還原地方的意義系統。在這套「為符號尋找特定而正確理解脈絡」的解碼過程，歸納宜蘭文化立縣經驗及民俗過程意義生產的「文化體系」（cultural system），也正體現了地方學的知識價值與趨勢。日漸模糊的傳統遺留，與日益趨同的生活方式，我們同時付出了文化多樣性及身分臉譜不再清晰的代價，民俗學當今的研究使命，已難以純粹滯留於遺留物的靜態保存與文獻訓考。筆者嘗試深入當下宜蘭地方社會的文化動態符號中，尋找內在的文化基因，詮釋宜蘭地方的意義系統，如同李亦園「展演文化的文法」（Performance cultural grammer）的概念〔註18〕，一探在地社會，如何以復振民俗作為全球化下身分識別新臉譜的可能性。

（二）應用民俗學的學術取向

回歸當代新民俗學的學術脈絡，公共民俗學（Public Folklore）首先指涉其研究標的，即為當今生活中有關「民俗的實踐活動，在產生民間傳統的社區內或其外的新的語境中，對這種傳統的表現（representation）和應用」〔註19〕的新民俗現象。此民俗研究學術取向，因具備當今社會治理的實用性及文化再生產的應用性，因而別稱「應用民俗學」（Applied Folklore）。

筆者以為，民俗學界興起公共知識份子式的社會參與，使知識公共化與

〔註17〕林徐達：〈地方知識的回返〉，《詮釋人類學：民族誌閱讀與書寫的交互評註》（苗栗：桂冠圖書，2015 年），頁 59～101。
〔註18〕參據李亦園：《田野圖像：我的人類學研究生涯》（台北：立緒，1999 年），頁 69～87。
〔註19〕參據楊利慧、安德明：〈美國當代民俗學的主要理論和方法〉，收於周星主編：《民俗學的歷史、理論與方法》下冊（北京：商務印書館，2006 年），頁 615。

應用化的倡導與努力，是一種進步意識下的有效社會行動。在近代知識典範初萌的行為科學理論時期，主張知識菁英應在學術高塔中嚴守價值中立的學術倫理，學術社群也應出世隔離；公共民俗學的興起，則主張知識生產者從古典的典範執著中，轉身望向公眾，有力的向社會、向權力集團拋擲建設性論述，或從公共論域參與的角度出發，詮釋民間文化價值，以理性、以專業知識接受諮詢或問責於公共部門，民俗學家的知識行動化使蹲點調查的田野，轉化而為實踐的田野、社會共同體的田野。此一學術典範轉移，正面所造就的社會能量及學科發展空間，正是筆者投入本研究的努力取向；惟此一公眾應用範式所涉入的政治或商業力量，對民間民俗文化的霸權干預或牽引，或學界異化人文價值等可能助長庸俗化的警醒，同時是筆者關注並力持「文化研究」〔註20〕立場要予以檢視批判的。

關於公眾民俗學的應用特質，美國 Robert Baron 指係：「民俗傳統在其社區內外新框架、語境下的表徵與運用」，意即「在邊緣傳統民俗承載者與主流公眾之間，搭起文化對話和交流的橋樑。一方面促進傳統民俗文化的廣泛傳播和公眾教育，同時使傳統民俗承載者，通過親身參與社區外公共民俗生活節，重新評估其傳統文化的價值，由此提高其文化自覺與自決意識。」〔註21〕觸發公眾認知民俗傳統所承載文化價值，所蘊含的人本惜根概念與實踐過程。當代社會全球化、科技化、快速化的變遷特質，使得傳統民俗學、歷史學等人文科學「回到過去，重現現場」的懷古研究途徑，難以回應當下社會的入世提問並展望學科前景。相同世潮掏洗下，人類學傳統中藉由置身異地觀察異文化的民族誌書寫與轉譯分析途徑，也在西方現代性及經濟與科技的全球化穿透下，等速同質化了各「異地」的「田野」生活形式，模糊了素原族群的文化識別性，使得人類學的學術發展進程，於當下社會場域的知識生產及公共運用中遭遇了瓶頸。本研究深受歐陸及美、日民俗學「望向腳下生活世界」等日常化、語境化典範轉移之影響，嘗試以新民俗學取徑關注當代台灣新民俗事象，將學術關懷焦點從停駐過往遙遠時空及靜態文本，轉向為

〔註20〕此處「文化研究」指 1964 年脫生於文學研究傳統的英國「伯明罕當代文化研究中心」，「伯明罕學派」（Birmingham School）開啟文化研究關心日常生活中的意義與活動的批判學術系統，1990 至 2000 年間文化研究在台灣發展議題涵納文化、再現、地方感、空間研究、性政治、後殖民、電影研究、媒體批評等，以批判性、反思性為學術進路。

〔註21〕黃龍光：〈美國公眾民俗學對中國非遺保護的啟示〉發表於《雲南社會科學》2015 年第 5 期。

在地化、生活化、日常化等入世學術策略。

　　另一方面，在實質面對文化揉變的間斷性上，美國人類學家 M. Mead 在《文化與承諾》（Culture and commitment）中，視野從原始文化轉向了當代社會。其歸納當代文化傳承由於文化的間斷性，而呈現為「前喻文化」、「並喻文化」和「後喻文化」等三種模式。「前喻文化」的模式，表現為代表傳統的長者居於文化主導地位的結構型式，長輩的行為向晚輩提供了不可背逆的榜樣；「並喻文化」的模式，表現為傳統文化和年輕的新文化並行共存、勢力相當地的結構型式，基本特點是全體社會成員以當下流行的行為模式作為自己的行為準則，人們同時也懷有一共同願望；「後喻文化」的模式，表現為長者學習並認同趨同於年輕新文化上〔註22〕。本文實徵關懷宜蘭地方社會，自 1980 年代發萌到 2016 年間饒富地方性、差異性的新民俗節慶事象結構，觀看宜蘭以民俗為重建差異地方性的創生結構及社會歷程，或可一探其文化變遷形式是否為「並喻文化」或「後喻文化」的地方特質了。

（三）新民俗傳統與象徵化的性質研究

　　「宜蘭國際童玩藝術節」、「歡樂宜蘭年」、歌仔戲薪傳、社區文化化、博物館地景化、空間符碼化……等新傳統的形成，結構成為一套地方象徵的符號系統，對此地方民俗學之個案研究，筆者用以定性研究之原則，有步驟的、聚焦性的蒐羅大量質性資料，包括事件文本、訪談、文獻、參與式觀察所得資料等來解釋或感受社會現象，尋求說明、解釋或預測我們當今真實世界如何承載民俗文化資源，如何在變遷中對一方之地、一方社群產生影響連結的現象。需要特別敘明的是定性研究的重點不在操作變數、或純粹驗證假設來回答問題，而在探討問題內涵於脈絡中的複雜性，須從進入研究對象本身的架構中來了解其行為及意義體系。

　　緣此，本研究定性為民俗變異式研究，而非窮盡民俗文本原相的還原式研究；是民俗歷時的、進化的研究，而非共時的、涵化的研究；是民俗傳播/變異的研究，而非傳承/持續的民俗研究；是從故俗中看新加成分的研究，而非從今俗中看過去成分的研究；是民俗變異物的研究，而非遺留物的研究。在此定性基礎之下，通過「公共民俗學」、「民俗過程」、「再結構化」、「再語境化」、「文化立縣」、「文化政策」等關鍵原始文本的蒐整彙析，進入宜蘭地

〔註22〕米德（M. Mead）著，周曉虹、周怡譯：《文化與承諾：一項有關代溝問題的研究》（河北：河北人民出版社，1987 年）。

方變遷架構中來感受地方民俗傳統與時俱變的動態及所造成的社會影響，尋求說明、解釋當今宜蘭的地方觀、身分觀、發展觀、空間觀、文化觀等所交集互文的地方意義系統。

（四）研究法與研究資料來源

本文首以個案研究法確立研究策略及研究架構，從紮根理論的質化研究方法出發〔註 23〕，經由歷史研究法、文獻研究法、參與式觀察法及質性深度調查訪問法等路徑，廣泛蒐集宜蘭民俗過程與文化立縣等系統化「選擇性譯碼」〔註 24〕研究資料，接續以內容分析法及言說分析法歸納各現象資料加以分析整理，希望以由下而上的方式，發掘本研究的「主軸譯碼」〔註 25〕，即宜蘭 1980 年代以降藉由民俗應用過程逐步實現文化立縣經驗的政治、經濟與文化間的因果條件，及地方文化史中的背景脈絡、中介因素等，通過詮釋人類學回到社會事件現場的同理語境，整合分析宜蘭藉由民俗重現及傳統發明的行動策略，所舖陳「以文化為先」的地方象徵符號。

第三節　前人相關研究文獻回顧與檢討

本文進入宜蘭地方民俗變遷研究之主要文獻基礎，源於宜蘭地方社會史對史境變遷及主要事件的研究；輔以縣級、鄉鎮市級方志，各文化機構、宗教、族群、行業、宗族、農漁工林生產組織及民俗團體等譜誌、留痕記事文書等之蒐羅訓佐。在掌握民俗過程變遷的歷史基礎後進而參據各專業領域之學術工具，掌握宜蘭社會文化背景及民俗傳統發展變遷的基礎脈絡。參據範疇包括：

〔註 23〕 紮根理論是一種質化研究方法，經由系統化的原始資料搜集從中歸納分析整理出經驗，以由下而上的方式，發掘反映社會現象的新理論；研究者在研究開始之前不一定有理論假設，直接從實際觀察入手。西方近年社會科學常見之研究典範，係以個案研究為核心，並融入紮根理論（Grounded Theory）。

〔註 24〕 「選擇性譯碼」指的是發展研究結果的核心範疇，即故事線，以此整合其他的範疇，完整舖陳研究結果。本研究即以宜蘭文化立縣及其民俗應用為核心故事線。參據徐宗國：〈紮根理論研究法〉，收於胡幼慧主編：《質性研究》（臺北：巨流，1997）。暨 Strauss, A. & Corbin, J.著，吳芝儀、廖梅花譯：《質性研究入門：紮根理論研究方法》（嘉義市：濤石，2001 年）。

〔註 25〕 「主軸譯碼」即將分析現象的因果條件、背景脈絡、中介因素、行動策略和結果整合起來。參據來源同前註。

一、宜蘭地方社會史研究文獻檢討

詹素娟在前輩曹永和指導下的開山作,〈族群、歷史與地域——噶瑪蘭人的歷史變遷(從史前到 1900 年)〉〔註26〕,對噶瑪蘭變遷元素考究周詳,藉由族群、歷史、地域三個面向,進行噶瑪蘭人歷史變遷的研究;並進而提出 Sanasai 傳說圈概念做為主要的分析策略。歷史部份,則涵蓋兩個層面:一是指從史前到十九世紀的歷史時間與內涵;二是指歷史的主觀詮釋面,歷史真實與文獻圖像的辯證性,兩者交互所形成的問題意識。地域部份,則包含所謂傳說圈、遷徙圈之空間,及族群空間的理解概念,以說明噶瑪蘭人的遷徙行為與新居地的形成;奠定了宜蘭族群研究及歷史研究的基礎。

清領宜蘭為研究範圍的專書部分,以陳進傳:《宜蘭傳統漢人家族之研究》〔註27〕和廖風德:《清代之噶瑪蘭——一個台灣史的區域研究》〔註28〕及施添福:《蘭陽平原的傳統聚落:理論架構與基本資料》〔註29〕三書最為基幹。陳進傳為宜蘭縣史先進權威,早期在縣內奔走、無論晴雨,和志同道合一起從事田野調查,諸多宜蘭史料也在他們的勤奮中得以保存。代表作從傳統漢人家族史切入,考據漢人遷入移動、家族發展類型、子嗣繼承、財產鬮分、家廟祠堂、家法族規及望族的地方參與等,對宜蘭漢人家治、家傳規範梳理完整。惟研究中對民俗傳統作為子嗣繼承、財產鬮分、家廟祠堂等社群規範形成之核心人文基礎結構,並未系統涉入實證漢俗在地化及墾拓過程中的變遷與重建,是為一憾。

至於《清代之噶瑪蘭:一個台灣史的區域研究》則是研究清代宜蘭縣史的總薈,廖風德在前人著作基礎上綜合性的探討包括:清代噶瑪蘭地理景觀與人文環境、蘭地開發過程、官治組織建立與運作情形、農墾社會發展及社會民變衝突與分類械鬥等五大主題。廖風德著重於設治及當時各族群之關係與衝突,後續的數篇宜蘭史論文評價也很高,惟與陳進傳雷同的是並未涉入系統實證呈現民俗在地化及變遷重建過程。在清領設治方面,政大台文所陳

〔註26〕 詹素娟:〈族群、歷史與地域——噶瑪蘭人的歷史變遷(從史前到1900年)〉(台北:國立師範大學歷史研究所博博士論文,1998年)。
〔註27〕 陳進傳:《宜蘭傳統漢人家族之研究》(宜蘭:宜蘭縣立文化中心,1995年)。
〔註28〕 廖風德:《清代之噶瑪蘭——一個台灣史的區域研究》(台北:里仁書局,1982年)。
〔註29〕 施添福:《蘭陽平原的傳統聚落:理論架構與基本資料》(宜蘭:宜蘭縣立文化中心,1996年)。

南旭在題為〈清代臺灣噶瑪蘭廳的成立與社會變遷（1786～1820）〉的碩士論文中則以社會區域史觀點，指出當時五圍（今宜蘭市）立廳設治，地方空間結構變遷，造成吳沙勢力所在的四圍逐漸為五圍超越。但在既有地方民力網絡穩固的結首制，官方則無力直接介入其中。導致官方難以遏止地方動亂；但也意味著，地方社會依然保有相當的能動性。

施添福在《蘭陽平原的傳統聚落：理論架構與基本資料》中，以豐富的史料與紮實的田野為根據，選擇小字部落（類現制之村里）分布、聚落類型為分析單位，透過表、圖對照的手法，詳實而有系統的呈現蘭陽平原傳統聚落基本類型及其時空演變，嘗試為台灣聚落研究，提出一套新理論架構。其以人文地理學厚實素養，整合了地理學、地方史、區域史等方法，在地方空間、區域聚落、族群遷徙等蘭陽平原傳統基層社會空間的形成及演變等調查研究上，取得了傑出成果。先進研究方法跨界獨到，對筆者多所警醒啟發。惟從研究議題視角出發，則檢討發現該研究對伴隨宜蘭墾殖社會動態的民俗在地化、及民俗傳統對聚落形成與社群生活之影響等，尚乏系統性之考據研究。

日治宜蘭階段研究專書，則以林正芳：《宜蘭的日本時代》〔註30〕為代表。林正芳專注宜蘭史研究，學術關懷觸及各細部史及部分鄉鎮方志主編等微研究面向。該書焦點包括：日本始政所涉戰事、政治、西鄉菊次郎廳長個人史及傳說，按序進入日治之交通、教育、農林漁工業等經濟發展，在地領袖階層之形成及蔣渭水人物史，同時深入蘭陽溪為界的溪南、溪北地緣政治意識形成及影響探源，並生動說明二戰前皇民化、神社崇拜及動員、戰備、戰爭等殖民與太平洋戰爭對宜蘭地方之影響等。該書難得的專章說明了1937年（昭和12年）日府宣佈進入戰時體制〔註31〕後侵犯民俗，在宜蘭直接干預寺廟信仰、祖先祭祀、婚禮形式及宜蘭本地歌仔演出，並創造「沙韻之鐘」原民臣服故事等文化殖民事件。

在少壯的學位論文方面。政大台史所俞寧凱在張炎憲指導下，對陳定南以降的宜蘭社會提出〈歷史視野下的宜蘭經驗（1981～2005）〉的歸納，指1981年陳定南意外當選縣長，開啟了長達24年的宜蘭經驗，環保及觀光影響深遠。

〔註30〕林正芳：《宜蘭的日本時代》（宜蘭：蘭陽博物館，2016年）。
〔註31〕1921年日本議會通過「法律第三號」，規定日本本土法律開始全部或局部適用於台灣。1937年中日八年戰爭開始，軍司令部宣佈進入戰時體制，與日本本土劃一時間，展開了壓抑本土民俗文化的皇民化運動。

1990 年代，游錫堃除了延續也開創出獨特的文化立縣經驗，編寫縣史、創建縣史館與鄉土教育、創辦宜蘭國際童玩藝術節等，逐步走出脈絡，使宜蘭人故鄉認同感高漲。劉守成時代發生了宜蘭經驗停滯現象。台大政研所潘志忠在〈台灣綠色執政的雛型——以宜蘭經驗為例〉中，以宜蘭經驗的內容，係經濟轉型與政治互動得出綠色政治存在的抽象概念（concept），將這抽象概念一般化於全台灣，確實有過度推導的危險，但以綠色政治作為台灣順應國際潮流、轉換國內經濟型態、調和社會環經衝突、創造台灣本土文化及調節政治結構發展而言，卻又具有多元的參考價值。

　　圍繞宜蘭經驗談地方認同的代表性研究中，台大地理所何致中〈地方與認同—宜蘭地區地方特質與認同政治間的關聯〉的博士論文，從人文地理學「地方與區域研究」的脈絡出發，整合探究地方及認同兩大議題，以經驗研究描繪宜蘭地方特質，再藉由認同政治發展的分析，來探究宜蘭地區地方特質與認同政治間的關連。理論運用方面包含了地方、認同與地方認同三個範疇，以「自然」、「意義」與「社會關係」三現象分析地方特質。研究結論指出，宜蘭地形、氣候和水文等自然環境深切影響整體空間形構過程，為地方特質基礎部份，進而影響到認同的建構；但宜蘭地區高度的地方認同現象，則和地方政府所主導的以地方為基礎（place-based）的認同政治有著密切的關係。此處，筆者甚為同感宜蘭特質的造就，有其客觀自然物理空間基礎，但形成論述及身分建構的主要動因，則成之於 1980 年代以降地方政團所掌握文化領導權的有效施為與本質性介入。

二、宜蘭方志文獻檢索

　　清代宜蘭史志以柯培元《噶瑪蘭志略》和陳淑均《噶瑪蘭廳志》為完整。此外宜蘭縣政府以文化立縣政策，創新方志的「宜蘭縣史系列」、「宜蘭文獻叢刊」和《蘭陽史蹟文物圖鑑》等都為重要參考。「宜蘭縣史系列」除了李壬癸：《宜蘭縣南島民族與語言》；林美容、鄧淑慧、江寶月：《宜蘭縣民眾生活史》；邱坤良、施如芳、張秀玲、藍素娟、郝譽翔：《宜蘭縣口傳文學》等部為類別分述，其餘各部脈絡皆自清始。

　　對游錫堃執政後之治史評價方面，師大歷史所莊秀冠在碩士論文〈人與歷史交會之所——「文化立縣」與宜蘭縣史館（1992～2005）〉分析，宜蘭縣史館自 1992 年成立籌備即廣泛蒐集史料，喚起歷史記憶與鄉土意識，為修史

及學術研究奠定豐富史料基礎。再者，專業的學術態度，以宜蘭為書寫主體、族群平等史觀，有別於傳統以中國為主體、百科全書式的志書。出版《宜蘭文獻雜誌》及「宜蘭文獻叢刊」等刊物、舉辦「宜蘭研究」學術研討會，激發愛鄉情懷；是宜蘭「文化立縣」政策下的基礎工程，文化發展的火車頭，啟發台灣各地文化政策及本土研究模式。

三、宜蘭地方民俗研究文獻檢討

宜蘭文化立縣所展開的重建序列，考其核心質素實為復歸過往地方生活中之各類民俗傳統。有關宜蘭民俗盤點研究，最具代表性的首推林美容領銜以民俗學及文化人類學方法所完成的《宜蘭縣民眾生活史》。該書的直接提問是：宜蘭民眾過往的生活有什麼特色？已累積為眾民的俗慣有那些？該研究廣泛論述宜蘭民眾的生活風貌，透過敘述和報導的手法，輔以圖像剪影。包括：日常生活、吃食文化，日常穿著、居住型式、物質生活、歲時生活、曆俗、例假、生計生活、消失與沒落的行業及新興行業、生命禮俗、生育習俗、生之禮讚、婚姻禮俗、喪葬儀禮、休閒生活等涵蓋寬廣精彩。惟就研究提問：宜蘭文化立縣所倡建的究係舊生活史的民俗復歸？抑或是新生活史論述的創造與發明？該書提供了客觀資料，但沒有民俗過程網絡互動關係的考據，這正是筆者本論文的核心功課所在！

宜蘭媽祖信仰研究方面，佛光潘文欽以〈宜蘭媽祖信仰重鎮—蘇澳南天宮之研究〉探討南天宮歷史、信仰、空間人物以及地方重大事件等方面，藉由南天宮及其周邊環境，以時間軸的方式由遠至近地呈現出時間對空間的刻畫，分析出南天宮空間文化的變貌與樣貌，並對照現今南天宮的空間體系，探討南天宮各個面向的地方意象。

師大體育所莊依麒藉〈宜蘭縣冬山河親水公園三大主題活動的歷史考察〉，進入宜蘭縣冬山河親水公園所相依的傳統民俗——「宜蘭縣龍舟錦標賽」，及新民俗——「宜蘭國際童玩藝術節」與「宜蘭盃國際名校划船邀請賽」。觀察大型主題活動與親水公園的符號性，對於宜蘭發展有實質上的影響。師大地理所黃教維探討〈冬山河流域觀光遊憩資源的形構及其利用之時空特性〉，指出冬山河是形成蘭陽平原的主要河川，從傳統水域的聯結流域涵蓋範圍共五個鄉鎮，自西南向東北有南澳鄉、冬山鄉、羅東鎮、蘇澳鎮，最後由五結鄉與蘭陽溪會合後出海。區內自然與人文景觀資源豐富，特有的地質與

動植物景觀、古蹟、寺廟與民俗文化、主題公園與各鄉鎮產業、田園聚落和各主題博物館等資源，涵蓋了流域內的自然與人文之面向。民俗活動，尚包括冬山鄉風箏節、五結鄉鴨母節、羅東鎮藝穗節等，傳統民俗轉化為召喚都會鄉愁的療癒方案。

四、宜蘭地方學研究檢討

　　二十年來，宜蘭地區曾經發行過數十種刊物，《噶瑪蘭雜誌》最具代表性。標舉「宜蘭縣民的雜誌」，以「鄉土‧報導‧評論」為編輯方向，計共刊印 135 期，發行期間長達四年，對解嚴前後新宜蘭影響至深且鉅。係游錫堃任省議員期間捐資創刊，當今台灣綠營政壇中原任立委現任監察委員的田秋堇及其夫婿前宜蘭縣長劉守成和原任高雄副市長後任中國石油董事長陳金德等，皆曾任社長或主編，前任行政院副院長林錫耀、前任科管局長李界木等更是協同當年編輯團隊的反六輕社運旗手，扮演主要文膽，成為宜蘭環境策略論述及社運動員的平台及火車頭；個別研究者則有部分地方知識份子圍繞地方課題，如陳長城的鄉土藝文掌故，周家安、潘寶珠的文化行政，徐惠隆成為報導文學與古蹟解說的能手，陳進傳則專注宜蘭鄉土史及漢人家族傳統研究。

　　老一輩享有盛譽的李春池、李清蓮、陳志謙、藍懷生、蕭阿呆等人，十分熟悉鄉土文物，作品散見《蘭陽》雜誌，及早的採集紀錄極具史料價值。另唐羽的專長是宜蘭與北台灣的地緣互動關係，陳健銘對民俗與戲曲著力很深，著有《野台鑼鼓》一書，邱水金獨鍾史前考古與原住民族，孜孜不倦的持續投入考古人類學的掘探現場。白長川注意族譜與開發史研究。至於吳永華原是賞鳥專家，因而執著於蘭陽平原的自然觀察，觸角已伸到台灣自然史的研究。

　　另起自 1995 年「宜蘭研究學術研討會」迄今已進入第 12 屆，歷屆就地方各領域設定年度主議題，廣邀學界展開宜蘭地方學研究發表，並逐屆結集以《「宜蘭研究」學術研究討會論文集》發行出版，甚具動態性及參考性，更是宜蘭學興起的推手和知識菁英望向宜蘭在地知識研究的公共論域，也因此引發台灣各地方競相創建在地地方學的風潮。

五、宜蘭口傳文學研究文獻檢討

　　2005 年由卓克華教授指導，佛光人文社會學院文學系研究所游建興撰寫的清代噶瑪蘭地區的漢人文學發展》，為第一本研究清代宜蘭學之學位論文。

對於清代噶瑪蘭地區文學有一詳細整理，尤其對於民間文學，如諺語、歌謠、楹聯、神話、傳說、民間故事也都有所著墨，對於研究清代宜蘭地區民間文學全貌概況有開創之功。宜蘭縣史系列中邱坤良及郝譽翔等編撰之《宜蘭口傳文學》，則屬諺語、歌謠、楹聯、神話、傳說、民間故事等之田野採收記錄，屬品質參差中性文獻，資料量及領域完整性不足，亦無嚴謹之學術性研究分析。惟已屬稀有之口傳參酌文獻了！

淡江中文所賴紀穎在〈宜蘭地區俗語研究〉中對宜蘭口傳俗語則有所補綴，就宜蘭地區特有或僅流傳或創生於宜蘭當地的民間語言進行採集分析，它真實地反映宜蘭的自然和人文內涵，翔實地蘊蓄宜蘭人共同的經驗與觀念。強調俗語與地方人文發展的關係，除了保存口傳語料之外，更藉由以人為主的俗語為研究文本，探究宜蘭地區的地理環境、人文社會，顯現出俗語研究與地域文化發展的重要性與貼近性。

在地方書寫的整理上，彰師大藍慧茹〈當代宜蘭文學中的地方書寫〉博士論文中，設定研究文學如何透顯人的地方經驗，舉例不同作者間對宜蘭生活經驗、情感、空間、記憶及事件的書寫表達，如何聯繫宜蘭人（作者）、作品、地方成一個緊密的網絡。其歸納地方書寫提供了一個觀看視野與在地發聲的起點，產生閱讀的情感和深化文學的生命。地方書寫並不僅僅影響作者本身，文學亦會以一種內在深層的力量去感染讀者。文學的感染是無形的，地方的力量也是無形的，兩者交織而成的觀看經驗，是召喚並重建集體記憶的有效途徑。透過閱讀書寫宜蘭的篇章，當讀者在閱讀地方文本，於無形之中誘發對地方的情感或使命感，增進讀者對地方的情感與認同，從中再次「發現地方」，地方也就不僅僅只是文本中的一個「空間」，而是生活在其內的「地方」了！這是篇有溫度、有感情的、屬於當代人文宜蘭學的暖性研究。

六、宜蘭文化政策研究檢討

文化政策於台灣本是冷議題，早期更鮮少有學者或研究生投入地方社會文化政策研究。黃國禎是一例外，1998 年在台大城鄉發展研究所即在夏鑄九指導下，完成了《認同政治與地域實踐——以九〇年代宜蘭為例》的碩士論文，研究分析游錫堃任宜蘭縣長後倡行環保、觀光與文化立縣等政策，確實創造出另一種地方發展經驗。但建構過程是一個抵抗過程，是宜蘭在地政治反對運動掌握的地方政府所發動的地域空間與社會過程。黃國禎認為文化立

縣政策被提出原因首在突破與對抗中央政府威權體制，策略上包括：地方歷史再書寫、鄉土意識再建構、進行地方文化活動、地方空間再定義與空間文化美學等。研究指出文化立縣政策的實踐，除了透過地方政府文化機制的直接文化干預，還透過「地域文化統合」的間接文化介入，逐漸成為宜蘭地域文化建構的一種習慣與模式，也形成了以地方政府為核心的地方權力集團，形塑了一種抵抗形象的「地域主義」。黃國禎碩士論文從認同政治及地方身分切入，揭露宜蘭地方政府的直接文化干預，2002 年再延續解構方法論，以《解構宜蘭經驗：邁向想像的地方認同：1990～2000》〔註 32〕，直指宜蘭經驗其實「呈現一個文化霸權的逐步形成，代表的是族群主義、民粹主義與地域社會運動的全面收編」等等批判見解。以價值中立的學術態度觀察，其對台灣社會普遍叫好稱羨的「宜蘭經驗」，持英國文化研究傳統的衝突視角及批判立場，在當下台灣社會或許並不見容主流，但所針貶地方政團立基於政治及意識形態，介入民間具主體性、公共性之文化及民俗過程，系統性干預開放社會人文價值及精神範疇，確值省思。黃國禎研究議題前衛、論述有力且深具反身性，惟筆者以為，對地方文化政策及其社會意義進行歸納與評價的前提，應該建立在更縝密的、客觀的、實徵的佐證基礎後，再行展開各向度意義的分析與詮釋等較為嚴謹周延。

　　另一端，與黃國禎同樣於 1998 年完成碩士論文的梁鴻彬在廖達琪的指導下，以〈政治變遷的地方模式──民進黨在宜蘭執政的個案研究〉〔註 33〕，從宜蘭地方政治變遷過程切入，並認為宜蘭地方政治變遷模式牽涉層面既深且廣，其試援引杭亭頓（S. P. Huntington）論辯政治變遷所提到的「文化、結構、社會群體、領導、政策」等五大面向（S. P. Huntington, 1971: 316～317），梁文以理論面向對照宜蘭經驗的方式，展開「政治文化：宜蘭的反對運動地域政治文化的形塑」、「領導、結構與政策：宜蘭反對運動的開展」、「社會群體：《噶瑪蘭》雜誌社及勞工與教育團體的角色」的個案分析架構，舖陳宜蘭變遷背景，再以「反六輕」與「反火電」運動作為驗證宜蘭經驗的分析個案，指出宜蘭民進黨或早期的黨外在地方執政，始自台灣反對運動中地方政治文化及認同的有意識建構與傳播，和戰後反對運動領導者對於反對路線原則的

〔註32〕黃國禎：《解構宜蘭經驗：邁向想像的地方認同：1990～2000》（作者自行出版，2002 年）。
〔註33〕梁鴻彬：〈政治變遷的地方模式──民進黨在宜蘭執政的個案研究〉（高雄：中山大學政治學研究所碩士論文，未出版，1998 年）。

信守與堅持，地方政府自主性要求的政策及結構面向的擘畫與開展，動員了社會群體和支持，因之可稱之為「地方性的政治變遷」。筆者後驗觀察也認為，隨著當時台灣各地方政府的自主性趨強，使得長期執政的國民黨中央政府與地方關係的衝突日趨激烈之際，宜蘭地方變遷模式對建構本土社會的主體性因而顯得意義重大，民進黨執政的「宜蘭經驗」個案研究（case study），提供一個觀察反對運動如何在威權轉化的過程中，透過掌握地方政府的施政與策略，結合社會運動（反六輕及反火電運動），開展出新興的地方施政思維和選擇另類地方治理的可能性。

　　陳賡堯於 1998 年出版的《宜蘭‧文化‧游錫堃》〔註34〕，算是極具代表性的報導文學式著作，作者南投人，輔仁大學中文系畢業後長期投入宜蘭地方新聞編採工作，作品產出時任中國時報宜蘭縣特派員。該書雖非屬學術性作品，但因作者個人作為資深媒體人的敏銳、高度興趣及與游錫堃政團密切的互動交誼，接近精準地掌握了 1990 年代以游錫堃為核心的地方政治之動、靜態原始文本，所書寫游政團文化政策範疇面面俱到，從政策歷程到地方國家的主導實踐等進行了完整的歷時性報導，行文中對游錫堃主導宜蘭文化立縣的經驗多持正面褒揚的肯定立場，該書性質屬較接近社會調查的報導人陳述文本，是對照查驗各標的文化事件基本資料的有效工具書。

　　都市計畫背景的廖淑容在〈宜蘭文化模式的制度能力與地域鑲嵌〉〔註35〕文中，則著眼宜蘭「非經濟因素」之文化模式對地方經濟發展的作用，從制度理論（institutional theory）〔註36〕中制度厚實（institutional thickness）的觀點論述宜蘭文化模式的進程與演進特質，驗證其制度與政策經理、作用者網絡、社會積累與文化價值等實踐。廖淑容據以研究後發現宜蘭文化模式潛藏了制度的侷限與困境，包括：宜蘭圖騰化的願景與地域共識，造成了制度性閉鎖危機及文化符號象徵與願景圖像模糊，逐漸吞噬了文化模式的共識基

〔註34〕陳賡堯：《文化‧宜蘭‧游錫堃》（台北：遠流，1998 年）。

〔註35〕廖淑容：〈宜蘭文化模式的制度能力與地域鑲嵌〉，收於國立臺南大學《人文研究學報》第 42 卷第 1 期 2008。頁 41～66。作者為都市計畫博士，現任明新科大副教授。

〔註36〕體制理論（Institutional Theory）是一組織理論，認為組織除了處在一個由物質所組成的物理或有形環境以外，更重要的是由認知、觀念、文化、習俗、制度、社會價值觀等因素所構成的體制環境（institutional environments）；體制就是泛指導引、規範個人及社會秩序等背後的結構及機制。藉此探索宜蘭模式的制度成因。

礎；而依賴政府主導干預作多的發展模式，也弱化了作用者網絡間的互動與合作，帶來宜蘭模式難以創新與學習的危機，造成地域獨特性的漸形失色。廖文也是少數藉理論實證宜蘭文化模式後，提出批判警醒的研究者，與黃國禎指宜蘭地方國家藉政治權力形成地方國家霸權不同的是，廖淑容從宜蘭區域治理的制度化因子及其特質上的極限反映所見真實及評價，文末並中性提出專業建言，屬一公共領域治理的決策應用評估宏論。

蘇顯星在其博士論文〈戰後台灣文化政策變遷歷程研究——歷史結構分析〉，以動態、結構的觀點，探討戰後台灣文化建設與政策發展的變遷歷程，將文化發展放在台灣特定的社會形構（social formation）來觀察，透過台灣新的文化史觀與視野，重新檢視過去台灣開發及社會文化發展的歷程。而曾深入參與蘭陽博物館籌備過程，並膺任過蘭陽博物館家族協會理事長的師大社教所羅欣怡，在博士學位論文中統整〈博物館與文化政策——探討臺灣 1990 年代以降博物館之相關政策與發展〉，從 1990 年代前後臺灣及世界主要國家文化政策之發展概況、博物館之發展歷程與現況、文化政策對於博物館發展之影響層面、以及未來新時代文化政策取向等課題，觀察到文化政策上，走向以地方為主軸的思維模式；在博物館發展走向上，則地方博物館將大量崛起。進而歸納這樣的政策與博物館發展現象，佐證了宜蘭文化政策的先行性。

〈共同打造新蘭陽：仰山文教基金會（1990～2008）〉一文則進入游錫堃執政時之關鍵智庫，林芳宜循 1980 年代後期至 1990 年代逐漸發展出所謂「宜蘭經驗」的前台，進入後台回溯宜蘭地方知識份子（也包括部分外地菁英如陳其南、陳贇堯等）在游錫堃的凝聚契合下，籌組財團法人仰山文教基金會，表示以非營利組織的身份深度參與孕育以環保、觀光、文化、生活等立縣主軸的過程與民間參與的角色，是較為少見第一與第三部門協力地方文化政策形成的公共參與視角。

台大新聞所李居翰則從當今社會傳播與溝通的觀點，解析〈童玩節的生與死—臺灣節慶活動的發展困境〉，從童玩節停辦事件爭議結構批判歸因為：文化經濟的悖離，使文化內涵與經濟發展互相拉扯，陷入數字迷失忽視文化重要性；中央文化政策擺蕩，乏長遠目標；又政治分裂鴻溝牽連甚大，作為選戰主軸；文化內容空洞主軸脫序，乏地方特性。同樣從傳播觀點切入文化政策分析的淡大傳播所林佩怡則以符號與消費的關係，解構〈邁入符號消費時代：宜蘭童玩節的敘事分析〉，指出藝術節是一種旅遊符號化的消費現象，

透過敘事理論的分析架構，瞭解藝術節與以往旅遊趨勢差異之處，探討童玩節說什麼故事，形成什麼敘事符號，建構什麼語藝視野方能滿足遊客消費符號的期待與需求。

　　任職宜蘭縣史館的李素月，在世新大學社會發展所〈文化治理與地域發展—九〇年代以降宜蘭的空間—社會過程（1990～2002）〉的主題，檢驗文化治理的社會效果及另類發展之侷限性與可能性。結論指出：宜蘭文化治理為文化政治場域，透過再現、表徵、表意作用運作，掩飾了權力的操作與資源的分配機制，是一個空間—社會過程，政府、資本、媒體、民間社會等不同行動者之間合縱連橫的複雜關係。在特殊地方意象與地方感的營造上，以龜山島與冬山河親水公園地景再現與操弄鑲嵌地域意義最顯著。林素月比較悲觀的評價是：「宜蘭經驗」，雖然在居民認同、文化與歷史重建、空間改造等面向成果明顯，但文化治理並沒有達到縣府所宣稱的地域振興效果。暨南大學公共行政所蕭欣怡〈宜蘭社區營造的回顧與前瞻——永續發展觀點〉，則自文化政策效應端歸納：陳定南社區政策價值核心在環保；游錫堃在文化；到了劉守成則在社區產業發展。

七、宜蘭民間戲曲藝術研究檢討

　　由於地理、人文等特殊因素，宜蘭的地方戲曲資源包括歌仔戲、傀儡戲、布袋戲、北管戲、布馬陣等，對此演變過程及表演形式田野調查，以陳健銘《野台鑼鼓》為最。宜蘭傀儡戲的特質與變遷研究，則以吳麗蘭〈台灣宜蘭地區懸絲傀儡戲研究〉及宋錦秀〈宜蘭地區傀儡戲除煞儀式〉為代表。北管傳承個案研究則有簡秀珍針對溪南福祿系統的〈台灣民間社區劇場——羅東福蘭社研究〉，但從北管人物史研究切入者，則是台北大學音樂所周以謙藉對恩師〈北管音樂藝人莊進才生命史研究〉整理台灣北管發展歷史最重要的民間藝術家也進入宜蘭北管縮影。佛光藝術所張以璇在藝術史先進林谷芳指導下，以〈蘭陽溪南二結與四結北管發展之研究〉研究源於清嘉慶年間拓墾團體於日治時期成立的二結、四結福蘭社以及歸轄二結（莊）的溪底城仔北管子弟團。研究發現蘭陽迎神賽會和曲藝活動熱衷其來有自，入蘭墾民中高達90%以上的漳人，於原鄉向來重視歲時年節種種祭儀，其根深蒂固的虔誠信仰，成為在荒煙僻壤噶瑪蘭與自然環境、原住族群搏鬥時最重要精神支柱。

　　但對宜蘭戲曲開展學院派系統性紮根研究的則首推林鋒雄教授，其台灣

戲曲著作等身，直接投注宜蘭田野的著作就有：〈宜蘭「本地歌仔」的調查與研究〉、〈話說宜蘭歌仔戲〉、〈說宜蘭北管戲曲〉、《宜蘭城北管曲》、〈說蘭陽老歌仔調〉、〈說老歌仔的腳步手路〉及《宜蘭縣歌仔戲資源調查計畫期末報告書》和〈臺灣戲劇館的規劃旨趣及其機能〉等，是位從田野研究出發進而影響民間戲曲文化政策的資深研究前輩。也指導後進學子承續投入，台北大學民俗藝術所游冠軍就從〈蘭陽平原唱相褒歌的民間文化——以礁溪鄉、員山鄉、冬山鄉為田野〉，深入盛行歌仔戲的宜蘭距今二十年，鄉野間風行俗稱「唱相褒」的歌謠活動，進行田野訪談，探尋宜蘭民間唱相褒的歌謠文化，並且嘗試從此一歌謠文化，分析早期宜蘭地區盛行歌仔戲活動的原因、甚至發現歌仔戲藝術在民間孕育的源頭。另位前輩邱坤良，以《日治時期台灣戲劇之研究》及《陳澄三與拱樂社：台灣戲劇史的一個研究個案》治理台灣戲劇變遷過程，提供了歷史觀的視野。所指導學生台大戲劇所紀惠玲也以史觀為基礎，釐清了文化政策對民間戲曲榮衰的影響，主題〈國家政策下的外台歌仔戲班——以 1990 年代後期迄今之創作演出為觀察重心〉以 1990 年代後期迄今外台歌仔戲班的主要創作演出為研究重點，一方面勾勒外台歌仔戲班在 20、21 世紀交會前後的創作現象，再方面分析這些創作具有的藝術特色、劇團特點及對歌仔戲劇種藝術發展的意義。另位俗文學及傳統戲曲史的傑出前輩曾永義有關台灣民間戲曲研究的代表作，《臺灣歌仔戲的發展與變遷》就是從宜蘭員山鄉頭份村這歌仔戲發源地出發，學術研究及田野調查資源評估豐富。所指導的文化中文所張祖慈也展開了〈文化政策下的台灣歌仔戲——1982～2002〉的研究，以七十一年至九十一年（1982～2002）台灣重要的文化施政為範圍，說明文化政策形成的依據、過程和文建會在政策執行中扮演的角色，以及對台灣傳統曲藝環境發展的重視和用力程度，並觀察台灣歌仔戲在文化環境中的體質變化、歌仔戲界在文化環境中的自覺、內省與自我調適，再就文化政策下台灣歌仔戲的保存、薪傳與發展，評述台灣歌仔戲發展受文化政策影響的程度。進入電子媒體傳播時代的民間戲曲展演研究，輔大傳播所郭美芳〈通俗文化的構成與轉型：電視歌仔戲及其觀眾之研究〉，以通俗文化作為影音傳播內容與觀眾間的互動特質，檢視歌仔戲的形成背景與相應的社會配置，分析其生產機制和文化地位的轉變及在文化工業的發展與知識份子的批判下，台灣電視歌仔戲演出與文化政策變遷的過程。

　　縣立蘭陽戲劇團在宜蘭歌仔戲薪傳文化政策中佔據主要位置，有關該團

的研究作品不可免俗的要以該團北管樂部指揮兼胡琴演奏家陳玉環的〈「蘭陽戲劇團」之研究〉為代表，其研究跳脫所熟悉的北管樂曲及戲碼伴奏，而從公立劇團及傳統曲藝的傳承定位、經營困境著手，希望尋求回歸公立劇團演藝實踐、劇團經營及功能角色發揮的文化傳承路。東華鄉土文化研究所許玉宜，也在李世偉老師指導下執行了〈「蘭陽戲劇團」發展與管理之研究〉，探討「蘭陽戲劇團」初始保存、傳承、創新、推廣傳統戲曲的目的，並進入公立劇團組織難以逃脫的預算、組織身分及行政僚化、議會監督泛政治化的宿命與世俗。証諸劇團身世從委託財團法人蘭陽文教基金會營運，改制為獨立戲劇團基金會管理。2004 年又因政治監督力量的霸強介入，新訂基金政策「宜蘭縣蘭陽戲劇團戲曲發展基金管理及運用辦法」要求劇團應逐年度獨立預編年度收支預算為「附屬單位預算作業基金」，筆者不禁憶起親歷的宜蘭縣議會，要求緊縮年度挹注蘭陽戲劇團預算，傳承及演出的經費也受限上限等管理事件〔註 37〕。

第四節　相關理論應用探討

　　筆者在論述策略上，採取以宜蘭的文化變遷「現象」為主體，希望能整合運用各領域知識工具，澄清現象的各部結構及變遷因果，自期努力避免受限於單一學科的視野。在本研究臚列的關鍵詞包括：「民俗過程」、「文化政策」、「文化立縣」、「宜蘭經驗」等。點明了本研究藉由「民俗過程」（Folklore Process）的概念視角，探討宜蘭特定政團以政治抵抗取得文化政治場域中的話語權後，採擇了復振鄉土民俗文化做為意識形態的重建論述；進而以「文化政策」的政治介入及公共型式，貫徹文化領導權；漸進修飾完滿而為「文化立縣」的政治宣稱；繼而實踐而為具符號識別性的「宜蘭經驗」。因而，在本研究論述展開之前，首先要簡要探討幾個貫穿本研究的幾個基本理論概念，包括：「地方知識」（local knowledge）、「全球化」（globalization）、「民俗過程」（Folklore Process）、「文化政治」（Cultural politics）、領導權（hegemony）等，以作為本研究論述的理則中心，有效回應研究中的問題意識及提問假設。

（一）「地方知識」研究取徑在「全球化」語境下的知識價值

　　「地方知識」（local knowledge），向來是文化人類學界在研究標的上擇定

〔註 37〕筆者曾任職宜蘭縣政府，並出席宜蘭縣議會相關法規及預算審議會議。

一個一個距離遙遠的、相對落後的、異社會的地方聚落；並在方法上採取一定時間的蹲點，透過觀察、紀錄、分析、解釋「他們」的民族誌，來建立特定區位的在地生活觀察、文化模式以及社會變遷等知識成果，預設了田野場域的前現代/前工業特質。但在本土人類學的知識取徑上，地方知識的學術關懷已轉向腳下在地日常生活世界；民俗學所關注的文化事象及部分的研究方法與人類學常有異曲同工之妙，惟其根本的差異，在民間文學、民俗學科的研究範疇，創始即以自我社會的民間生活文化為本〔註38〕。對於變遷中文化的理解與詮釋，詮釋人類學者 Clifford Geertz 在〈地方知識〉中主張，不以理論賦予個案的意義為意義，詮釋方法上在致力於探求個案在特定文化中所具備的特定意義。按這特定意義產生於特定文化的詮釋邏輯言，對地方知識的文化理解，須將作為被理解對象的「地方」，放回相應的文化脈絡中，方得以準確據實地還原地方的意義系統〔註39〕。在「為符號尋找特定而正確理解脈絡」的解碼過程中，本研究嘗試從宜蘭地方社會，當下文化動態發展中尋找其內在的文化基因，歸納其規律和形式法則，是以從宜蘭經驗，檢證台灣社會經由民俗復振以刻劃識別臉譜的可能性。

　　「全球化」（globalization），動能乘載著西方現代性的穿透性與擴散性，縮短了空間距離卻同時模糊了不同文化體間的差異性與識別度。民俗為社群生活歷時性層累，其層積性傳承遞嬗間有許多複合成分及變異性，因著載體社群主、客觀變因而構成不同面貌，全球性的異地同質化，在傳播、科技、經濟與消費的共效下，不可逆的覆蓋、稀釋了既有民俗，失卻個性面容的外部壓力，使得復振聯結族群的民俗性與識別臉譜，成為抗同質化、免無面容化的文化展演與傳承的普遍新模式〔註40〕。在全球化下的民俗復振趨勢下，1990 年代「宜

〔註38〕周星指出：人類學的「原點」是「異域」，民俗學的「原點」則是「故鄉」。人類學發展逐漸出現了「家鄉人類學」亦即從「異域」到「故鄉」的新動向與新潮流，很多國家包括中國，人類學也就出現了與民俗學合流、融通或密切互動的局面。周星：〈藝術人類學及其在中國的可能性〉收於周星主編：《中國藝術人類學基礎讀本》（北京：學苑出版社，2011 年）。

〔註39〕克利弗德‧紀爾茲（Clifford Geertz）著，楊德睿譯：〈地方知識〉收於《地方知識：詮釋人類學論文集》（Local Knowledge: Further Essays in Interpretive Anthropology）（台北：麥田，2007 年）。

〔註40〕此風潮新模式見諸聯合國教科文組織（UNESCO）於 2003 年通過《保護無形文化遺產公約》（Convention for the Safeguarding of the Intangible Cultural Heritage）2006 年生效後，2009 年在阿布達比大會中公布了第一批無形遺產名錄截至 2014 為止，共有 364 項。包括：口頭傳統和表現形式；表演藝術；

蘭學」的開創性及代表性，帶動了台灣地方學知識化、學術化的趨勢，影響此期間台灣社會，興起一股由下而上、由點而面的地方學風潮與民俗學暗合。以在地區域為中心，進行全向度系統性微觀知識研究的地方學，在自由化與本土化的社會解構氛圍下，形成了對在地文化與在地知識的理解與覺醒運動。本文以宜蘭的民俗復振應用及傳統發明為研究主軸，歸納「文化立縣」經驗及「宜蘭傳統」的文化體系（cultural system），所肇文化再生產（cultural reproduction）與社會再生產（social reproduction）所展衍的地方意義。

就如美國人類學者 Setha Low 所言：「人類學者對於城市研究的貢獻，在於提供一個充滿辯證與複雜度的故事，描繪在地人群、街坊與文化群體如何在全球化與同質化的壓力下，重新宣稱他們的地方。」，呂欣怡援此當代都市人類學研究向度，也指出：「都市人類學把個人重新置放入全球性的過程中，人類學者的重要任務，是說明城市市民在地方與全球的接合與衝突中，如何創造出一個具個人意義的日常現實，以面對鉅大的政治經濟變化」，因而所謂「地方知識」，已翻轉而為您我所在的「在地」了，在實現社區主體性與個人的意義。是以取徑地方民俗學，觀察宜蘭特定時空下的地方民俗文化變遷，進一步體現地方知識價值與趨勢，是本研究主要理論視角之一。

（二）文化重建的「民俗過程」（Folklore Process）對當代城市化社會的意義

應用民俗人文美學，賦予當代生活空間裝置、展覽教育、節慶嘉年華、文化觀光、社區營造與發展、信仰寄託、市民休閒、凝聚社會團體、競逐表演等，作為撫慰公眾心靈資糧的社會事實，在先工業化、城市化的歐洲、美國及日本等社會，有了較早且豐富的轉化民俗元素應用的履歷。在當代地方知識的研究範疇，已由遙研他鄉，轉而望向腳下在地的日常生活世界的學術風潮下，筆者在本研究中引為借鑑，提綱而為宜蘭社會標榜「文化立縣」的分析架構，探索「民俗過程」中民俗的語境化展演與非語境化展演，等民俗再現的相關田野調查和民俗展覽，所發展而為研究民俗傳統於社區內外新框架、語境下的表徵。尤其以宜蘭民俗文化現象為考據主體，規劃以跨科際整

社會實踐、儀式、節慶活動；自然界和宇宙的知識和實踐；傳統手工藝等五項。2016 年保護非物質文化遺產政府間委員會第十一屆常會 11/28～12/2 在衣索匹亞首都斯亞貝巴召開，數十國家提報 5 項「急需保護非物質文化遺產」，37 項「人類非物質文化遺產代表作」爭取將自身傳統列入國際名錄，即可理解復振民俗作為全球化下身分識別的普遍性了。

合的方式，從社會心理需求、戲曲、傳播、教育、博物館、文化政治、空間
政治、社區發展、民間信仰、鄉土文學等領域，探討邊緣傳統民俗的承載者
與主流公眾之間，所搭起文化對話和交流的橋樑，對當代社會、當代生活、
當代社群心理的影響與意義。

　　本研究，著眼宜蘭「望向本土即望向庶民生活」的「民俗過程」（Folklore
Process），從小傳統復建行動，尋求揭露似曾相識的變遷節奏與脈絡，跨文化
的比較國際間早發社會的民俗文化變遷型式。假設或可參照歐、美民俗學界
論辯許久的「民俗過程」概念系統，及其社會事態的發展軌跡。考諸歐洲、
美國等城市化的「現代性轉向」〔註 41〕社會變遷過程中，「民俗化
（Folklorization）」或「民俗過程（Folklore Process）」等，指涉復振生活傳統
的文化社會景觀概念；探討地方社會開始藉由專家介入尋索地方民俗文化資
本，或非語境重建展演、甚或創制發明傳統。中國少壯民俗學者安德明在訪
談德國民俗學家釐清德國歷史經驗的努力中，取得了 Wolfgang Kaschuba 對德
國民俗學者的觀察發現，德國民俗研究風潮，1960 年代普遍潛入式的回到歷
史過往，迄 1990 年代，德國民俗學研究典範，則如同當今台灣社會鄉土意識
覺醒般，普遍轉移為關注當下社會中人們如何對待和運用傳統民俗的問題。
具體而微的包括運用民俗來豐富節慶活動、運用民俗來表現或實現某個地域
的地方性與身分自我認同，在這樣的學術思潮衝擊下，主流民俗學界甚或主
張民俗學者，應入世介入公共部門、地方社區所立意反身的民俗復振社會行
動〔註 42〕中，也因而觸發了歐陸各地域的民俗傳統保護與民俗重建復振風潮。

　　另比較美國地方公共部門的經驗，紐約州立藝術委員會民間藝術部主管

〔註41〕歸納哈伯瑪斯（Habermas）及傅柯（Foucault）關於現代性的看法，其實都有
　　　某種「審美式的」態度（龔卓軍，2002）。哈伯瑪斯認為，現代性源於於啟蒙
　　　理性時期以來，現代人普遍興起一種求新求變、並與過去有所斷裂的基進現
　　　代性意識（Habermas, 1983, 4～5）。傅柯則指康德（Kant）以來，現代性與其
　　　說是一個「時代」或是一組「特徵」，還不如說是一種將人類自我及存在視為
　　　問題意識的態度崛起的過程；台灣 1980 年代望向腳下鄉土又同時渴望迎向現
　　　代性啟蒙力量的社會自覺，正是社會態度的分水嶺，在社會意識解放後以一
　　　種熱切的心情去想像與捕捉存在自身，並試著超越種種侷限，才成就現代性
　　　作為啟蒙的力量（Foucault, 1984）。簡妙如發表在 2003 文化研究學會年會的
　　　〈審美現代性的轉向：兼論 80 年代台灣流行音樂的現代性寓言〉中亦有著同
　　　樣的歸納。
〔註42〕參據卡舒巴、安德明：〈從「民俗學」到「歐洲民族學」：研究對象與理論
　　　視角的轉換〉（北京：中國民俗學網，2016.1.19 發佈）。

Robert Baron 觀察美國民俗研究典範,則發現了美國更有系統的轉換由文化行政部門和非營利文化組織,承擔美國公共民俗學的研究與重建實踐項目,這些部門和組織在社區中保持傳統,以及向新觀眾展示民俗的項目來處理再語境化(Recontextualization),介入民俗傳承社區的調解與文化經紀(Mediation and cultural brokerage),甚至於文化表達過程中的對話等問題。深而化之的,如美國若干地區由文化行政部門和非營利文化組織,以公共民俗學實踐途徑,參與民俗傳承社區或協同民俗傳承人,有關民俗講述展示與保持傳統的復振過程,廣泛包括經由學徒制、民間生活節、展覽、教育項目等行動途徑,介入其中的文化藝術事務,還包括形成地方文化意義識別與保護的地方復振營造規劃〔註43〕。

　　本研究,在實證綜論 1990 年代,宜蘭地方政權所激發核心群體,介入重編鄉村社會現代性的進步意識中,取得了地方型款的選擇權、地方價值的詮釋權、地方發展論述的話語權,豐富了殊屬宜蘭的地方意義系統,昇化了地方自我觀看的我群尊嚴感,培力了地方社群主流的集體意志及鄉土人文關懷,對地域社會體系有了直接、間接的結構性影響。全球化語境下各地方社會皆迫切努力於自明性符碼的再象徵化,有關宜蘭文化變遷的本個案研究,意圖參據「民俗過程」理論及其所影響之歐美部分地方社會的變遷經驗,檢證宜蘭社會是否確實潛蘊了的特定價值取向,進而剖理其社會作動效應,是否在變遷理則取向上,構成了具地方特質的「內在程式與軟體結構」〔註44〕;並從事件紋理中觀看社群認同的深度〔註45〕,及在地文化領導權定義下的「宜蘭傳統」。

(三)「文化領導權」對地方「文化政治」與「地方性」的影響

　　從文化領導權對受眾生活世界的作用機轉與意識形態程式設定觀之,Jim McGuigan(2001, 2004)曾提出:國家論述、市場論述、公民或溝通論述等三種文化政策論述;這個區分,呈現政策立場差異,也展現政府、市場、公民社會間不同關係。國家論述,在教化與重塑人民靈魂的職責(McGuigan, 2001:126),灌輸或管制特定價值信念和言行規範,以凝聚社會、傳承文化和

〔註43〕參據 Robert Baron:〈美國公共民俗學:問題與實踐〉。

〔註44〕此文化現象之概念,出於陳其南:《文化結構與神話:文化的軌跡(上)》(台北:允晨文化,1993 年)。

〔註45〕「宜蘭社群認同深度」的觀察與形容,出於陳其南〈文化的魅力‧台灣的期待〉為陳廣堯《文化‧宜蘭‧游錫堃》序文中。

穩固政體；市場論述，在國家政策介入藝文市場方式，文化投資效率和報酬效益；公民或溝通論述，是以公民意識、權利和溝通為核心，公民論述強調通過文化來奠定公民社會和公共領域，不應將文化視為國家或市場的工具，以 Jürgen Habermas 的溝通理性和理想言談情境為基礎，設想民主的制度安排（ibid., p. 134）〔註 46〕。

　　當今論者，雖然普遍支持公民論述合乎文化公民權及文化正義，但筆者以為，凡經文化領導權操作者採譯後之文化資材、符碼、意義與態度等，均為上游權力詮釋後而策展傳播於生活現場的文化內容，其形之於「文化政治」（Cultural politics）權力交絡的軌跡中，即為生命個體及公共社會一種食品添加物式的生活涉入。文化邊界與政治邊界的解構混融，受應當下文化政治的意義系統於是幻化為預期語境的倡導者、營造者或定義者，結構化了「內在程式與軟體結構」，作為影響、作為涉入的精神館裡與指導。這也是筆者所理解 Antonio Gramsci 所論述有關領導權（hegemony）的意義指涉。

　　法國哲學家阿圖塞（Louis Althusser, 1918～1990），在 1969 年《意識形態和意識形態的國家機器（Ideology and Ideological State Apparatuses）》一書中闡述：「意識形態滲透每個角落，每個人都參與其中……。意識形態需要靠國家機器不斷生產與再生產」。此等屬性機器因而承載著一定的意識形態，介入了也社會化了主流秩序與社會關係，阿圖塞（Louis Althusser）所提出「意識形態國家機器」（ideological stat apparatus）概念歸納了國家權力屬性，既有社會中教會、學校、家庭、政治、工會、媒體、文學、體育等機制，擔任了「生產關係之再生產」，扮演了維持主流社會秩序與社會關係的角色。「意識形態（Ideology）」這概念，源自 18 世紀末，法國的啟蒙思想家特拉西（Destutt de Tracy, 1754～1836）希望用科學方法，探索思想或者觀念的源頭與發展，稱之為觀念的科學，或者 idéologie。英國文化研究健將霍爾（Stuart Hall）將意識形態定義為：「思考與算計世界的框架，人們用『思想』描繪社會世界如何運作、自身的位置，以及應該去做甚麼」〔註 47〕。意識形態的論證，又豐富了另一個觀看文化領導權涉入生活世界的視角，讓我們得以檢視文化權力對公眾價值觀的社會化影響。

〔註 46〕王志弘：〈文明化與奇魅化：當代文化治理的內蘊衝突〉收於王志弘等著：《文化治理與空間政治》（台北：群學，2011 年）。

〔註 47〕廖炳惠編著：《關鍵詞》（台北：麥田出版，2003 年）。日本文化用語中的「近代化」即「現代化」。

　　有關文化生活品味涵化形塑集體行為的倫理解析，康德在《判斷力的批判》（Critique of Judegement）著作中，指出品味是「沒有法律約束的守法行為」，他認為美學活動如果由教育來督導，就會產生一種效應和一種「知識」，是普世的「道德實踐規律」，獨立於私人利益之外。康德以為「品味作為一種共感（sensus communis）」或「公共意義，也就是一種批判能力，於反省時考慮到每個人的表現形式」〔註48〕。由此我們可以看到，政府部門藉由文化政策實踐文化領導權，把治理性（即政治）和品味（即文化）凝結為公共心靈裡再現重複的舉止風格，使品味文化的再生產、再肯認成為可能，形成社群中標榜進步性的、自我規訓的有機循環。而政府施為的文化政策，作為文化生活、教育傳播、休閒體驗的空間，示範著各類美學、知性、奇觀的品味範式。是以本宜蘭個案研究，聚焦檢證地方國家，藉由文化領導權主導文化政治場域，領銜文化生活品味作為涵化方略的典型實踐場域，及其結構化文化政治意識形態的社會資訊平台。

　　在 Antonio Gramsci 所論述的有關領導權（hegemony）的概念，文化霸權和文化領導權都表示某種統治關係，都試圖將某種特殊的意識形態轉換成普遍有效的價值觀。所不同者，領導權的運作排除了暴力的和強制性的措施，它是通過社會中大多數人自願的認可贊同（consent）而實現的。就這個意義而言，它倒是有些類似於中國古代思想中的「王」，即孔子所謂「遠人不服，則修文德以來之」；可以說，領導權比霸權更深入地觸及到社會結構與文化生產的複雜隱秘的機制〔註49〕。拉克勞和墨菲（Laclau & Mouffe）在《文化霸權與社會主義的戰略》中有詳細而精闢的描述。拉克勞和墨菲指出，在一個社會或社會群體中，論述場域上所有組成部份的「接合」過程，沒有絕對不變的本質或固定意義，而所有意義都是透過「接合」產生，並形成一個統一體。在拉克勞和墨菲看來，這種「接合」的實踐過程，套用到葛蘭西的理論，就是「霸權」的產生〔註50〕。歸納拉克勞和墨菲（Laclau & Mouffe）指出，意義成就於「接合」過程，及葛蘭西（Antonio Gramsci）文德服人般的「霸權」

〔註48〕Toby Miller/George Yudice 著，蔣淑真、馮建三譯：《文化政策》（Cultural Policy）（台北：巨流，2006 年），頁 10～22。

〔註49〕陳燕谷：〈Hegemony（霸權／領導權）〉，收於《讀書》雜誌 1995 年第 2 期（北京：三聯書店，1995 年）。

〔註50〕馮偉才：〈從 Articulation 理論建構看英國文化研究方法學的構成〉，發表於《文化研究@嶺南：身份建構與身份政治》第二期（香港：嶺南大學，2006 年）。

概念，各文化體或文化影響圈所運行發酵的特定文化生活品味，即成為建構意義、轉化意義的政治力、經濟力甚或社會力、知識力了；特定文化磁場也可能於焉成形了。在這樣的理解背景之下，Bourdieu 認為，「人」和「社會」事實上是存在著兩個相互影響的雙重結構，一方面雙方不停的向對方施展各種影響，一方面又深受著對方的影響和制約。只是，我們可以在台灣社會不同的歷史階段及政治時空，普遍實徵見證不同意識形態在強勢執掌文化領導權後，總促成了文化政治場域權力結構的傾斜及社會效應的發酵。

第二章　宜蘭地方主義的興起與「文化立縣」經驗的形成

　　台灣主體意識有系統的被主張、被論述，實源自二二八國家暴力威嚇事件以來所壓抑潛萌為「本省人」、「外省人」的符號化二元對立暗流，及之後知識階層憧憬西方自由主義、民主主義、抵抗主義等，尋求民權解放及社會主體性的漸進論述所形成的台灣社會反對傳統。台灣政治體制在 1987 年政治解嚴前，是國民黨威權統治階段；1987 年後台灣進入政治轉型階段；從 1988 到 1993 年的台灣政治民主化，主要表現在：民主政黨競爭型態的出現、直接民主、權力核心的改變和鄉土化〔註 1〕。典範多頭轉移，回應了民間抗爭訴求，本土傳統之復建倡議於是有了社會基底，傳統在地鄉土庶民文化於是自邊陲向主流中心區帶位移。民主化、本土化的社會結構轉型迭經社會實踐，證成而為台灣現代性進程的關鍵歷史事件。這樣的台灣社會語境中，宜蘭地方主義因首位「黨外縣長」陳定南的政治風格而興起，因游錫堃承接轉化其解構力場為民俗文化重建路徑，而有了「文化立縣」治理經驗的形成。

第一節　戰後反對運動與宜蘭本土意識的強化

　　宜蘭地方主義的興起，甚至於標榜於外的「文化立縣」經驗，需回溯到宜蘭漢族群民團武力墾殖為先，官方設治其後的社群挑戰基因，以及戰後反對運動的洗禮效應。從漢族群的觀點，噶瑪蘭平原遠緩於台灣北部及西部的

〔註 1〕王振寰:〈權力與政治體系〉，收錄於與瞿海源共同主編之《社會學與台灣社會》
　　　　（台北：巨流，1999 年）。

「開發」進程，是客觀上存在許多「險阻」挑戰的，對當時以吳沙為首的流徙漢民而言，機會的基礎實即存在於殺身亡命的高度且必然的風險，在這風險生態結構篩組後的這麼一個人群聚合，身上共同流淌著追逐機會與謀求生存的冒險拼博因子，因此敢於略過清治淡水廳的當道官府，在無政府狀態下自行武裝成軍，侵入異域殺伐異族。論者或可謂此即宜蘭敢於冒險、敢於挑戰的抵抗基因，及其後所形成的地域性格特質。

一、宜蘭自覺意識的環境土壤

「宜蘭」的地理性邊界分明，蘭陽平原三面由中央山脈、雪山、大霸尖山等山系阻隔於台灣西、北部平原之外，類三角扇形東臨太平洋展開的空間本即遺世自成一元。地理因素下的漢人入侵開發史，表現在宜蘭的漢化及設治時程，遠緩於台灣西、北、南部漢人移民社會大歷史進程。及至 1796 年（嘉慶元年）開始徙居淡水廳三貂角社〔註 2〕的漳人吳沙，在板橋林家等奧援下，率漳、泉、粵漢人以民間武裝開墾集團方式入墾蘭地，運用對墾民開發利益分配優於台灣西部走廊「墾首制」〔註 3〕的「結首制」〔註 4〕組成拓墾集團，大舉快速的入墾蘭陽平原，1796～1810 年（嘉慶 1～15 年）約莫十五年的短期間即完墾了蘭陽溪以北的土地。自 1812 年（嘉慶 17 年）設廳治於五圍（今宜蘭市）；嘉慶、道光兩朝更替的十年間，溪南也快速開發為稻耕農地。從此長達百年的入墾模式與過程，內蘊著 1796 年漢族墾團在噶瑪蘭無政府狀態下，民間自為主體、敢於行動、敢於挑戰冒險，尋求生存出路的入蘭經驗，形成以漢人民間自主力量鞏固深化的街庄世界〔註 5〕，在地理上、歷史上、經濟生活及人文特質等，都維持了一個社會感知及集體記憶界邊較為明確的社會共同體。及至戰後與外界並存互涉漸深，有反對運動先聲郭雨新間歇挑戰當權、林義雄啟迪自由主義的環境土壤，惟族群文化多元而複雜的宜蘭移民

〔註 2〕今之新北市貢寮區澳底地區。

〔註 3〕墾首制：通常由特權仕紳向官府申請土地開墾權，取得墾照後再招募墾民開墾，墾民可得納租佃作的機會，此制盛行於清朝時期西台灣之墾拓。

〔註 4〕「結首制」，係 30 至 50 墾丁農民編成一「結」，「小結首」為首拓殖開地，各「結」墾得之田園分力墾者各得一「份」。小結首上有大結首、總結首和土地資本家。小結首所轄區域稱「結」，大結首所轄區域稱「圍」。較西台灣漢族拓墾組織利得穩定可期，為漢人蜂擁求墾之主要誘因。

〔註 5〕詹素娟：〈族群與宜蘭歷史〉，收於《台灣之窗》（台北：吳三連台灣史料基金會，2001 年）。

社會，仍處於資本主義漩流與國族國家邊陲；及至 1980 年代陳定南重啟了宜蘭社會共同體的地方性，尤其果敢的在地執政效應，甦醒了噶瑪蘭土壤的群體意志與挑戰精神，地方抵抗力量發繁為當代民主自主的地方特質，激盪、翻轉、沉澱而為宜蘭自覺意識與主體認同。

二、宜蘭反對運動的政治系譜

　　二戰後解除戒嚴前夕，社會控制逐漸鬆脫的台灣社會語境中，在郭雨新等地方政治菁英，率先倡議民主政治意識，投入政治抵抗的反對運動。先行者啟蒙了黨外反對意識的種子，在地方政治場域中漸進揪集成了有力的反對系統。

（一）宜蘭反對運動的啟蒙

　　1796 年民間自主、敢於行動的入蘭經驗，引用人類學家 Marshall David Sahlins：「結構」（structure）、「事件」（event）、「實踐」（practice）以及「非常時期的結構」（structure of the conjuncture）等四個面向〔註 6〕來觀察，1980 年之前的宜蘭地方社會，同步於台灣社會「非常時期的結構」階段。惟在「結構」與「實踐」相互界定、運作的過程上，宜蘭在戰後一脈相傳的反對運動實踐的積累上，在相對意義上逐漸自成一格（sui generis），使得結構的實踐及實踐的結構間不斷作用相互辯證，產生了新的轉換、乃至新的文化秩序和新的分類體系〔註 7〕。其對既有社會結構系列性的解構工程，開展於台灣後殖民階段初期的宜蘭反對運動開路者郭雨新〔註 8〕。

　　郭雨新於日治時期專注兩岸茶葉、木材、棉織等農業資材買賣事業，並未參與公開政治事務，郭氏 1946 年於日本戰敗退出台灣後，舉家由上海遷回台灣，1948 年營商崛起為商業社團領袖後加入遷台的「中國青年黨」，1950 年由該黨推薦遞補為「台灣省參議會」參議員，以「中國青年黨」黨員身分，膺任了長達 25 年台灣省參議員及其後改制的省議員，敢言銳利的問政風格，

〔註 6〕黃應貴：《反景入森林——人類學的觀照、理論與實踐》（台北：三民，2008 年），頁 368～371。
〔註 7〕黃應貴：《反景入森林——人類學的觀照、理論與實踐》（台北：三民，2008 年），頁 370。
〔註 8〕郭雨新（1908～1985），父為前清秀才，精通漢學有濃厚漢民族思想。後家道中落，受善心長者林松壽之鼓舞挹注，郭雨新苦學入台北帝國大學（即當今台灣大學）農科。移居上海營商有成，台灣光復後返台發展事業受商界推崇為社團頭人遂於 1948 年加入「中國青年黨」參政。

在台灣當時一片肅殺的政治高壓氛圍中，爭得了作為當時台灣僅有的問政論壇省議會的發言權，既勇於挑戰權威也成為民主導師般，開啟了戰後宜蘭一脈相傳的反對傳統，讓宜蘭躋身成為反對威權的「黨外民主聖地」之一〔註 9〕。

在基層政治經營服務上，長期追隨郭氏的助理陳菊，形容郭雨新為台灣農民的代言人。在政治自覺意識的脈絡上，郭雨新在戰後台灣後殖民階段，言論果斷大膽抗衡國民黨，所訴求的是：堅持台灣應享有完整的言論、集會、出版、結社的自由，抨擊國民黨專制濫權、「國庫通黨庫」、壟斷經濟、特務與秘密警察橫行侵民，國家體制與民主法治、自由原則實徒居虛名〔註 10〕。在政治抵抗的社會實踐上，以台灣省參議會「小鋼砲」竄起的政治聲望，與吳三連、郭國基、李源棧、李萬居等黨外省議員並稱省議會「五虎將」，或另加有「嘉義媽祖婆」稱號的許世賢，結盟強力問政轉化而為省議會「五龍一鳳」的果敢抵抗符碼，獲得了台灣噤聲時期舉足輕重的異議言論重鎮《自由中國》雜誌〔註 11〕的關注，在雷震慷慨陳詞發表了〈我們為什麼迫切需要一個強有力的反對黨〉，號召郭氏等整合非國民黨菁英，籌組「中國民主黨」為有力反對黨，參選進入體制強力制衡，實現真正民主〔註 12〕，健全台灣作為華人社會進步體制的標竿。1960 年，郭雨新與雷震、高玉樹、許世賢、夏濤聲及齊世英等籌組「中國民主黨」，為七人核心之一，倡議政黨政治、著手反對黨的結社動員，形成了強大的社會效應。詎料，1960 年 9 月《自由中國》雜誌 23 卷第 5 期以媒體立場，刊行了思想家殷海光鼓吹民主政黨政治〈大江東流擋不住〉的社論後，雷震等關鍵人士旋遭台灣警備總部以「涉嫌叛亂」

〔註 9〕 省議會係當時台灣脈動政治中心，郭雨新串聯泛黨外反對菁英，積累了讓統治當局甚感威脅的強勁政治能量。1975 年，因不敵高壓終萌去國之念；1985 年 6 月客死異鄉。

〔註 10〕 薛化元：《郭雨新先生史料彙編》（台中：台灣省諮議會，2001 年）。

〔註 11〕 該雜誌緣為胡適、雷震及杭立武等知識份子構想於大陸國共內戰時期宣揚民主自由思想，建立民主自由意識形態以反共抗共未及，遲至 1949 年 11 月由胡適擔任發行人，雷震與殷海光等自由主義份子主編於台北創社發行，隨歷史流轉該雜誌針貶國民黨主持台灣政情的言論效應抵怒了蔣介石，吊詭的不見容於自由中國的台灣。

〔註 12〕 1960 年 5 月 4 日，雷震發表了《我們為什麼迫切需要一個強有力的反對黨》，鼓吹成立反對黨參與選舉以制衡執政黨。5 月 18 日，非國民黨籍人士舉行選舉改進檢討會，主張成立新黨，要求公正選舉，實現真正的民主。決議即日起組織「地方選舉改進座談會」，隨即籌備組織反對黨。雷震擔任地方選舉改進座談會召集委員，與李萬居、高玉樹共同擔任發言人。7 至 8 月間舉行四次分區座談會，確定黨名為中國民主黨。

之名拘捕，阻斷了組黨及異議人士結盟挑戰威權之路。

　　郭氏雖無牢獄災，卻從此受累遭軟性監管，在其後參與台灣省議員直選尋求連任敗北，問鼎由北、高直轄市及台灣省議會間接選舉的監察委員敗選，政治生涯仍低迴難振。1975 年，郭雨新自許為「不死的虎將」，再度投入國會未改革前的「第一屆增額立法委員第二次補選」，參選以宜蘭、台北縣及基隆市為範圍的第一選區，委託《臺灣政論》雜誌〔註 13〕負責競選文宣，並且提出包括「國會全面改選」、「廢除戒嚴令」、「解除報禁」、「總統及臺北市長直接民選」、「釋放政治犯」、「確保言論、出版、集會結社的真正自由」等政見，此役因力主解嚴、各級首長直選等尖銳問題而旋風再起，郭氏以曹操名句「老驥伏櫪，志在千里；烈士暮年，壯心未已」自況，競逐白熱〔註 14〕，惟終不敵國民黨所提名的台北三重幫財團舵主林榮三〔註 15〕，即為後來「自由時報」創辦人。因宜蘭選區出現「廢票」達 10 萬餘張的選務弊端，一時輿情騰沸激憤上街抗爭，映照了郭雨新在野、正派、悲壯的落幕身影，也沉澱而為宜蘭的抵抗傳統。1976 年，時任律師的林義雄及姚嘉文以林榮三賄選不公，受任提起了台灣首宗選舉訴訟遇挫。在郭雨新受挫於選舉司法的不公〔註 16〕，且苦於情治單位的嚴密監管，遂經由時任總統府祕書長蔣彥士轉達書函予時任總統蔣經國，聲明自我放逐，於 1977 年 4 月離台赴美。1978 年 1 月因在美台人不滿壓制高雄美麗島抗爭事件，主張「台獨建國」的傳單借其聲望私署其名〔註 17〕，又因自組「台灣民主運動海外同盟」自任主席，遭台灣政府發布

〔註 13〕《臺灣政論》雜誌時由黃信介擔任發行人、康寧祥擔任社長、張俊宏擔任總編輯，俱為台灣黨外翹楚。

〔註 14〕李筱峰：〈議壇「小鋼炮」——郭雨新〉，收於《臺灣近代名人誌（一）》（台北：自立晚報，1987 年），頁 233～252；郭惠娜，林衡哲編：《郭雨新紀念文集》（台北：前衛出版社，1988 年）。

〔註 15〕終以八萬多票高票落選宜蘭民情激憤，郭雨新冷靜排除街頭抗爭轉而按司法救濟途徑委任林義雄及姚嘉文兩律師具狀告發國民黨籍候選人林榮三以宴客、送禮的方式賄選，且指控宜蘭廢票數過高異常，國民黨涉嫌作票舞弊，終遭台灣高等法院駁回無繼。

〔註 16〕1976 年郭雨新委託律事林義雄及姚嘉文控告國民黨候選人林三榮賄選，遭「台灣高等法院」駁回。林義雄和姚嘉文以此事件編寫為：《虎落平陽——選戰、官司、郭雨新》（台北：林義雄律師事務所，1977 年），並投入「黨外運動」。

〔註 17〕惟曾任郭雨新助理的陳菊，2015 年受訪時卻直白代言指出郭氏：「我們堅信，倘若台灣人民能對政治主張公開表態，他們多數會選擇一個新而獨立的國家。」參據方嵐萱：《陳菊女士口述歷史》中〈「我不是那麼勇敢」：踽踽獨行的女子——陳菊〉（台北：世新大學舍我紀念館，2015 年）。

通緝，自此鄉關難返，1985 年 8 月客死異鄉，同月返葬台北陽明山。

郭氏生前嘗云：「蕃薯不驚落土爛，只求枝葉代代拓。」，離國前委託競選團隊法律顧問也是同鄉學弟林義雄與國民黨展開選舉訴訟攻防〔註 18〕，因此戰建立了如師徒般的信賴與認同，也植下踵繼黨外抵抗精神光環及反對政治基因，林義雄返鄉投入民選省議員的政治道途延續了宜蘭的反對論述，勝選後承續了地方非國民黨體系的參政正猷，增生遞嬗而為宜蘭殊異的政治香火系譜。此一譜系架構於系列特定政治人物人際脈絡、政治權力妥協與反國民黨的意識形態基礎上，再生產遞延為各政治次生代競續傳承的話語系統，漸次豐富了所謂的「宜蘭精神」與隱然符碼化的「宜蘭傳統」。宜蘭黨外參政者多奉郭雨新為正朔，自稱為其傳人，接續其政治香火，林義雄、陳定南、游錫堃、劉守成等系列地方實權政治人物，均屬此一抵抗傳統的擁護者、追隨者，延續了宜蘭特異的政治系譜，在地方事件及在地實踐的辯證中，影響著地方意識及地方結構的變遷。

（二）反對行動的實踐──林義雄

林義雄，宜蘭五結人，台大畢業旅居台北執業律師，郭雨新遭逢國民黨假藉立委選舉訴訟強力壓制時，委任林義雄為辯護律師，郭氏遭流放美國後，所遺留宜蘭政治生態中「黨外」台灣省議會省議員的政治版塊空間，於是在地方政治權力間形成熱烈角逐。

1977 年當選省議員前，林義雄除在郭氏選舉訴訟案中初露頭角，1976 年先與同為辯護律師的姚嘉文，共同揭露台北地方派系三重幫領袖林榮三，賄選、買票、作票等不堪手段的《虎落平陽？：選戰、官司、郭雨新》合著書，提高了能見度，並微妙承繼了郭雨新正義卻受迫害的形象而勝選。及至高雄橋頭事件與施明德、許信良、張俊宏、陳菊等投入了遊行，聲援遭羅織匪諜罪名的余登發父子〔註 19〕，並和同屆期當選省議員的張俊宏、余陳月瑛、等

〔註 18〕陳菊編著：《郭雨新與台灣戰後民主運動》（台北：吳三連臺灣史料基金會，1994 年）。

〔註 19〕余登發（1904～1989），高雄橋頭人，1960 年任高雄縣長、中華民國第一屆增額國大代表，自認中國人獲推統一聯盟名譽主席，戒嚴期間主張兩岸和平統一遭國民黨政府以「通匪」罪名逮捕判刑 8 年。引發黃信介、許信良、施明德、林義雄、陳菊……等黨外活躍菁英，於 1979 年 1 月 22 日藉抗議冤獄及政治迫害召眾於高雄縣橋頭鄉發起台灣戒嚴 30 年後首次政治示威的「橋頭事件」；鋪陳了同年 12 月里程碑式的「美麗島事件」。

黨外議員組成「黨外十三人組」力抗國民黨而聲望高張。在野陣營為拉開全面抵抗戰線，紛投入發行異議刊物，以林義雄為五人核心成員的《美麗島雜誌》獲得各界廣泛歡迎，藉 1979 年 12 月 10 日「國際人權日」號召群眾齊聚高雄，擴大動員了群眾性民主紀念活動與軍警衝突，12 月 13 日清晨臺灣警備總司令部軍法處引叛亂罪名，逮捕了林義雄、黃信介、施明德、張俊宏、姚嘉文、陳菊、呂秀蓮、林弘宣等 8 位黨外運動領袖並提起公訴，1980 年 2 月 28 日軍法審理叛亂案的同時，林宅發生駭人滅門血案，林母與一對雙胞女兒俱亡，大女兒重傷，社會強烈震撼更引起國際高度關注。叛亂案終局，林等遭判刑 12 年有期徒刑，深烙了林氏為台灣民主奮鬥犧牲的悲壯與孤獨的傷痕。1984 年 8 月獲得減刑而假釋出獄，直至李登輝 1990 年膺任中華民國第八任總統後，發布特赦令宣告林等原遭判罪刑無效，定義了林義雄悲劇式的抵抗身影。

三、抵抗精神的傳承

　　1976 年，郭氏欽點林義雄接棒台灣省議員議席，承接了政治資源及黨外民主傳人的光芒，自此竄起屹立政壇。陳定南為林義雄台灣大學法律系學弟，因林氏於高雄美麗島「叛亂」案羈押期間遭逢滅門血案慘劇，陳定南震撼義憤而棄商從政，盼承繼林義雄返回宜蘭競選台灣省議員。惟囿於地方政治輩份短於游錫堃，經黨外大老黃煌雄等紓勸，投入勝選機率渺茫的宜蘭縣長選局，惟因善營民氣後勢強勁，後來居上的取得地方政權，奠定了強固的領袖基礎。兩屆縣長任滿後，1994 年代表民進黨參選了首屆台灣民選省長，不敵宋楚瑜；1995 年高票轉戰立法院；2000 年中央政府首次政黨輪替，以其耿介不苟之聲望官拜法務部長。游錫堃及劉守成，則相續於膺任台灣省議員後分別連二任八年縣長，銜接陳定南 1981 年起始，迄 2005 年，共 6 屆長達 24 年相續的地方首長任期，創建了宜蘭綠色執政的政治霸權，書寫了地方政治變遷史，更主宰了「宜蘭傳統」的話語權。游錫堃縣長屆滿後，投入時任台北市長陳水扁團隊結下善緣，於陳氏執掌總統大位後拔擢歷任行政院副院長、民進黨秘書長、行政院院長及民進黨主席等要職。劉守成屆滿縣長後，升任考試院相當於部長職務之公務人員保訓會主任委員。在宜蘭地方政治發展史視角中，我們驗證了郭雨新以降的地方政治菁英，在宜蘭自覺意識的環境土

壤中傳承了本土的、抵抗的主體化政治基因，形成台灣政治權力場域一脈卻又分流的政治遞嬗系譜。

第二節　地方主義與抵抗意識的連結

在地反對運動菁英所奠基的進步意識，於陳定南經由民主程序取得地方政權後，使得宜蘭在地鄉土意識與台灣黨外反對運動形成了堅強的有機鏈結，從地方政府出發展開了對陣中央國家，體制外而體制內的系列政治抵抗，鄉土為上的政治訴求自此取得了地方話語權，宜蘭發展路徑因此取得了不一樣的起點。

一、從地方出發的政治抵抗

陳定南成為首位進入體制反體制的「黨外縣長」，對地方社會或對其個人甚或台灣反對運動具有先行者的歷史意義，一如傅柯（Michel Foucault）所謂深入「權力機制」核心，崁入了「隱藏的價值體系」（latente Wertsysteme），展開了解構國民黨體制的「去中心化」（decentralization）工程。

（一）「宜蘭經驗」的起點

陳定南雖畢業於政治關懷濃厚的台灣大學法律系，但因服役時被派任於專司壓制台灣言論出版及異議人士活動結社的台灣警備總部軍法處，實務的見證履歷使其排拒當時威權司法體制，轉而從業於民間企業其後自營貿易。1980 年 2 月 28 日，歷經了以軍法叛亂罪審理「高雄美麗島事件」，及林義雄私宅同時發生滅門血案，陳定南震撼難平，決定結束事業改以政治為職志[註20]。1981 年，以 37 歲少壯政治素人之姿，膺任首位「黨外」宜蘭縣長，陳定南在決定投入到 11 月當選的選舉期間共不到兩個月，其反抗當道、挑戰威權的果敢新政治形象，銳利淋漓批判國民黨專權及地方腐敗的表達渲染與臨場魅力，高亢激勵了宜蘭民間社會，聲望至此高居不下[註21]。

陳定南從政參選，對地方社會或對其個人甚或台灣反對運動的主要的歷史意義，在於其以 38 歲少壯政治素人之姿，即為黨外政團成功跨馬取得了宜蘭地方執政權，成為首位得以進入體制反體制的「黨外縣長」。舖展了如傅柯

[註20] 田秋堇：〈宜蘭經驗──陳定南從政傳奇〉發表於《新台灣新聞週刊》556 期，2016。
[註21] 戴寶村、賴瑞鼎：〈陳定南的從政歷程與台灣政治文化初探〉收於《臺灣民主的興起與變遷』第二屆學術研討會論文集》，2007。

（Michel Foucault）所謂的深入「權力機制」〔註22〕中發散黨外民主價值論述
與驅力，以「去中心化」戰略，反制國民黨一貫威權的「隱藏的價值體系」（latente
Wertsysteme）〔註23〕及所輻射建構的權力規訓系統。為黨外長期隱抑未彰的
各種解放台灣政治、社會的解構方案，取得了正式進入地方國家機器，解構
黨國一體權力體制與意識形態的制高點與合法地位，率先展開先行者示範於
台灣社會的本土主體性，對抗再中國化主體性的「正式的（offizielle）權力轉
換」政治社會工程。其指標意義及對台灣民主運動的鼓舞，因而從宜蘭出發
展開而為台灣政治的「典範轉移」（Paradigmenwechsel），具體有力的延展了
持續性政治權力鬥爭機轉，振奮了轉換台灣政治權力「力量關係」
（Kraefteverhaeltnisse）光譜的浪漫想望。

　　上述論析，依序可從陳定南競選縣長時之主要政治見解，與膺任縣長8
年任期之政治作為、政策主張獲得佐證〔註24〕，田秋堇以一位宜蘭反對運動
參與者的角度，於是歸納「陳定南不畏特權、堅持磊落的作風，以及高品質
的執行績效，更激起了宜蘭民間參與地方公共事務的熱情，使得資源極度匱
乏的宜蘭，創造了亮麗的『宜蘭經驗』」〔註25〕的變遷軌跡。

（二）抵抗意識對黨國主義的解構

　　陳氏以其強勢果敢剛烈的人格特質，震撼顛覆地方國家公務文化，快速
建立了魄力首長權威與輿論魅力，意志強烈且有效實現為地方公共行政體系
得換軌改造。在行政政治上，大動作高調以行政命令通告各轄內電影院等大
型演出，終止演出前肅穆齊唱國歌〔註26〕的國家主義開場範式；函令所屬學

〔註22〕傅柯在分析「權力機制」（Mechanik der Macht）時認為，權力無孔不入地伸
　　　　展到個人的活動之中，權力掌握了個人的軀體，滲透到他的舉止中、滲透到
　　　　他的觀點中、滲透到他的討論中、滲透到他的學習中、滲透到他的日常生活
　　　　中。台灣地方政治對地區住民而言，實即俯拾皆是的日常生活政治，所產生
　　　　的影響是近及性、基礎性的。
〔註23〕戰後國民黨在台灣的身分認同及價值重建，基本上是設定在「去日本化」及
　　　　「再中國化」策略下所形成的隱性價值體系。
〔註24〕參據宜蘭縣政府：《宜蘭文獻叢刊1：宜蘭縣長陳定南施政總報告彙編》（宜蘭：
　　　　宜蘭文獻叢刊編輯委員會，1992）。暨高淑媛：《宜蘭縣史大事記》（宜蘭：宜
　　　　蘭縣政府 2004）。
〔註25〕田秋堇：〈宜蘭經驗──陳定南從政傳奇〉發表於《新台灣新聞週刊》556期，
　　　　2016。
〔註26〕宣布自1989年9月17日取消宜蘭縣電影院播映國歌，參據《宜蘭縣史大事
　　　　記》（宜蘭：宜蘭縣政府，2003年），頁365。

校、機構及公共空間等撤掛蔣介石遺照〔註 27〕，衝撞偶象造神的空間政治；
學校免升降旗，挑戰愛國教育；衝撞中央體制，片面裁撤縣政府及所屬機關
學校中類秘密警察的組織與制度，包括專責維安維穩的「人二部門」〔註 28〕
及「安全維護秘書」〔註 29〕等部門，同時公開銷毀秘密監控公教人員素行的
「忠誠查核資料」；以縣長身分冒族群政治衝突大不諱，出席由鄭南榕一手籌
組的「二二八和平日促進會」，所策畫在宜蘭縣羅東鎮舉行的「二二八事件四
十週年紀念日」的悼念活動，嚴詞批判國民黨專政腐敗，同時追悼二二八事
件亡魂〔註 30〕，以政治行動實質平反二二八事件的歷史評價，勇敢慰撫冤屈。

二、環境主義與故鄉意識

（一）望像腳下鄉土的環境主義

在地方發展策略的命定上，陳定南一方面自 1983 年採取「青天計畫」取
締水泥工廠空氣污染，「碧泉計畫」取締水污染等減緩既有環境傷害源之行政
手段，1986 年起長達 5 年，更力抗台灣經營之神王永慶擴大宜蘭石化產業規
模的計畫，成功阻擋了台灣塑膠公司第六輕油裂解廠於宜蘭設廠〔註 31〕，構
築了一系列環境停損的防禦性防線。另一方面，則自 1983 年起協同城鄉規劃
專家，系統性盤點宜蘭遊憩資源擬定了《宜蘭觀光整體計畫》、1987 年著手《宜
蘭縣綜合發展計畫》，制度化了保護生態景觀資源，及奠定宜蘭縣觀光基礎的
地方發展指導綱領。也預為鋪陳了 1991 年，游錫堃繼任縣長後所承繼產出有
「環保大憲章」之稱的《宜蘭縣環境政策綱領》〔註 32〕，具體印烙了基於對
宜蘭「獨特的生態、地理、人文與產業條件」的「深刻認識與尊重」，成為「在

〔註 27〕查係 1989 年 9 月 20 日宣布禮堂、會議廳、不必掛元首遺像或肖像，縣屬各機
關學校不避每天升降旗。參據鄭聲、陳雪：《陳定南前傳》，台北：商周文化，
1994，頁 268。暨《宜蘭縣史大事記》（宜蘭：宜蘭縣政府，2003 年），頁 369。

〔註 28〕原依中央法令規定設置於人事部門司職公務員安全忠誠查核的「人二室」及
負責縣轄學校教師安全忠誠查核的教育局人事課，陳定南要求自 1989 年 2 月
1 日結束業務。

〔註 29〕各級學校當時為防制「匪諜滲透」均於校長室設有安全維護秘書，職司校內
保防及情報蒐集，自此撤除。

〔註 30〕1987 年 2 月 28 日，參與鄭南榕籌組的「228 和平日促進會」並演講，參據陳
定南：〈鄭南榕與我〉，刊於《鄭南榕逝世三週年紀念特刊：台灣之愛》，1992。

〔註 31〕1987 年開始表態反對六輕，並以地方首長身分以行政程序抵制該案環評審
查；以媒體傳播及體制外社會運動，型塑輿論及民眾態度。詳本章第二節。

〔註 32〕委託台大環境工程研究所於幼華等十六位學者擬定。

資源永續利用大前提下維繫平衡且持久發展」〔註33〕等環保立縣的策略基調。

　　陳定南以環境主義，作為地方發展策略的認知（awareness）與態度，首先表現在 1982 年 4 月主持冬山鄉地方建設座談會時〔註34〕，其強烈指責產業所造成的各種汙染公害〔註35〕，初步嶄露了鄉土環境價值觀及施政思維等端倪。1982 年 5 月，陳氏首次列席縣議會的施政總報告即表達了：「對自然生態環境的維護應更加予重視」，同時宣示將：「嚴格審核污染性工業的設廠申請並嚴格管制公害保護環境，同時維護生態環境保護自然景觀。發展觀光必先維護生態環境」，並具體指出刻籌備「宜蘭縣生態與環境保護委員會」〔註36〕，隨將環境保護策略具體化為地方體制內的系統化治理機制；就在 1982 年度議會定期會期行將閉會之際，陳氏選擇了素來政商關係良好，刻正積極開發的新峰瀑布觀光遊樂區祭出重手，以該開發涉占用防洪水域為由，祭出停工令之嚴重處分〔註37〕，畫下了宜蘭第一道自然環境守護線。

　　在「宜蘭縣生態與環境保護委員會」運作評估環境保護方案定調後，旋於次月縣議會臨時會中，說服議會通過〈宜蘭縣生態環境暨景觀管理所組織章程〉〔註38〕的縣級組織依據，並緊接著設置運作了縣級「生態環境暨景觀管理所」的專責執行機關。相較於「行政院環境保護署」遲於 1987 年 8 月升格創設；台灣省政府於 1983 年 8 月設「環境保護局」；各縣市政府 1988 年至 1991 年間始逐步設立環境保護局等〔註39〕，實為一先行且具進步性的治理創制。

〔註33〕參據〈宜蘭縣環境政策綱領〉，收於《宜蘭縣環境品質規劃研究案──第二階段期末報告》第二章，主持人：於幼華，共同主持人：駱尚廉，研究人員：陳尊賢、張景森、陳擎霞、張慶源、李崇德、林正芳、黃榮村、夏鑄九、葉俊榮（宜蘭：宜蘭縣政府，1992 年），頁 2-1～2-8。

〔註34〕地方建設座談會為縣級政府與鄉、鎮、市公所及基層民眾直接對話的公務活動，自陳定南任內逐年施行後已成宜蘭縣治理慣制。另陳該發言參據高淑媛：《宜蘭縣史大事記》（宜蘭：宜蘭縣政府，2004），頁 348。

〔註35〕宜蘭縣境內之台灣、信大、幸福、力霸四家水泥廠及其水泥礦開採區跟龍德、利澤工業區集中在宜蘭冬山與蘇澳附近。

〔註36〕宜蘭縣政府：《宜蘭文獻叢刊 1：宜蘭縣長陳定南施政總報告彙編》（宜蘭：宜蘭文獻叢刊編輯委員會，1992），頁 20～32。

〔註37〕新峰瀑布觀光遊樂區為宜蘭地區友愛百貨集團旗下事業，受處分後該遊樂區自此中挫，終至停止營運。另該處分紀事參據高淑媛：《宜蘭縣史大事記》（宜蘭：宜蘭縣政府，2004 年），頁 348。

〔註38〕參據高淑媛：《宜蘭縣史大事記》（宜蘭：宜蘭縣政府，2004 年），頁 349。

〔註39〕參據行政院環境保護署官方網站 2014.2.14 發布，2016.9.29 更新：〈行政院環境保護署歷史沿革〉，網址：http://www.epa.gov.tw/ct.asp?xItem=3739&ctNode=30617&mp=epa，搜尋日 2017.01.08。

　　1983 年，陳定南一方面親自率同台灣大學土木工程學研究所都市計畫室
〔註 40〕，遍勘宜蘭自然觀光資源，綱繆發展自然山水之觀光遊憩優勢，擬定
了《宜蘭觀光整體計畫》；一方面鐵腕實施「青天計畫」，派員進駐水泥廠全
天候監測取締空氣污染，「碧泉計畫」取締水污染，以行動實踐構築宜蘭環境
防護架構，陳定南的環境價值觀與非工業化的地方取徑哲學，實踐在其執政
初期對負面環境因素劍及履及的強勢行政執行，試圖構築環境防線；同時著
手地方生活環境風格改良及地方另類發展路徑方法論式的宏觀探索，俱為宜
蘭環境至上主義奠定了基調。

　　進入第二個縣長任期的陳定南，善用了台灣省政府住宅及都市發展局
1984 年所啟動地方長程發展規劃的補助資源，繼續委請台灣大學土木工程學
研究所都市計畫室深入調查分析區位條件後，於 1986 年研擬了周延全觀的《宜
蘭縣綜合發展計畫》，揭露了宜蘭承北啟東的區域介接處境，與善用地方既有
資源優勢的定位選項等，並藉以展開一系列地方對話研討，尋求匯聚對地方
發展路徑的共識與願景（perspective）。在《宜蘭縣綜合發展計畫》有關「區
域發展性格」上，即主張宜蘭「發展為一居住品質良好的區域」〔註 41〕，「經
濟產業發展方向」上則歸納「宜蘭縣的公害並不十分嚴重，似乎是本縣開發
時的一個優點」，應採取「增加環境保護經費、擴充環保人員、嚴格管制取締
違法及訂定合乎生態原則之土地政策」等有利對策，使宜蘭在得天獨厚的環
境條件中，調和環境保護與發展策略，維護「一個乾淨、健康的環境」做為
「各項發展必要的實質基礎，更是子子孫孫無窮發展與幸福的保證」〔註 42〕。
地方長程發展規劃的戰略級指導文書，在這裡更進一步的實現了陳定南的地
域發展哲學，以環境主義作為地方發展策略的共識與願景，也形式性的取得
了地域意志授權的正當性。為分享推廣，陳定南 1986 年 5 月，更提案全國行
政會議，力陳〈請中央通會各有關機關重視環保〉，凸顯宜蘭的發展路徑抉擇。

（二）《噶瑪蘭雜誌》與鄉土抵抗意識的傳播

　　在地方發展策略的命定上，陳定南一方面保護環境生態，阻止掠奪式發展
的生活環境惡化；另方面，系統性的連結宜蘭遊憩資源，作為發展觀光的基礎。

〔註 40〕為台灣大學建築與城鄉研究所民國七十七年改制獨立前之前身。

〔註 41〕台灣大學土木工程學研究所都市計畫室：《宜蘭縣綜合發展計畫》（宜蘭：宜
　　　　蘭縣政府，1986 年），第壹章，頁 15。

〔註 42〕台灣大學土木工程學研究所都市計畫室：《宜蘭縣綜合發展計畫》（宜蘭：宜
　　　　蘭縣政府，1986 年），第玖章，頁 28。

　　宜蘭在陳氏執政敢言、敢衝撞的前衛政治氛圍，及夙來的反對與抵抗傳統中，匯聚了一群熱烈於議論時政及地方出路，以教職人員為主的知識菁英。劉守成及田秋堇兩夫妻，以在台北編輯全國性黨外雜誌的經驗與自信盼回轉宜蘭尋求發展，在評估查訪後，決定創辦以「關懷鄉土、真實報導、權威評論」為主調的地方性刊物，獲得了時任台灣省議員，有意維繫黨外反對網絡並蓄積抵抗能量的游錫堃共鳴，於 1986 年 5 月，創刊了在形塑地方議題言論，及傳播進步反抗意識等影響深遠的《噶瑪蘭雜誌》〔註 43〕，由游錫堃任發行人、劉守成任總編輯〔註 44〕、陳菊胞弟陳武進任社長，明白自封為「黨外週刊」，並定位為宜蘭「黨外的黨報」，藉以宣揚黨外及鄉土理念，也經由積極介入地方公共事務，動員地方自主意識結納資源網絡，建構黨外地方執政論述，自創刊後即設置「認識宜蘭系列」專欄，探討宜蘭事務，並大量配合揭露報導時任縣長陳定南的縣政理念及階段政策，友善互動之餘，也獲得陳定南轉注縣政府原補助中央日報航空版郵資的經費，實質形成了領導宜蘭話語權的友善結盟。

　　《噶瑪蘭雜誌》執導宜蘭公共爭議輿論的高峰，在 1987 年 2 月台灣電力公司開始「蘇澳火力發電廠計畫」的地方說服工程，及 1987 年 7 月台灣塑膠集團向經濟部工業局價購宜蘭利澤工業區土地，規劃興建台灣第六座輕油裂解廠引發環境爭議後最為強盛，宜蘭地方社會對此兩環境爭議事件，迅速激發為以《噶瑪蘭雜誌》為論述中心的傳播鏈帶。《噶瑪蘭雜誌》編輯群允文允武，除形成強勢的輿論基調外，另線創導全國環保聯盟宜蘭分會等社運團體為抗爭社會力，搭配陳定南藉縣政府程序代表地方國家權威的行政力，阻卻環評。複合媒體、社運環團、地方政府等三維度一體，表彰為地方意志拒斥工業開發的大能量，有機結構為勢不可逆的、空前強大的反對磁場。

（三）「反火電」、「反六輕」對改變地方路徑本質的影響

　　宜蘭地區因所在區位及用電規模不大的原因，向來皆依賴外縣市地緣電網輸送配電，未有在地發電廠自足供電的能力。1987 年 2 月經濟部所屬的

〔註 43〕　參據《噶瑪蘭雜誌》，該雜誌初為八開規格週刊，一度因游無意續把資金再任發行人時，改由陳金德掛名後改為十六開月刊，於發行 135 期後因游順利接任陳定南之縣長大位及劉守成接手游膺任省議員，1990 年 9 月以「完成階段性任務」停刊，林德基對此也有側面豐富的觀察。另參據高淑媛：《宜蘭縣史大事記》（宜蘭：宜蘭縣政府，2004 年），頁 360。
〔註 44〕　至 20 期之後改由田秋堇任總編輯。

國營台灣電力公司，於報端披露：為滿足工業經濟起飛，及生活素質提高後的用電需求及備載容量計畫，規劃在地處偏遠地形低窪的無尾港地區〔註45〕，設立燃煤的「蘇澳火力發電廠」，刻著手於蘇澳鎮港邊里與存仁里外海進行為期三個月的海象調查。1987年2月24日，台電為溝通民情取得諒解，特邀請蘇澳鎮各里里長及鎮民代表赴台電公司宜蘭營業處，針對規劃設置「蘇澳設立火力發電廠」進行說明會〔註46〕，相關頭人紛表反對，蘇澳鎮港邊里里長楊嶺男，並迅即於1987年2月27日召集臨時里民大會，齊聲反對火力發電廠。此期間，台電加碼辦理說明會、聽證會等頻密說服地方。1988年2月，《噶瑪蘭雜誌》編輯群投入調查報導，台灣環保聯盟宜蘭縣分會介入觀念倡導及抗爭組訓，里民抵抗手段轉劇，開始有步驟的以「堅決反電廠、誓死護家園」等口號及旗幟訴求地方意志。2月29日港邊里二百多位里民，更激昂以人牆阻擋癱瘓蘭陽隧道通行，強力拒絕台電人員及評估學者委員進入港邊里聚落〔註47〕，拉高了抗爭強度，使得前後任縣長陳定南、游錫堃，中央及地方民代、鎮長等等政治人物，紛紛或表態或緊密參與反火電行列抗爭。

　　事件爭議中地方改選換任，游錫堃接任縣長後延續陳定南環境主義，軟硬兼施與中央政府及台電幹選。1993年9月，縣政府一方面循行政院農委會農政保育系統，以無尾港特有鳥類生態條件縣府逕行畫設無尾港為「水鳥保護區」，預期在台電火力發電廠取得環境影響評估許可之前，策略性以水鳥保護區的法定區位使用排他性，釜底抽薪的扼絕電廠入駐可行性〔註48〕。在面對「宜蘭要電不要電廠」的自私指責時，則責成時任環保局長林錫耀提出，另覓電廠址、縮小電廠規模、改以天然氣替代燃煤、電源以供應宜蘭自足為限，及必須簽署「環境保護協議書」等條件要求台電承諾退讓〔註49〕。1985

〔註45〕該區範圍包括從北到南的大坑罟、過港仔、港口、嶺腳、岳明新村及澳仔角等庄頭聚落，青壯外徙人口老化約3500在地居民。因區內包括沙地、林地、草生地、溼生地、河川湖泊等多元地形，動植物生態豐富尤其是水鳥與候鳥棲息或過境的天堂。也是保育前獵鳥者的樂園。

〔註46〕參據中國時報〈溝通火力發電廠案台電在宜辦說明會〉76.02.24報導。

〔註47〕〈蘇澳人士堅決反對　理性抗議〉，《聯合報》地方版1988.02.28報導。

〔註48〕參據宜蘭縣政府：《宜蘭縣無尾港水鳥保護區計畫書》，1992。暨高淑媛：《宜蘭縣史大事記》（宜蘭：宜蘭縣政府，2004），頁394。暨〈為反蘇火案將漁港預定地變更為水鳥保護區忽視漁民權益〉，《自由時報》地方版82.05.12報導。

〔註49〕〈台電未對環保作回應游錫堃關閉溝通大門〉，《自立早報》地方版1992.06.18報導。

年，因而有台電釋出：蘇澳火力發電廠址改易五結利澤工業區內，且以燃油取代燃煤之轉變。惟新議卻掀起蘇澳鎮龍德、頂寮二里及五結鄉成興村等利澤工業區周邊聚落，淪為代罪羔羊的相對剝奪感，使在地環境意識及反污染之集體焦慮轉移擴大串燒，激發更多民眾陳情抵抗，五結鄉工業區周邊社群，以主祀湄洲天后的利澤村永安宮為中心，發揮了庄頭廟保家衛村的凝聚力，1990 年 4 月 12 日二百餘名信徒在管理委員會號召動員下，迅即組成了凝聚力強烈的反火力發電廠抗爭團體，發起抬著媽祖神轎全省遶境後，前往經濟部工業局及立法院抗議台電一意孤行〔註 50〕。港邊地區庄頭，則在前景未卜的焦慮中組成「港邊地區反火電自救會」為行動組織並起造指揮總部，以「堅定團結、拒污染，環境保育為子孫」、「揭竿起義，拚火電，誓死決戰護家園」、「莫讓家鄉變黑鄉，愛護鄉土反火電」等反對旗幟，表明長期抗戰決心。強調環境優先的宜蘭縣政府也介入協調，承諾若經濟部放棄火電計畫，縣府將挹注三億元專款完善無尾港成為國際級水鳥公園，長期醉心宜蘭鳥類調查的吳永華等保育界人士，也呼應：「生態旅遊的產值必高於火電回饋金」的縣府陳述，一方面向外抵拒電廠，另方面對內安撫不滿農田遭畫為水鳥保護區而管制的在地農民。

　　反蘇澳火力發電廠的在地草根意識，在歷經八年的周折抵抗後，終於逼使經濟部和台電放棄了宜蘭火電計畫，而台電原規劃廠址，則在行政院農委會資源投注及生態專家協同下，完成了畫設了 102 公頃「無尾港水鳥保護區」的法定程序及周邊施設。歷經多年反火電動員、思考鄉村濕地社區出路的聚落居民們，公民意識尤其覺醒，也因而培力了具鮮明主體性及行動力的社區營造團隊，為結構老化的港邊社區，開啟了標舉「生態社區」的嶄新社區運動路徑。整個反火電事件，在宜蘭地方的社會過程所體現的在地意識、環境主義、抵抗傳統等地方意義系統，縮影而投射為宜蘭地方社會新發展路徑的歷史性抉擇，更內化證成了宜蘭為台灣社會中，具環境價值意識等識別特質的自明地方性。

　　與「反火電」在地社會運動事件相伴隨，且更深化宣示宜蘭社會非工業環境策略的環境事件，首推「反六輕」。1987 年 12 月，時任縣長的陳定南與素有台灣經營之神的老東家王永慶，在多方喧騰交鋒後，更戲劇性的共同受邀於中華電視台「華視新聞廣場」，在主持人李濤訪談中展開六輕設廠爭

〔註 50〕〈抬媽祖反發電廠　五結鄉民準備就緒〉，《自由時報》地方版 1990.04.19 報導。

議辯論〔註 51〕，將地方抗爭事務一舉推高為全國性爭議課題，經電子媒體傳播的穿透特質與多層次外溢的符號性效應，自此註解了陳定南的人格特質、為政風格與宜蘭反污染的地域意志。事件緣起於 1986 年，具全國知名度的石油化學產業龍頭台塑集團，評估選擇於宜蘭或桃園觀音興建第六輕油裂解廠，由於投資額及預估產值等經濟貢獻度龐大，促使國家積極介入且引發社會廣泛之關注。1987 年初，台塑集團開始遊說預定廠址「利澤工業區」地緣的五結鄉代表會及里長群，鄉民代表會初步通過了歡迎設廠宣告；同年 3 月 5 日，宜蘭縣議會通過了正、副議長羅國雄、林明正所提案〈歡迎台塑公司來宜蘭設廠〉的臨時動議〔註 52〕。劉守成、田秋堇、林錫耀、李界木及陳金德等，即積極透過《噶瑪蘭雜誌》極力論述反對意見，並動員號召親近黨外的教職人員為主的知識菁英投入環保社會運動，於同年 10 月 25 日「環保聯盟宜蘭分會」成立發表聲明指出：「某些短視政客和企業家」罔顧現實，「正準備將六輕廠、火力發電廠等重污染工業引進蘭陽平原」。說明創設環保團體，旨在關鍵時刻號召「我們蘭陽人」，應團結挺身而出「堅決表達反對意願，大家一起來保護這塊生我、育我的土地，將祖先留給我們的山川，再完整的交給子子孫孫。」〔註 53〕。同時以「從五輕看六輕」為題辦理草根說明會，漸趨組織化的密集發行 15 種〈向六輕宣戰〉文宣，系列性深入各鄉鎮基層庄頭，以極具感染力、佈道式的說明會，圍繞「環境權」、「地方發展自主選擇權」等鄉土情感，間以環境科學資訊，倡導轉化在地意識及抵抗意志，有機轉化為地方對抗財團、對抗中央；生活環境對抗工業污染；地方自主選擇對抗外力霸凌；黨外對抗國民黨，等對抗結構及抵抗意義系統。訴諸台灣社會、宜蘭人，尤其在六輕廠可能影響範圍的溪南地區擴大反對動員。

時任縣長陳定南，則於同年（1987 年）11 月 25 日發表縣府堅決反對的立場〔註 54〕。力主以公民投票阻絕台塑六輕入蘭，陳定南並在隨後 12 月的電

〔註 51〕陳定南教育基金會收藏：〈陳定南與王永慶辯六輕──剪輯版〉，登錄於 YouTube 網際網路影音系統，網址 https://www.youtube.com/watch?v=alUUv53_TBk，2016 年 3 月 9 日發布。

〔註 52〕參閱《宜蘭縣議會第十一屆第三次大會議事錄》（宜蘭：宜蘭縣議會，1987 年）。

〔註 53〕參據田秋堇：〈「台灣環保聯盟宜蘭縣分會」成立聲明〉，發表於《噶瑪蘭雜誌》1987 年 11 月。田為該團體發起人及首任會長。

〔註 54〕參據高淑媛：《宜蘭縣史大事記》（宜蘭：宜蘭縣政府，2004 年），頁 364。

視論辯中，回歸地方國家代表角色的理性框架，陳述歸納有關國家倫理與治理體制之法定憑藉，包括國土規劃及區域分工角色等國土策略上位論述，闡明：「反對六輕的主要理由有三：1. 六輕屬於高污染石化業，與宜蘭縣的發展角色有衝突，根據經建會的綜合開發計畫，宜蘭為糧食基地，除農業外，應發展觀光及輕工業。2. 宜蘭地形封閉，污染空氣不易擴散。3. 宜蘭產業結構特殊，漁業及養殖業佔全縣生產額一半以上。」等，此般地方立場自此成為宜蘭縣政府官方基調，用於對抗經濟部工業局准予「台塑烯烴廠」，於宜蘭利澤簡工業區合法設廠之環境影響評估審查、各種執照申請等各階段法定程序。民間動員及社會意志匯聚部分，則在以捍衛宜蘭環境權及地方發展自主選擇權的地方小眾媒體、地方國家及由知識菁英、庄頭住民、政治人物所綜融結合的社會運動組織，在宜蘭「反六輕」的巨視交集下展開。直至 1988 年 10 月 3 日，王永慶因宜蘭地方抵抗強烈堅毅，及環評等法定程序障礙遲難推進，被迫宣佈名為「台塑烯烴廠」的六輕建廠案，放棄於宜蘭利澤工業區設廠，將轉赴桃園縣觀音鄉建置。至此，從 1986～1989 年間的激越抗爭風潮暫歇，是為宜蘭「反六輕運動」的第一波。

惟 1990 年，台塑再度決策翻轉，意圖循經濟部工業局准予宜蘭利澤簡工業區建廠之原始核定，再起爐灶。六輕廠的設廠目標轉回宜蘭，再度觸發環保團體敏感的抗爭意識，「宜蘭反六輕組織」迅即重振，轉由挾高人氣膺任立委的陳定南擔任組織召集人，重揭舊幕的展衍了宜蘭在地宣告差異化地方環境策略，進入了第二波「反六輕運動」的續曲。陳定南迭率北上經濟部陳情，企劃印行「捍衛蘭陽系列」文宣品，重申地方意志，並再赴各鄉鎮舉辦巡迴說明會召喚動員，有效帶領了萬人遊行等群眾運動，形成訴求明確、行動力果決的公共壓力團體；投入誓言捍衛宜蘭價值、鞏固非工業環境主義的意識形態戰爭。1992 年，「台塑烯烴廠」的六輕宜蘭建廠案終於知難而退，轉進當今的雲林麥寮設廠，定案後也畫下了宜蘭台灣新地方主義勝利的地域圖騰。

「宜蘭反六輕組織」及宜蘭環境權抗爭運動，實踐了前後兩波長達 5 年的集體行動訴求，同時縮影映照了宜蘭地方從宣告地方價值、到捍衛地方價值，終於證成了宜蘭免於工業現代性宰制的差異抉擇，指標性的宜蘭「反火電運動」、「反六輕運動」，不僅經由繁複曲折的主體省查及地域論述，澄清涵化為有價值取向、同時有行動實踐結構的差異地方性，此一地方意義系統動

態形構、詮釋〔註 55〕的過程，也因此成為醞釀「宜蘭價值」的歷史性事件。社會運動歷史事件的集體印痕，互為主體的深刻影響，也註解了宜蘭民進黨或早期黨外的地方執政文化，其動力源頭始自台灣反對運動中，對鄉土文化及主體價值的認同與有意識的建構和傳播。另一權力視角中，抵抗運動倡導者的領袖特質，及與時俱進的運動組織與社會運動抵抗方案等技術性手段，也是實踐地方性主體價值的相對條件，方足以啟動地方社會建設性變遷的意義年輪。

三、以鄉土為本的環境保護與觀光發展定位

陳定南對地方意志的堅持與守護，具體實踐為一面保護環境，一面改善生活及觀光品質，環境策略指標中首推藉整治冬山河水患工程，進化為冬山河左岸「冬山河親水公園」〔註 56〕；宜蘭市「宜蘭運動公園」；羅東鎮「羅東運動公園」等融入地景重建與地方空間再定義，地方新意義系統符號化的社會編碼過程。陳定南主導反其道而行的阻絕掠奪式工商發展，優先投入大量資源優化在地生活環境，尋求以環境條件作為宜蘭立地的基礎，選擇守護在地生活環境權的殊異路徑，力拒資本主義工業式的宰制模式，具體表現為台灣社會本土意識與地方主義政治策略連結的里程碑。環保為先的價值信仰，慢慢內化為宜蘭堅持的符碼圖騰，也凝焦了地域的自明性（identity）。

戰後宜蘭社會特質的巨大變遷，其主要動力來自標舉環境價值及觀光發展的大策略，所形成的地方新政治文化，這個起點來自於 1987 年台灣解除戒嚴前夕陳定南非典型的地方參政及崛起風格。如果從地方時間維度及地方價值倡導維度交集的現象觀察，陳定南在地方新政治空間上有意識的展開了兩道地方策略軸線，一則為環境守護主義、一則為觀光發展主義。從社會變遷

〔註 55〕參據台灣環境保護聯盟宜蘭縣分會，「向六輕宣戰系列之二」傳單，1990 年；孫淑真：〈北上陳情：宜蘭鄉親誓死反六輕〉，《台灣時報》1990 年 12 月 2 日剪報；鍾幸道整理：〈期待一流的選民作明智的抉擇──陳定南縣長演講全文〉，刊登於《噶瑪蘭》第 79 期 1987 年 11 月；單于：〈宜蘭縣反六輕運動的回顧〉，發表於《噶瑪蘭》第 103 期 1989 年 1 月；施信民口述，張琦凰、許瓊丹、林鼎鈞採訪，張琦凰、郭程元整理〈我們曾經流過的血汗──運動回顧紀事〉，刊登於《台灣環境》第 52 期，1992 年 10 月；楊欽年：〈宜蘭縣第二次反六輕行動紀要〉，發表於《台灣環境》第 44 期，1992 年 2 月；施信民：《台灣環保運動史料彙編》（台北：國史館，2006 年），頁 333～433。顏世佩：〈社運事典：宜蘭反六輕運動〉，《慈林通訊》第 60 期。

〔註 56〕詳本文第四章第二節研究。

的觀點來看，地方社會體從中央集權體制往地方漸進分權結構轉型的開放自主介接階段，最是具備系統性影響動力的是地方政府。其關鍵變因，也就是在本研究矢力探討的：宜蘭縣地方政府 1980 年代以降，長期所倡導的地方意志為何？縣行政機器所意欲貫徹的意志為何。從陳定南領銜展現的地方發展意志脈絡中，可發現不同的發展方式有著各自不同的意識形態支撐，作為地方意義論述與不同決策方案的實踐途徑。而殊異社會發展過程的展開，尤其要藉助於一定的具體方式，社會轉型是社會發展中的一種特殊過程，其特徵不同於過往的宜蘭，更不同於台灣西部走廊各地方，資本主義工業式、趨近同質的常規發展過程。

從環境守護主義軸線觀之，1982 年 5 月，陳定南於宜蘭縣議會第 10 屆大會宣示嚴審工業設廠、自然生態環境為先的基礎路線，明快的邀聘專家學者創設專業的「宜蘭縣生態與環境保護委員會」決策諮詢機制，隨即於 1982 年 6 月以進步行政思維設置「宜蘭縣生態環境暨景觀管理所」，投注地方國家資源，使位居傳統行政邊陲的生態環境暨景觀保護事務，變身為地方治理系統的中心政略。據此環境政治機轉，陳定南雷厲風行鐵腕處斷環境危害事件，直至逆轉中央經濟部阻卻台灣電力公司的「反火電運動」，及抵擋王永慶神話的「反六輕運動」，圖騰化的「環保立縣」符碼於焉證成。1989 年在繼任縣長游錫堃，終於承繼「環保大憲章」的精神，產出了〈宜蘭縣環境政策綱領〉〔註57〕的環保立縣行動文本，形成地方政治文化中居首位的象徵元素，內化為宜蘭地方性的基礎體質。

從觀光發展主義的軸線觀之，1983 年陳定南將對宜蘭環境愛的自然資源守護，交集提升為另類興利發展觀光的可能性，親力親為的踏勘自然觀光資源節點，融入台大城鄉所的專業團隊，亦意志詮釋亦實務宏圖的完成了《宜蘭觀光整體計畫》〔註58〕的觀光與文化的加值指導型計畫。1986 年繼續展開的《宜蘭縣綜合發展計畫》〔註59〕，便歸納彙總了環境守護主義軸線思維下

〔註57〕參據〈宜蘭縣環境政策綱領〉，收於《宜蘭縣環境品質規劃研究案——第二階段期末報告》第二章，主持人：於幼華，共同主持人：駱尚廉，研究人員：陳尊賢、張景森、陳犖霞、張慶源、李崇德、林正芳、黃榮村、夏鑄九、葉俊榮。

〔註58〕參據台灣大學土木工程學研究所都市計畫室：《宜蘭觀光整體計畫》（宜蘭：宜蘭縣政府，1983 年）及本案期中、期末成果報告紀錄。

〔註59〕台灣大學土木工程學研究所都市計畫室：《宜蘭縣綜合發展計畫》（宜蘭：宜蘭縣政府，1986 年）第壹章，頁 15。

的生態景觀資源守護範疇，在觀光發展主義軸線中，發展興設休閒遊憩條件，制度化了地方性，鞏固了宜蘭傳統「傳」與「承」的正當性。展演了冬山河整治，並在冬山河左岸建設冬山河親水公園成為宜蘭人心靈母河，設立宜蘭運動公園、羅東運動公園、全國規模最大的武荖坑露營區，有方略的優化在地生活環境及觀光產業條件，以自然環境條件作為全球在地化立地基礎的自明面孔。地方意義傳統的承續，因有「傳」而有「統」，「觀光立縣」與「環保立縣」的地方傳統自此雙趨並立。因而有 1989 年後繼任縣長游錫堃，在「宜蘭傳統」、「宜蘭經驗」的地方價值基因奠基下，以重建漢人拓墾宜蘭 200 餘年來的生活歲時民俗、民間戲曲、民俗工藝、民間信仰、地景環境之詮釋傳統等民俗復振或傳統發明，再現集體記憶及日常生活民俗，創新廓現了宜蘭以民俗為中心的「文化立縣」論述及地方詮釋脈絡，豐美了「宜蘭經驗」，深化了地方的一脈傳承。

第三節　民俗文化編碼與「文化立縣」傳統的創制

　　1988 年 1 月 13 日強人蔣經國過世、李登輝即日繼任總統，社會質性變遷力道峰湧的大環境背景，更激勵了宜蘭黨外反對傳統與地方政治生態網絡，擴大地方主體性與中央政府爭議地方發展權的可能性更具可能性。1987 年後台灣進入政治轉型階段，從 1988 到 1993 年的台灣政治民主化，主要表現在：民主政黨競爭型態的出現、直接民主、權力核心的改變和鄉土化。典範多頭轉移，回應了民間抗爭訴求，本土傳統的復建倡議開始有了社會基底，傳統在地鄉土庶民文化於是從邊陲向主流中心區帶位移。而前述語境，正是在地論述及地方政治文化事件迭次展演的社會土壤。

一、「文化宜蘭」論述與策略的醞釀

　　游錫堃如同台灣當代從本土意識出發的「黨外」政治菁英一般，體察到台灣本土民間文化受到政治力的不當干預，被貶抑到邊緣卑微的位置，形成了本土文化認同上的危機〔註 60〕；復因其政治後進陳定南不預期的在宜蘭政壇崛起，高聲望領先膺任了兩屆宜蘭縣長，游錫堃執政宜蘭後亟需從台灣壓抑本土的政治大氣候及黨外菁英同儕的瑜亮情結中做出超越性的反應。在這

〔註60〕長期擔任游錫堃策士的媒體人陳虔堯歸納性的觀察，見陳虔堯：《文化‧宜蘭‧游錫堃》（台北：遠流，1998 年），頁 25。

特定時空下的宜蘭，游錫堃選擇復振鄉土民俗文化藉以導入重建自主的地方史觀及地方意識，歸納其實踐動力的主、客觀屬性，呈現了濃厚的政治涵攝。

（一）從母語及鄉土教育著手

游氏入主地方後鼓舞民俗復振與傳習，初步從布馬陣、傳統歌仔戲等非社區語境發散式的表演著手〔註61〕，翌年（1990年）2月即提出了宜蘭推行本土語言教育計畫。1990年2月游錫堃在就任縣長未滿50天，即創始提出了台灣第一個介入地方小學教育的「推行本土語言教育計畫」〔註62〕，3月決定由地理篇開始編撰「宜蘭鄉土教材」及「推行母語教育」等本土化、地方化政策，揭開了以地方政府的政治權力角色介入主導文化鄉土的施政序幕，以本土文化觀挑戰衝撞宿來以中原為主的文化觀；是宜蘭醞釀「文化立縣」治理策略的濫觴。

（二）建立智庫組織

緊接其後，配合台灣省政府文化政策，於縣文化行政領域創設可避免政治過度監理的文化法人，「蘭陽文教基金會」〔註63〕1990年3月17日正式成立，以地方政府資源投注、縣政府局級主官及縣議會領袖、民間文化傳承人、學者等為董事成員的內建文化決策窗口就緒。另者游錫堃接受核心智囊建言，於地方政府的權力組織外架構外部執政智庫，由游氏捐出競選所餘資金成立並募集民間資源，整合維繫游氏從政以來之產業界、學術界、教育界、媒體界、社運界、文化界等智囊團隊，1990年3月31日「仰山文教基金會」〔註64〕開始第一次籌備會展開實質運作，與「蘭陽文教基金會」內外互應，

〔註61〕例如：假縣立文化中心廣場舉行布馬陣與傳統歌仔戲表演，將傳統廟會祭典喜慶庄頭廟埕靖安祈福的語境式表演再語境化表演於地方國家佈建場域。例如支持對宜蘭傳統歌仔戲專精研究者陳建銘赴廈門出席閩台戲曲藝術研討會等，後驗觀之，可解讀為地方民俗主義的揭幕鋪陳。參據高淑媛：《宜蘭縣史大事記》（宜蘭：宜蘭縣政府，2004年），頁364～372。

〔註62〕高淑媛：《宜蘭縣史大事記》（宜蘭：宜蘭縣政府，2004年），頁364～372。

〔註63〕蘭陽文教基金會係為公設財團法人，係當時台灣省政府為鼓勵各地方政府創設專責文化試務執行窗口，由台灣省政府與宜蘭縣政府共同捐資500萬為成立基金，一開始成立目的是為了避免過多的政治干擾，來增加行政彈性和效率。游氏藉由重疊聘任仰山基金會董事人選，以建構整合執行意志及資源之平台。

〔註64〕仰山基金會設有董事會及企畫委員會，維繫涵納了教育、媒體、行政、政治、社運及企業等領域核心策士；主導並實質介入縣政甚深。1990.3.31舉行第一次成立籌備會，在游氏任縣長後4個月。

有別於一般常業政治人物取得公職進入權力體制後，外部智囊隨即內部封侯或納編化，而卸解了體制外團隊。這兩個軟性法人組織，自此或裡應外合或衝擊火花的，開展了游氏另類的、以文化施為創發為核心關懷的雙文化引擎，也是游氏漸進深刻化民俗文化思維，及實踐文化立縣行動的得力左右兩翼。

（三）「文化立縣」論述的初聲

1991 年 11 月，游錫堃向議會提出的施政報告書〔註65〕，首度提及了「文化立縣」一詞時，計就任宜蘭縣長一年十個月〔註66〕。但此期間所標榜的概念，並不是一套有完整預擬構想或系統化理念的地方文化政策，其指涉僅如前述初步觸及地方母語復建有關之鄉土語言教材編撰，及地方國民教育教習方向〔註67〕，是一種由文化鄉土入手，漸進解構舊文化論述框架的暖身醞釀過程。「推行本土語言教育計畫」除了挑戰中央教育部一貫的國語政策〔註68〕及部定版本教材外，尤須母語教師的培訓及本土語言音標系統的規劃，於是尋求中研院語言專家統整所謂「台語」的發音及註記方式，委託中研院開班研討培育種子教師〔註69〕，游氏從宜蘭本土語言及鄉土教育出發爭取地方文化領導權的行動，1990 年 6 月在民進黨的運作協商後，策略性的串聯為非國民黨執政 7 縣市，會同研討推廣本土語言教育，各方諸侯集體挑戰國民黨一元化、中心化的語言政策及其文化政治體系下的意識形態。據此剖理游氏投注母語及鄉土教育的動機歸因，可略窺其藉復振本土文化形塑差異化縣政，兼而實踐台灣黨外政團一脈以台灣化、本土化政治意識形態，實現去文化政策中心化的大戰略，也可以視為經由地方國家泛文化政策實務的自治化行動，揭開對抗國民黨，中央國家一元化文化霸權，以爭執地方話語權的爭議協商過程。

〔註65〕宜蘭縣議會：《宜蘭縣議會第 12 屆第二次大會議事錄》，游錫堃縣長 1991 年施政報告書。

〔註66〕陳賡堯：《文化‧宜蘭‧游錫堃》（台北：遠流，1998 年），頁 32。依陳賡堯觀察分析游錫堃政策形成特質，其發展及層次概可從「為政治而文化」、「為文化而文化」到「為生活而文化」等三階段之轉折。

〔註67〕參考高淑媛編，《宜蘭縣史大事記》（宜蘭：宜蘭縣政府，2004 年），頁 370～382。

〔註68〕清華大學語言所曹逢甫：〈國語政策的過去與未來〉與張學謙〈台灣語言政策變遷分析：語言人權的觀點〉就台灣語言政策 1945 年國民政府接管台灣以來就一直是「獨尊國（華）語」的政策，尤其 1970～1986 時期強制推行時期壓制本土語言，引發侵犯語言人權之迫害感，引發國族認同的糾葛。張文收於《台東大學人文學報》第 3 卷第 1 期。

〔註69〕宜蘭縣政府：《宜蘭縣本土語言教育計畫》（宜蘭：宜蘭縣政府，1990 年）。暨高淑媛編：《宜蘭縣史大事記》（宜蘭縣政府，2004 年），頁 372。

宜蘭「推行本土語言教育計畫」及鄉土教育，雖然從衝撞部定國民教育課程綱領入手，但其衍展豐富的廣及民間文學、傳統戲曲歌謠、鄉土掌故歷史、故鄉地理地景傳說或民間故事等泛民俗學範疇，包括本土音樂——客家歌謠、懷念台灣音樂家系列、本土音樂——歌仔戲、本土音樂——福佬系創作歌謠、本土音樂——福佬系自然歌謠、本土音樂——原住民族歌謠、國中——鄉土地理篇、國中鄉土歷史篇、宜蘭縣補充教材「家鄉宜蘭」、宜蘭縣補充教材「咱個家鄉」、十二鄉鎮市鄉土素材、本土藝術造型活動，其歷史性意義在於此方略踐履了鄉土資料庫〔註70〕的基礎調查，盤點並繁衍為多領域整合的地方知識系統，奠基了宜蘭的故鄉民俗及故鄉民間文學的民俗過程基礎，尤其以此故鄉學之教育資材及執行體系，為在地國民教育學子的必修洗禮，地方話語權的搶奪，及本土、鄉土為中心的政治社會化過程，已可預見地方政治文化典範翻轉的必然或「天然」紋理了。由此觀之，映之於台灣社會的輻射影響，則又是另番縱深的台灣文化變遷景觀了！

二、「開蘭195紀念日」系列活動中的祭俗與主體意識

游錫堃為體現地方性，開始了宜蘭人身分回歸的尋索。而當時私組武裝民團入蘭開墾的墾首吳沙，被選擇為漢人史觀起點的「始祖」式人物，誌紀宜蘭起點的「開蘭195」紀念節日，便是緣於吳沙入蘭的攻擊發起日。

（一）身分議題的創發

同期間游氏整合內外智囊團隊，尋求施政開創性與亮點議題，於是策略上回歸到體現地方性的宜蘭人身分的尋索與追溯，亮點則鎖焦於漢人吳沙1796年10月16日，率漳、泉、粵流民武裝入墾頭圍〔註71〕逢五滿十的大周年紀念運動，亦即游首屆縣長任期第二年的1991年，為吳沙入蘭195周年；及1996年的吳沙入蘭200周年紀念日。且戰且走的「開蘭195」系列活動，在1991年7月「紀念吳沙入墾195年系列演講」中展開，共12項〔註72〕重

〔註70〕參據宜蘭縣本土語言教材及鄉土教材系列。
〔註71〕今烏石港蘭陽博物館南側所在，為當時吳沙首一屯墾占領區故稱「頭圍」。圍即土堤所構築之防衛工事。
〔註72〕「紀念吳沙入墾195年」12項系列活動包括：較屬漢民族部分，有「蘭陽孩子的一千個夢——徵文」、「促成復辦頭城搶孤」、「辦理吳沙260歲誕辰大典」、「草嶺古道健行」體驗先民入蘭路徑；關於原住民族部分，有「噶瑪蘭族返鄉尋根」、「宜蘭原住民母語教育研討會」、「噶瑪蘭之夜」泰雅及噶瑪蘭族民俗歌舞表演、原漢衝突歌仔戲演出等。

現集體記憶及日常生活民俗的系列活動，初步廓現了以民俗過程為中心的「文化立縣」論述及地方詮釋脈絡。

（二）祭祖儀俗與身分重建

「開蘭 195」紀念，節銜中取用「195」週年之時間維度，以吳沙武裝入蘭為史觀基礎及紀念起點，係從漢人中心主義的「我者」視角出發，這一宜蘭人身分認同重建、追飾地方主體性的啟始工程，始於游錫堃親蒞礁溪四城吳沙舊居，以漢俗祭祖大典隆重「紀念吳沙『公』260 歲誕辰」，游錫堃此祭的儀式性意義有別於台灣民間移民循溯祖籍，不忘漢本分香移祀唐山原鄉「開漳聖王」等祖居地信奉神祇，之根源身分投射與血緣認同。游氏率領以地方首長身分行使地方另樣的「祖源」朝拜儀式，以漢人自力武裝入侵殖墾地的攻擊發起日，及率眾墾首的誕辰紀念神聖化儀式，重新定義在此宜蘭時間及宜蘭空間，唐山墾團的漢人們在墾殖衝突事件發生時，轉化身分為新「宜蘭人」；也暗喻率眾的唐山墾首，為宜蘭新時空定義下的「共祖」，漢族群宜蘭人從此有了新的身分主體性。游錫堃並表演式的重現入墾歷史情境，領群眾步履重遊昔時吳沙率漢眾武裝自台北入墾宜蘭的草嶺古道，呼籲體驗冒險越嶺拓墾殖民的艱辛，回溯漢族宜蘭人來時路，並引為宜蘭漢人身分重構的斷裂起點；既追溯連結漢族移墾血脈履歷，又以該殖墾歷史事件時點，斷裂證成漢族宜蘭人重構的身分主體性。

（三）靖安祭俗與族群記憶

系列活動中尚包括，游錫堃主動敦促頭城地方與「中國時報」報系合作，復辦日據時代一度遭日府以迷信漢俗為由勒止，國民政府來台後復以混亂危險勒令停辦達 43 年的「中元節頭城搶孤祭典」〔註73〕之常民漢俗。另在部分原住民菁英以族群正義為由異議後，為表示對漢人入蘭後侵侮進逼原住之噶瑪蘭及泰雅民族之反省及尊重多元族群文化，同時策辦了「噶瑪蘭人返鄉尋

〔註73〕頭城搶孤溯至清道光（西元 1820～1850 年），源自唐山原鄉之中原消災祭俗。進入蘭陽拓殖的吳沙等為祈求普渡拓墾爭戰中孤魂、消災解厄，慣於農曆七月以搶孤活動司祭，祈求人地平安。搶孤藉大設祭壇及繁複祭祀科儀展開，於鬼門關閉前當夜子時「以人象徵鬼魂」由搶孤者分組競相攀爬施油之 13 公尺溜滑「孤柱」，翻上「孤棚」，而後直上 30 公尺高綠竹綑綁的搖曳「孤棧」，取得祭品與順風旗，藉以達到普渡孤魂及象徵地方平安順風的目的。詳如本文第三章第二節之研究。

根活動」〔註74〕、「宜蘭原住民母語教育研討會」及泰雅族打獵舞和「噶瑪蘭族除瘟祭」等平衡族群感情的原住民祭俗、語言復健及傳統歌舞表演。

　　1991 年 11 月，游錫堃向議會提出的施政報告書，其指涉僅如前述初步觸及地方母語復建有關之鄉土語言教材編撰及地方國民教育教習方向，進展到「開蘭 195 周年紀念日」的漢人身分尋索時，仍未顯示其已先驗式預擬了「文化立縣」的理念系統，惟歸納實據顯示其行動路徑確實往鄉土民俗文化持續邁進。

三、「開蘭 200 周年紀念日」系列活動的民俗過程與「文化立縣」

　　游政府著眼瞄焦「開蘭 200 周年」地方意義系統的創造與實踐，揭序自「開蘭 195 周年紀念日」追溯宜蘭漢族群入墾起源，摸索地方身份主體性伊始，註解了宜蘭的起點象徵。而「開蘭 200 周年」的紀念活動，則表現了相對清楚完整的論述、策略與行動架構，對宜蘭影響深遠，也賦與了更鮮明的地方特質。

（一）「民俗過程」（Folklore Process）概念的內化

　　「開蘭 200 周年紀念日」概念指導下的《「宜蘭紀念日」200 週年系列活動基本企劃案》〔註75〕，穿引了以游錫堃為中心的宜蘭新政團，「再造別有天——傳承與創新」的泛文化施政宣示，以振興地方；並超越陳定南所開創以環境保護及觀光發展為主的施政格局。「再造別有天——傳承與創新」策略下相續的地方文化實踐，多以重建再現漢人拓墾宜蘭 200 餘年來的生活歲時民俗、民間戲曲、民俗工藝、民間信仰、地景環境之詮釋傳統等為主要施為。

　　藉由公部門文化政策的執行及經費資源的選擇性給與，結合民俗文化專家的諮詢與民俗傳統傳承社區或傳承人或傳承單位，經由公眾民俗學的

〔註74〕尋根活動領導人為噶瑪蘭族長老偕萬來（1932～2008）是宜蘭貓里霧罕社（今壯圍鄉東港村）頭目偕九脈的嫡孫，其父為臺灣基督長老教會花蓮港教會首任傳教師偕八寶。偕萬來自 1983 年從「一人尋根」行動，1984 年 3 月曾於宜蘭公館國小教授噶瑪蘭母語。曾帶領噶瑪蘭族親前往立法院請願，訴請將噶瑪蘭族列為原住民族，歷時近 15 年的文化復振行動，2002 年 12 月 25 日行政院正式宣布噶瑪蘭族為臺灣原住民第 11 族，偕萬來因此被尊「噶瑪蘭族之父」。2008 年辭世，享年 77 歲。

〔註75〕宜蘭縣政府 200 年推行委員會：《「宜蘭紀念日」200 週年系列活動基本企劃案》，1995 年 12 月 29 日核定版。

取徑〔註76〕再結構化復振展演民俗傳統的社會條件，同時再語境化民俗傳統重現的地方意義與身分論述。漸趨完整的發展出一系列以傳統民俗資本，模塑宜蘭文化面容的地方文化重建作為，除了「歡樂宜蘭年」及「宜蘭國際童玩藝術節」等嘉年華活動的創生，尚包括諸如：以縣為單位執行庄頭生活民俗為主的「社區總體營造計畫」；創設「宜蘭設治紀念館」、「宜蘭縣史館」、「縣立蘭陽戲劇團」、「宜蘭台灣戲劇館」及規劃「縣立蘭陽博物館」、「宜蘭美術館」等地方博物館群；展開歌仔戲薪傳計畫、推動「宜蘭厝」示範民宅計畫、「綠色博覽會」、「國際名校划船賽」；爭取「宜蘭傳統藝術中心」等，漸進呈現了地方藉由民俗過程振興地方的文化治理思維，也具體啟動了重新定義地方意義的系列文化政策。

（二）創造大型常態化節慶產業的路徑

開蘭 200 週年紀念活動，緣於 1992 年 11 月 4 日區運會慶功宴上，游錫堃預告「宜蘭要在 85 年舉辦比台灣區運會更大規模的開蘭 200 周年紀念活動」的豪氣。游錫堃在宜蘭爭取到全台最大最指標型的運動賽會，即「81 年台灣區運動會」主辦權的籌辦過程中，藉由宜蘭人共同以「鄉下人辦喜事」的軟性訴求，有效動員整合了民間團體、工商產業界及體制內公教體系資源投入，獲得了以最少公帑成就了大型賽事嘉年華式的熱鬧聚眾、輿論正面評價、集合式消費經濟、城市行銷及地方光榮感等多層次外溢效應的感染鼓舞，立意以更大型常態化嘉年華式節慶產業為地方發展新軸線，尋求在陳定南前此定調環保及觀光為宜蘭基本路線後的地方可能新出路。民俗方案的研發歷程，詳參本研究第三章第一節。

四、地方重建中的積累與新發

系統性文化政策，鋪陳了創新的地方論述、更動員累積了強大的實踐能

〔註76〕此處「公眾民俗學」取徑的概念與定義，係概指政治部門及外部專家過度介入干預民間民俗之存用方式。日籍民俗學家菅丰點評「美國民俗學的公眾民俗學因為曾經具有作為政府關係的公共部門（public sector）所承擔的民俗學實踐的濃厚色彩」，而有「政治性干預以及向地方文化施展來自外部力量」的情形，產生了「地方文化是作為第三者的觀察而付諸行動，進行民俗的採集、解說和詮釋」，也就是政治部門及外部專家成為盈想民俗現象的主要施為者。參據菅丰：〈日本現代民俗學的「第三條路」——文化保護政策、民俗學主義及公共民俗學〉，發表於《民俗研究》（山東：濟南，2011 年 2 期）。

量，計劃性的經由地方政治力及社會力的整合，再結構化了地方「傳承與創新」的預設性變遷策略；形塑了宜蘭人社群身分識別；創制實現了宜蘭新價值取向及符號象徵系統，此期間，地方的積累與新發成為地方社會史中建構宜蘭身分與主體性的革命性事件。

（一）地方主義路徑的延續

游錫堃 1989 年以台灣省議員轉逐地方百里侯，順利自地方政治後輩陳定南手上承接地方大權，面對財窮縣政和交通不發達等限制，相較於陳定南留下尚未完成的親水公園、運動公園等重大工程及民間高聲望，同時在地社會已逐年喪失民間動員議題，如何開創差異的施政空間，尋求超異陳定南的施政評價，成為游錫堃迫切面對的課題及難題！越過摸索期，此處究其意識形態背景，比較是傾向台灣朝野在政治路線全面競逐中的訴求，旨在體現政治反對運動集團重建台灣國族意識與本土歷史意識的努力方向，也是政治反對運動者為取得反對運動的正當性及社會動力，所啟動重塑宜蘭人集體記憶及定義「宜蘭精神」的政治社會化初始工程。

（二）「宜蘭文化」與「文化宜蘭」的連結

「文化宜蘭」及「宜蘭文化」，成為地方外顯張力鮮明的範式符號。使「文化從施政的邊陲躍進核心」的創制史，可以英國左派史學家 EricHobsbawm，所定義「創制的傳統」（invented tradition）概念來進一步解析理解。他認為創制「傳統」的方式有兩種：一種是出於人類刻意創造、建構而成；一種是在一段短時間內無形中成形的〔註 77〕。宜蘭 1990 年以降的「文化傳統」，是地方政團創造性的文化政策所逐步形成。Hobsbawm「創制傳統」的概念所指涉的是一系列的實踐，通常是被公開或心照不宣的規則控制，具有儀式性或象徵性的本質，他透過不斷地重複，試圖灌輸大眾特定的價值觀與行為規範。就如「歡樂宜蘭年」年節嘉年華式活動，年復一年的重複策展，規劃一系列經改良民俗文化活動，便建構了「當今宜蘭」與「傳統宜蘭」傳統連結的文化想像，創制的傳統，無須將自己置於久遠的歷史過往，或進而延伸到假想的時間迷霧中。「創制的傳統」，有效形塑了「宜蘭人」的共同體想像。「文化立縣」傳統創制的社會運動，至此制度化為地方國家權力機制中的施為內容；

〔註77〕霍布斯邦（EricHobsbawm）著，陳思仁譯：《被發明的傳統》（台北：貓頭鷹文化，2002 年）。

內化為地方社會價值基因；外顯為身分意識及主體認同；更形諸為台灣社會中具進步性與識別度的地方象徵符碼。

五、民俗符號與文化政策間的聯繫

九〇年代台灣，持大中國國族主義的國民黨政府，仍中心化的壟斷台灣文化領導權，主體論述遠離民間，國家至上、民族至上的大中國圖騰式集體主義，內地化台灣的文化政治策略，致使邊陲化了土地感情、在地生活世界。中央集權式的文化政策規範，除了受制於過時的文化政策典範外，也相當程度反映了國民黨政府對民間文化的忽略與疏離，宜蘭此期間所作為與訴求的，正是文化與政策兩範疇的在地連繫。

（一）鄉土民俗對大中原圖騰的反動

宜蘭持續定向性的拋出在地化文化治理方案，做為當時的在地施政宣告，也同時是向整體台灣社會傳播本土化的主張，在當時政治形勢緊繃的結構意義上，更是大形勢的以地方草根鄉土方案，逕自挑戰國民黨政府統治基礎的解構與衝撞行動；是一種溫和緩進的地方抵抗主義，進一步以政治行動同中央政府爭奪地方文化實質領導權的爭議運動。是一種促使國家文化政策去中心化，及作為地方的宜蘭自我賦權增能（empowerment）的過程，是台灣地方社會邁向文化自治化的先行典範；民間常俗的復建重振於是成為地方化、文化化的核心資本。

（二）民俗文化的政治實踐

1982 年聯合國教科文組織（UNESCO），舉辦一場文化政策的全球會議（Mondiacult），與會代表一致同意：「文化賦予人類有能力反省自己，透過文化，人類表達自己、認識自己、體會自己的不完整、質疑自己的成就、不段尋求新意義、以及創造作品以超越自己的限制。」肯定了文化在人類歷史進程上的意義，也確認了在西方「治理性」〔註 78〕興起之後，文化已是各國涵納廣泛的政策課題，但台灣在文化研究之餘對民俗的當代意義及相應的文化政策討論，卻尚缺乏廣泛深入的對話及研究累積。文化，它既是包括品味和身分的美學範疇，也是包括語言、宗教、民俗、時代、地方等人類學的範疇；

〔註78〕傅柯（Michil Foucault）用「治理性」一詞來解釋現代國家開始介入公眾管理的傾向。

而文化政策就是扣連美學創造力和集體生活方式的力量，以資金的補助和對民眾的教育，決定並影響文化的走向〔註 79〕。文化政策的發生、形成和發展是一個歷史過程。它既是文化現象又是政治現象，是一種文化政治現象；是精神現象，又是制度管理行為〔註 80〕，是精神現象領域的介入治理行為；於是文化和政策產生了聯繫。傳統俠義的文化政策範圍所指涉的，僅及相關於文化藝術、新聞出版、廣播影視、文物博物等之決策與引導；在台灣年輕學者林信華的視野下，則認為文化政策不是一個靜態或被動的弱勢政策，而是一個涉及國家整體發展的上位政策。特別對台灣而言，是台灣主體性和凝聚力的原型，也是兩岸關係可以良善整合的基礎，以及接軌全球的策略〔註 81〕。

（三）文化政策作為民俗過程的載體

文化政策是「文化政治運轉和相關資源分配的中介機制，是籌劃和包裝國家或地方發展計劃、提昇競爭力的藍圖和修辭，是社會裡不同意義協商、爭議和選擇性再現的戰場，以及這些過程的象徵化、美學化和正當化」〔註 82〕。就宜蘭 30 來實踐於各領域的文化政策觀察，不管與歷史過往再怎麼相關，傳統的「創發」其特殊性就在於：這樣的傳統與過往歷史的關聯性是「人工」接合的。簡言之，被創造的傳統是對新時局的反應，卻以與舊情境相關的形式出現；係經當代政治人物或部分精英以公眾為名，以使命自命，基於現下政治、經濟或感情認同之需要所重建點選放大的「傳統」〔註 83〕。這兩方面的對立，在「創發」者不斷視當下需要，再以「人工」予以接合、拆組、延伸詮釋，甚至複製再生產；進入社會符號的重建與再現的互動驗證過程。1996 年 11 月，游錫堃揭示了宜蘭縣政府施政的目標在達成「心靈本土化」、「文化產業化」等目標〔註 84〕，即在形塑地方共感的發展規範，一如內在軟體程式的指令邏輯一般，在發展論述與治理實務中，凝煉而為既是規範也同時是

〔註 79〕Toby Miller、George 著，蔣淑貞、馮建三譯：《文化政策》（台北：巨流，2006年）。

〔註 80〕胡惠林：《文化政策學》（上海：文藝出版，2003 年），頁 1～3。

〔註 81〕林信華：《文化政策新論——建構台灣新社會》二版（台北：揚智，2009 年）。

〔註 82〕王志弘：〈文化政策與文化治理〉，收於《多元文化》（台北：世新大學，2007年）。

〔註 83〕霍布斯邦（Eric Hobsbawm）等著，陳思仁等譯：＜創造傳統＞，收錄於其所編《被發明的傳統》（The Invention of Tradition）之導論（台北：貓頭鷹，2002），頁 11～25。

〔註 84〕宜蘭縣政府：《宜蘭縣施政計畫報告》，1996 年。

驅動力的地方重建策略。更形成了脫離此系列軌跡，便是文化品味基因缺損、背棄地方價值、毀壞地域「傳統文化」的不義罪人；國民黨籍前縣長呂國華，停辦國際童玩節替以國際蘭雨節，受到燎原烈火般的批判即為佐證。

在這樣的地方政治基調下，文化與政治信念的深度契合，促使文化政策與地方文化符號的象徵化間有了更深的聯繫；地方文化系統與政治系統重疊交錯所結構化的文化政治力場，其位階躍昇而為地方治理的統籌核心與地域論述主修辭。宜蘭，循此程式複製創造性傳統符碼，建構地域性專屬文化符號，形成了所謂的「宜蘭文化傳統」、「宜蘭精神」，累積了一定識別性的「宜蘭經驗」。

第三章　傳統節日與地方集體記憶的重塑

　　游錫堃，如同台灣當代從本土意識出發的「黨外」政治菁英一般，體察到台灣本土民間文化受到政治力的不當干預，被貶抑到邊緣卑微的位置，形成了本土文化認同上的危機〔註1〕；復因其政治後進陳定南，不預期的在宜蘭政壇崛起，高聲望領先膺任了兩屆宜蘭縣長，游錫堃執政宜蘭後，亟需從台灣壓抑本土的政治大氣候，及黨外菁英同儕的瑜亮情結中做出超越性的反應。在這特定時空下的宜蘭，游錫堃選擇復振鄉土民俗文化，藉以導入重建自主的地方史觀及地方意識，歸納其實踐動力的主、客觀屬性，呈現了濃厚的政治涵攝。最蘊含漢族團圓、喜悅、節氣、吉祥象徵及家族價值的春節年俗，作為地方的宜蘭及早以政治介入宣稱「歡樂宜蘭年」，優先取得了台灣漢俗社會的「新」新年詮釋權，再語境化在「幸福新故鄉」歡度「歡樂宜蘭年」的年俗公共化、城市化的文化再生產過程。有機的選取了傳統節日庶俗元素，揉合了原鄉與新故鄉的認同情感與身分調理，作用為地方新故鄉觀、新身分觀、新幸福觀的「文化立縣」好元素。

第一節　漢族「開蘭紀念日」的記憶重建

　　游錫堃尋思重建宜蘭自主地方史觀及地方意識的起手式，優雅的從狹義

〔註1〕游任省議員期間即曾於質詢中質疑國民黨施政壓抑貶低台灣文化的質疑，並呼籲「台灣要有自己的文化」，見陳賡堯：《文化‧宜蘭‧游錫堃》（台北：遠流，1998年），頁28～32。

「宜蘭人」的漢族群「出生誌」身世循跡，款款柔化回到漢人武裝入蘭的來時路，以官方屬性、正式情境等儀式化，端莊烙印入蘭漢族社群，在地土著化的身分正當性。

一、開蘭記憶的起點人物——墾首吳沙

　　宜蘭舊稱蛤仔難，為平埔噶瑪蘭族共三十六社舊居領域。十八世紀初華南地區大量漢人移墾台灣，移墾人口數以福建為最，廣東次之。為數眾多的泉州人先於漳州人入墾大台北盆地等良墾地，後至的漳州移民在大台北墾戶飽和的競爭下，一無家累、二無財富，只得往相對邊陲的北與東北的海濱偏山尋墾冒險〔註 2〕。1723 年（清雍正元年）在台置諸羅縣下設淡水廳，三貂溪即為至北廳界與蛤仔難緊密相鄰，地屬清治官轄邊陲未及之無政府狀態區，也是後期偷渡北台灣流民，竄流尋求機會的滯留緩衝空間，吳沙在此歷史語境下，成了漢族入蘭的關鍵角色。

（一）通商「番割」與入墾籌謀

　　漢人最早冒險集體進墾蘭陽平原的可稽記載，首推 1768 年間林漢生入蘭事件，林氏福建漳州府人，以蘭陽平原物產豐富，無漢人入墾據地，尚充滿機會，鳩集同鄉親友進墾後為原住民所殺。是為漢人集體拓墾蘭陽平原的先河，其後有踵繼冒險者入墾蘭陽，但皆失敗〔註 3〕。

　　屆此地緣條件及權力空隙，先於漢人墾團進出噶瑪蘭地區，穿梭於原、漢地區間的漢人，當屬冒險以鐵、鍋、鹽、布等漢人生活用品，與噶瑪蘭人交易鹿茸、鹿筋、鹿脯等獵物的販商，俗稱「番割」〔註 4〕。此類「番割」商販除交易營商外，都通曉地形、物產，且熟諳原住民語及原住民各社情勢動態。吳沙自為墾首綢繆入蘭，終於率武裝墾團成功入墾蘭陽平原，遲至 43 歲方自唐山移居台灣淡水廳三貂社的吳沙，正是從事番社食鹽及布匹交易，經

〔註 2〕徐雪霞：〈清代宜蘭的發展〉，發表於《台北文獻》直字第 69 期（台北市文獻會，1884 年），頁 133～135。朱瑞墉：〈吳沙功開蘭陽第一人〉，發表於《源雜誌》第 59 期（台北：台灣電力公司，2006 年），頁 18～25。

〔註 3〕姚瑩：〈噶瑪蘭原始〉，收於《廳誌》卷之七，雜識上，紀略，頁 859。暨陳淑均《噶瑪蘭廳志》卷之一，封域，山川附考（宜蘭：宜蘭縣文獻委員會，1968 年），頁 589。

〔註 4〕番割之稱，參據陳淑均《噶瑪蘭廳志》卷之五下，生番夷情，番割條（宜蘭：宜蘭縣文獻委員會，1968），頁 428。

驗老到且深受噶瑪蘭族部落信賴的「番割」販商。原籍福建漳州府漳浦縣元房大圓頭的吳沙（1731～1798），除進出噶瑪蘭行商外，亦商亦農的於三貂社墾居達23年。持續供與墾拓工具及初始財物給隻身私渡投靠的唐山人，成就了在三貂社講信重義、樂於助人的人際評價，在漳、泉、粵三籍流民間建立了一定聲望，也獲得噶瑪蘭各社一定程度的信賴〔註5〕。

　　1787年間，從事「番割」生意已達13年的吳沙，對噶瑪蘭地形、資源及番社情勢已有所掌握，噶瑪蘭人亦對其友善，萌「見蘭中一片荒埔，生番皆不諳耕作，亦不甚顧惜」的機會〔註6〕，開始召集青壯羅漢腳初試籌組墾團〔註7〕，並嘗試低調漸進的略為推進墾區至三貂社以南之噶瑪蘭禁界邊區，試探性展開闢墾種植以測試噶瑪蘭族可能反應。1787年的初始行動，吳沙鑒於林漢生等前此勇闖清廷劃為化外禁區私墾的前輩們，均歿於「番害」而腰斬了進墾事業，特遴選熟諳且受噶瑪蘭社信賴的同鄉，資深「番割」夥伴許天送、洪掌、朱合等為行動領導人，於三貂與噶瑪蘭臨界「剪棘闢荊，漸成阡陌之勢」，驗證原住民並未阻止。此一漸進、未遭阻害，有效達成擴大墾殖範圍的初步重要成果，益盛了吳沙墾號在北台灣的聲望，激勵磁吸了更多嚮往新拓機會者的歸附投入〔註8〕。

（二）官民微妙的互動關係

　　越區私墾成果所生效應，觸發了「淡水廳聞懼其為亂，乃遣諭羈縻之」的官府牽制。幸逢1788年間林爽文亂黨餘部竄入內山，台灣知府楊廷理轉令淡水廳同知徐夢麟，飭吳沙協堵緝拿亂黨〔註9〕，又「徐夢麟以吳沙言為可信，每每有招撫蘭番之意」〔註10〕，微妙妥協的官民共利關係，使吳沙取得了以

〔註5〕姚瑩：〈噶瑪蘭原始〉，收於《廳誌》卷之七，雜識上，紀略，頁859。指吳沙「通番市有信」且慷慨樂助三籍流民「使入山伐薪抽藤自給，人多歸附」。

〔註6〕陳淑均：《噶瑪蘭廳志》卷之七，雜識，紀人（宜蘭：宜蘭縣文獻委員會，1968年），頁512。

〔註7〕羅漢腳之稱，係閩南語中通稱不務正業之成年男性，《廳誌》卷之二上，規制，鄉莊附考，稱：「台灣一種無田宅，無妻子，不市不農，不工不賈」謂其「單身遊食四方，隨處結黨，且衫褲不全，赤腳終生也」。

〔註8〕吳秀玉、高雙印：《開蘭始祖——吳沙之研究》（台北：師大書苑，1997年），頁105～106。

〔註9〕參據吳沙國中偕同吳沙遺族編：〈吳沙年表〉，收於《吳沙公開蘭195週年紀念專輯》（宜蘭：宜蘭縣政府，1991年10月）。

〔註10〕《廳誌》卷之七，頁512。

民團開蘭私墾的權力優勢。籌備大舉進墾蘭地之態勢既成，也引起了資本家投資分地的動機，「沙雖首糾眾入山，而助之資糧者，實淡水人柯有成、何績、趙隆盛也」〔註11〕。武裝私墾團隊所需的人員糧食、被服、醫療及戰鬥裝備及闢地之農具、種子及水利、道路等因而無後繼之憂。至此，吳沙綢繆開蘭大業的觀察與評估測試、人際網絡與聲望養成、墾丁與人才的號召物設，政治與經濟資源的整合運用等條件益趨成熟〔註12〕。

（三）以結首制民團武裝入蘭

1796 年 9 月 16 日，吳沙率漳、泉、粵三籍流民墾丁 1000 餘人，武裝鄉勇 200 餘人，善噶瑪蘭語通譯 23 人，一舉「進據烏石港南，築土圍墾之，即是頭圍」〔註13〕。惟吳沙武裝進據頭圍後，噶瑪蘭各社生活、漁獵空間瞬然擠壓，逼使臨海兇悍的哆羅里遠社極力反擊，雖經吳沙率墾眾並計謀聯合周邊之新仔羅罕社及打馬煙社，合力圍擊哆羅里遠社，但因戰鬥激烈造成雙方巨大死傷，吳沙之弟吳立戰死斯役。1796 年事件適值嘉慶元年，歲次為丙辰年，宜蘭開拓史稱「丙辰番害」，墾團闢墾進度因此受制阻滯不前，又因墾民水土難服，病死瘟疫達 400、500 人之眾，吳沙遂接納了主要幹部許天送等建議，撤率墾眾先行退返三貂社休養整備〔註14〕，暫止進圖。

翌年的 1797 年，噶瑪蘭各社發生了天花豆症的嚴重傳染疫情，平地原住民部落死病肆虐，熟悉漢藥醫理的吳沙藉此入社診立處方示好，部落患眾初疑有詐不願服，在強制勉強灌服後療癒眾多，噶瑪族人經此懷柔救治轉而感恩信賴，贈與田域以石為界，供漢人們分地墾作。勢轉時移，吳沙乘勢擴大推廣「結首制」，以「小結首」的配墾領域範圍為「結」；數個「小結首」受轄於「大結首」為組合為「圍」。以此開地分田的結首制為誘因，增召眾多墾丁投入墾團，自「頭圍」往南漸次擴墾而「二圍」、「三圍」，未及一年期間即拓墾得數十里田地〔註15〕。

〔註11〕姚瑩：〈噶瑪蘭原始〉，收於《廳誌》卷之七，頁 590。

〔註12〕吳秀玉、高雙印：《開蘭始祖——吳沙之研究》（台北：師大書苑，1997 年），頁 121～124。

〔註13〕姚瑩：〈噶瑪蘭原始〉，收於《東槎紀略》。

〔註14〕參據盛清沂：〈吳沙傳〉，收於陳澤主編：《台灣先賢先烈專輯》第三輯（南投：台灣文獻委員會，1978 年），頁 55～56。並旁證陳淑均：《噶瑪蘭廳誌》，卷之七，雜織，紀人（宜蘭：宜蘭文獻委員會，1968 年），頁 512。

〔註15〕參據連雅堂：〈吳沙列傳〉收於《台灣通史》卷三十二，列傳四（台北：台銀文獻叢刊，1962 年），頁 853。

　　1798 年，歸附墾丁日多，墾地日廣，漢族群入墾蘭地形勢已成，初墾籌備階段的官民間權力妥協結構見將失衡，為預先防杜官方以私墾入罪的政治風險，吳沙主動稟請淡水廳同知何如蓮，請求核給合法墾照，終於取得號戳為「吳春郁義首」的禮遇墾照，正式獲官方授權以「義首」頭銜自由招墾。開墾事業進入清治體制後，吳沙出單具明入墾佃農戶需繳付「鄉勇費」，遵行所立「鄉約」，並公告佃人應納穀為租的比率，為每甲田（水田）六石、每甲園（旱地）四石，等類同官治開路及水利租稅，作為招佃條件〔註 16〕。宜蘭漢族群社會，在淒厲武裝鬥爭及與噶瑪蘭各社合縱連橫之間，逐步廓清墾拓障礙，吳沙自為墾首整備墾團組織，以柯有成、何績、許天送等組成權力指揮核心，以十幾個墾丁為一「結」、數十個「結」為一「圍」的結首制為組織網絡，各「結」的「小結首」節制於「圍」的「大結首」，各圍之「大結首」受轄於「墾首」吳沙〔註 17〕，組織而成共 5 個「圍」，統轄 23 個「結」，墾民計達五、六萬名的墾拓社會，運作著實質有力的屯墾統治網絡。

　　墾團成員祖籍雖含漳、泉、粵三籍流民，惟漳籍者居十分之九，泉、粵兩籍數不過十分之一，各結田畝墾闢完成後亦按此懸殊鄉籍比率領單分地，但吳沙在轄時「三籍和睦，並無嫌隙」〔註 18〕。對這處於高壓、高風險的異鄉武裝初墾群體，在外部族群巨壓情境下，社群共同體凝聚的關鍵基礎，按陳進傳分析指出「宗教信仰乃唯一的精神支柱」。按台灣移民社會的鄉土崇拜慣俗，普遍的集體祈安作為是移祀唐山祖籍地守護神，惟出身漳州的吳沙，領導入蘭拓墾所初步形成的漢人社會，並未崇祀祖籍地緣性的開漳聖王，而是「普遍性奉祀媽祖神祇」，陳進傳舉證，吳沙入蘭首建之頭圍慶元宮，主祀神即為媽祖，「在同一信仰之神的庇護下，消弭狹隘的地域觀念而認同新的居住環境，為噶瑪蘭本土化奠定初步基礎。」〔註 19〕，民間普遍信仰媽祖的心靈慰藉方式，可旁證「吳崑石等四圍聖母福神祀業合約書」所載：「嘉慶年間，吳沙欲闢蘭疆，招集結首佃戶，由淡入蘭，崇奉聖母福神，恭迎到四圍居位，

〔註 16〕　盛清沂：《台灣史》台灣文獻委員會，1977。暨《廳誌》卷之二下，賦役，田賦，頁 166。
〔註 17〕　《噶瑪蘭志略》卷一，建置志，頁 10。
〔註 18〕　參據楊廷理：〈議開台灣後山噶瑪蘭及蛤仔難節略〉，收於《廳誌》卷之七，雜識，紀人，頁 580。
〔註 19〕　陳進傳：〈清代噶瑪蘭的拓墾社會——從血緣、地緣、社會本土化觀點探討之〉，發表於《台北文獻》直字 92 期，1990 年，頁 37。

人民咸賴聖神感庇，使得康安，遞年千秋祭費就眾戶捐收」〔註 20〕。佐證了吳沙以「共信神」取代「祖籍神」為首祀，避免墾民分化對立的政治智慧〔註 21〕。再者吳沙引進了漢人農作方法、節氣習慣、日常用具、生活飲食、民間信仰、漢字及儒學知識傳統、民俗道德體系等，漢族群墾居宜蘭的社會架構與文化承載開始落地著根〔註 22〕。

　　吳沙開蘭事業經長期的籌謀醞釀，經於 1796 年 9 月 16 日啟動武裝入蘭，迄於 1798 年 12 月 9 日病逝的崛起過程，主宰漢人入蘭實質拓墾的進程卻僅僅二年三個月的短暫過程，其後即由其侄吳化承繼其事，繼續武裝南墾至當今宜蘭市之「五圍」等「西勢」〔註 23〕範圍了。1812 年，清始於當今宜蘭市宜蘭大醫院舊址正式設「噶瑪蘭廳」，開始了官方轄理。吳沙作為宜蘭原、漢衝突的第一人，也作為先於清治官府「招撫」異域歷史事件的漢族群代表人，在游錫堃政團以地方政府桂冠予以追飾後，建構而為宜蘭認同政治的身分基礎，創造而為宜蘭文化政治場域中社會再生產的核心元素。

二、溯源的「開蘭一九五年紀念日」

　　1991 年，游錫堃任縣長的第二年，隨即正式以官方立場推動吳沙入蘭 195 周年，引為宜蘭漢人身分起點的系統性作為，是游錫堃漸進，以復振民俗及建構身分意識等文化領導權主掌途徑，創新詮釋宜蘭地方意義系統的起點。

（一）儀式化界定開蘭起點

　　宜蘭縣政府 1991 年 7 月起，開始了意義論述的「紀念吳沙入墾 195 年系列演講」；主導以社會運動方式，展開「紀念吳沙入墾 195 年」的 12 項系列活動。包括：漢民族部分之項目，有「蘭陽孩子的一千個夢」徵文、促成「復辦頭城搶孤」、辦理「吳沙 260 歲誕辰大典」、「草嶺古道健行」體驗先民入蘭路徑、策辦傳統文化展。關於原住民族部分，有「噶瑪蘭族返鄉尋根」、「宜蘭原住民母語教育研討會」、「噶瑪蘭之夜」泰雅及噶瑪蘭族民俗歌舞表演、

〔註 20〕 凌昌武、林焰瀧主編：《蘭陽史蹟文物圖鑑》（宜蘭：宜蘭縣立文化中心，1986年），頁 175。

〔註 21〕 傳統社會地域祖籍藩籬甚峻，吳沙墾團流民籍別多元分歧，雖漳籍為絕對多數，排除開漳聖王為獨宗崇祀對象，足見吳沙取同化異避免鄉鬥之精微。

〔註 22〕 郭廷以：《台灣史事概說》（台北：正中書局，1970年），頁 113。

〔註 23〕 宜蘭素以西向東流向的濁水溪即今之蘭陽溪為界，而北稱「西勢」、南稱「東勢」，即今稱之「溪北」、「溪南」。

原漢衝突歌仔戲演出等共 12 項。

以創造性的方式定義宜蘭人的身分，是這一系列活動的核心概念，經由民俗過程接合溯祖民俗意涵，用以創生「宜蘭人」的主體性，強化在地身分認同，經由儀式性異鄉溯源尋根的紀念活動，作為召喚漢族群集體遷徙記憶的社會儀式。在這裡，宜蘭人身分認同重建、追飾地方主體性的啟始工程，始於 1991 年 10 月 16 日，動員公共部門協商吳沙第八代後裔吳旺橘等宗親，於吳沙村蘭澤宮廟埕廣場，以漢俗祭祖大典隆重「紀念吳沙『公』260 歲誕辰」，游錫堃親涖冥壽致頌燔燎祝文，並動員了「礁溪國小」國樂隊為祭典獻奏、「四結國小」表演傳統跳鼓陣、地方野台歌仔戲等共襄盛舉後，並以龐大車隊與傳統陣頭，展開「慶祝開蘭 195 週年」車陣繞境〔註 24〕。

（二）以墾首為共祖的身分隱喻

游錫堃並在此前陳請行政院文建會，召集史界大老張炎憲等文化資產委員，通過了指定位於新北市貢寮區三貂角吳沙墓園〔註 25〕，為國家三級古蹟，責由當時台北縣政府公帑還原修復〔註 26〕。在吳沙墓園整修落成時，游錫堃偕縣議會議長羅國雄，率所屬遠赴主祭追思，以縣長的官方身分，當眾於墓園開講漢人開蘭史略，闡述吳沙歷史角色與開蘭功績，接合了吳沙人物史與宜蘭墾殖開發事件史。縣政府以「開蘭紀念日」之類社會運動，預設為再造新故鄉的行動軸線，希望能經由廣大縣民參與體驗的活動形式，喚起地方並意義化漢人開蘭的歷史領略，尋求獲取廣大注意與社會動員的效果。包括：游錫堃邀約各界代表與群眾，步履重遊昔時吳沙率漢眾武裝，自淡水廳三貂社即今日之貢寮，入墾宜蘭的草嶺古道，體驗漢族群冒險越嶺拓墾殖民艱辛〔註 27〕，回溯漢

〔註 24〕吳沙國中編：《吳沙公開蘭 195 週年紀念專輯》（宜蘭：宜蘭縣政府，1991 年 10 月）。蒐集 1991 年 10 月 16 日吳沙 260 歲誕辰紀念大典相關紀念墨寶、相片、吳沙傳略、碑文及吳沙墓園整修等相關資料，本文獻取自吳沙第八代孫吳旺橘之收藏。

〔註 25〕係其嗣尊其遺囑，查吳沙 1773 年以 43 歲之齡自漳州府漳浦縣遷入台灣淡水廳三貂社居住 23 年始入蘭開墾，故其視三貂為人生崛起之根據地。

〔註 26〕漢寶德主持：《台北縣貢寮鄉吳沙墓整修規畫調查研究報告》（新北市：台北縣政府，1987）。經指定為國家三級古蹟的吳沙墓修護案，台北縣政府按文化資產保護法之規範送該縣文化資產保護委員會由林衡道、王啟宗、薛琴、李乾朗等四位民俗專家於 1988 年 11 月 3 日審查通過。

〔註 27〕宜蘭縣文獻小組：〈「開蘭 195 年」系列活動說帖〉（宜蘭：宜蘭縣政府，1991 年）。

族宜蘭人來時路，援為宜蘭漢人身分重構的斷裂起點；既追溯連結漢族移墾血脈履歷，又以該殖墾歷史事件時點，斷裂自成漢族宜蘭人重構主體性的新生身分。

　　按漢族群溯祖尋根儀典慣俗，向由家族長老主導傳繼之家族事務，所溯之祖，也宿循血緣系譜，窮溯原鄉家系及始祖。惟宜蘭在此一意義行動中，時間維度上，斷代於 1796 年漢人入墾的「195 週年」；在人祖概念上，則投射於率墾入殖的墾首吳沙「260 歲誕辰」。地方國家經由政治介入及塑祖儀式，予以創意轉化、接合創生為漢人於宜蘭空間維度上，新身分的正當性及殊異的主體性。

（三）多元平衡的新社群

　　「宜蘭縣文獻小組」受命研擬的〈「開蘭 195 年」系列活動說帖〉，除以歷史的觀點詮釋申述漢人入蘭的法統觀外，在部分原住民菁英以族群正義為由異議後，說帖規劃兼及了漢人武裝入蘭之初，對施之於原住民的殺伐暴力及土地掠奪等不義霸權的贖罪及反省。因而有了文化多元觀及族群平衡的若干註腳，表示對漢人入蘭侵侮、進逼原住之噶瑪蘭及泰雅民族等侵略史之反省，宣示尊重多元族群文化，具體的由官方策辦「噶瑪蘭人返鄉尋根活動」、「宜蘭原住民母語教育研討會」及泰雅族打獵舞和「噶瑪蘭族除瘟祭」等原住民俗表演，嘗試平衡族群感情。

　　宜蘭縣政府自 1990 年起，舉辦噶瑪蘭族系列相關活動，進行學術研究及田野調查委託計畫及出版事宜。如「宜蘭縣噶瑪蘭人舊社調查研究計畫」、「後山噶瑪蘭人返鄉尋根」活動、「刺桐花開了」系列活動、「噶瑪蘭人文物調查計畫」、《Ni Zi Da Kavalan 阮是噶瑪蘭專輯》的出版等，表達傳承與復建噶瑪蘭族文化的官方態度〔註 28〕。

（四）新身分的衍展與動員

　　游錫堃主政下的宜蘭，在 1991 年以「開蘭 195 年」系列活動，揭開了「開蘭紀念日」的序幕。1992 年「開蘭 196 年」紀念日期間，適逢宜蘭承辦台灣區運動會，196 紀念日以「蘭陽情藝」系列活動，配合區運「飛躍在蘭陽」的

〔註 28〕此系列源於宜蘭文史工作者邱水金從考古人類學素養出發大力倡導。邱水金長期投入宜蘭文化調查與研究工作，在宜蘭史田野調查研究、宜蘭史前遺址的發掘、北管戲曲音樂調查、振興噶瑪蘭族文化、協助噶瑪蘭族正名運動等方面投入甚深；並在 2013 年獲頒第五屆「宜蘭文化獎」殊榮。

主題訴求及龜山朝日的區運標誌，行銷宜蘭地景及民俗人文特色。

　　1993 年「開蘭 197 年」紀念日，則安排「宜蘭縣史館」配合於 10 月 16 日正式開館，宣告宜蘭本土化的新史觀，並策辦「宜蘭人家譜特展」開館特展，延續漢人譜系尋根，承續形塑宜蘭共同體的一貫策略〔註29〕。同時間宜蘭縣政府透過轄管的教育體系，辦理國小教師口傳文學研習，開始動員國小學生蒐錄口傳文學資料〔註30〕，有關宜蘭縣史館籌設及宜蘭史編修之研究〔註31〕。

　　1993 年 12 月游錫堃連任宜蘭縣第 12 屆縣長，進入第二任期已無競選連任壓力的游錫堃及其週遭團隊，以文化為施政軸心的理念與論述，歷經摸索與實踐後更為明朗底定，回顧評估後也更從容自信以軟調民俗文化的「文化立縣」訴求，進一步意義圓滿的整合了陳定南所奠定的「環保立縣」及「觀光立縣」等地方政略，形成日趨完整、相輔相成的非工業化地方發展另類路線。而「開蘭 195 週年紀念日」雖具里程碑意義，惟 196 年、197 年「開蘭紀念日」之表述及議題建構強度，卻難以延續構成足以代言宜蘭的宏大效應。此其時，由游錫堃核心智囊周家安所主導的「宜蘭縣文獻小組」，伴隨著 1993 年「宜蘭縣史館」成立入主後，擁有了更多行政資源與社會條件，因此獲得游錫堃首肯，策略明確的以三年為度的中程計畫，盤整引入精細的創新機轉，廣納各界學者專家、文化傳承人等，以 1996 年度的「宜蘭紀念日 200 年系列」為主戰場，希望集納資源為宜蘭創造嶄新文化面孔的可能性。

三、建構地方論述的「宜蘭紀念日 200 年系列」

　　相較於 195 週年、196 週年、197 週年的「開蘭紀念日」的略顯片段或議題拼湊，「宜蘭紀念日 200 年系列」已經有了明確的地方價值鵠的，系統性的以重建民俗文化節慶為核心策略。

（一）邁入民俗過程的成熟期

　　開蘭 200 週年紀念活動，緣於 1992 年 11 月 4 日區運會慶功宴上游錫堃「宜蘭要在 1996 年舉辦比台灣區運會，更大規模的開蘭 200 周年紀念活動」的豪氣預告。同年 11 月 13 日，由時任宜蘭縣史館籌備處總幹事的游氏長期核

〔註29〕宜蘭縣政府在 1991 年 9 月即著手委託蘭陽文教基金會執行宜蘭縣史編修工程，1992 年 1 月宜蘭縣史館籌備處即成立，展開縣史編修及開館籌備事宜。
〔註30〕參據高淑媛編，《宜蘭縣史大事記》（宜蘭縣政府，2004 年），頁 394。
〔註31〕詳參本文第六章，第一節「去中心化的地方文史──方志與鄉土教材的編撰」。

心文膽周家安，提出設立開蘭 200 周年「規畫小組」，類似歐洲〔註32〕及美國〔註33〕經民俗主義（Folklorism）、民俗化（Folklorization）或民俗過程（Folklore Process），復振生活傳統的文化社會景觀，開始藉由專家介入尋索地方民俗文化資本，或非語境重建展演、甚或創制發明傳統。游錫堃在兩週後即親自展開，漫長且廣泛的台灣文化界、知識界菁英，共 8 梯次 132 人的徵詢之旅，希望有系統的歸納出興創宜蘭民俗文化節慶形式，的主要範疇與策略。

　　1994 年 2 月，游氏立意加緊實踐步驟，以外部專家智囊及心腹左右手各半的比率，組合了躬親主持的六人「創意小組」，告別浮泛徵詢，進入了開蘭 200 周年紀念日行動執行企劃階段。主其事的核心成員，包括：觸角廣及表演藝術、文化交流、社會與教育創新、文化創意產業與創意城市，的政大心理系教授吳靜吉；台大城鄉規劃所夏鑄九、淡大建築學者林盛豐〔註34〕等學者；游氏貼身幕僚蘇昭英、後來的副縣長江淳信，及時任仰山文教基金會董事長的金車企業負責人李添財，其後又追加了陳其南、李金龍、林志梧等〔註35〕。在前段 8 梯次徵詢意見歸納的基礎上，每兩週密集研商，很快的在 1994 年 2 月 18 日第一次創意小組會，作了「紀念開蘭 200 週年」將以羅東運動公園為主會場，舉辦博覽會」的結論；並研訂「以「水」為核心主題，發展出與人文、歷史、未來、

〔註32〕安德明在訪談德國民俗學家 Wolfgang Kaschuba 對德國民俗學者的觀察，1960年代普遍潛入式的回到歷史過往，迄 1990 年代德國民俗學者研究典範普遍轉移為關注當下社會中人們如何對待和運用傳統民俗的問題，比如，人們怎樣用民俗來豐富節慶活動？怎樣用民俗來表現某個地域的自我認同。甚或主張民俗學者應入世介入民俗復振之社會行動。參據卡舒巴、安德明：〈從「民俗學」到「歐洲民族學」：研究對象與理論視角的轉換〉，中國民俗學網，2016.1.19發佈。

〔註33〕美國紐約州立藝術委員會民間藝術部主管 Robert Baron 觀察美國民俗研究典範更有系統的轉換由文化部門和非營利文化組織承擔美國公眾民俗學項目，這些部門和組織在社區中保持傳統，以及向新觀眾展示民俗的項目來處理再語境化（recontextualization）、調解與文化經紀（mediation and cultural brokerage）和文化表達過程中的對話等問題。美國若干地區講述展示與保持傳統的公眾民俗學實踐途徑，包括學徒制、民間生活節、展覽、教育項目中的藝術以及對識別與保護承載著地方文化意義的地方規劃。參據 Robert Baron：〈美國公共民俗學：問題與實踐〉，2015.5.10 於華東師範大學網站演講紀錄。

〔註34〕加州柏克萊大學建研所博士，時任淡江大學建築系主任，專精建築、國土規劃、都市設計、區域規劃。

〔註35〕參據宜蘭縣政府：〈宜蘭縣紀念開蘭 200 週年系列活動創意小組第一次會議紀錄〉，1994 年 2 月 18 日游錫堃主持召開，宜蘭縣史館。

兒童、希望等相關子題〔註36〕，以達到動員 100 萬人次參與的盛況為目標。

　　6 個月後的 1994 年 8 月 18 日，「第三次創意小組」正式會議中，產出了：預計 1996 年執行的「開蘭 200 周年紀念日」，以兒童及親子歡樂節慶為主體，創造全新名為「國際兒童嘉年華」〔註37〕的童俗、童玩體驗博蘭會。200 周年紀念系列，並按策辦露出時序擴充為五大波段：首波，為 1994 年農曆除夕創辦名為「歡樂宜蘭年」的在地中國年俗活動；第二波，為 1995 年 3 月配合羅東運動公園啟用的獻園活動，「水、綠、健康」〔註38〕地景博覽會，突顯宜蘭好山好水及環保立縣的地方特質。

　　其後密集相續的第三、四、五波，新創民俗活動，則集中於 1996 年，拉抬「開蘭 200 周年紀念」當慶年份的創舉高潮。規畫於 1996 年暑假登場的第三波：「宜蘭國際童玩藝術節」；接續於 1996 年 8 月的第四波：「國際名校划船賽」；第五波：「協力擎天——宜蘭紀念物設立」，規畫於宜蘭新建之縣政中心公園廣場，豎立宜蘭籍雕刻家楊英風所設計製作，包涵太平山參天古木群及不銹鋼公共藝術等異質材料融合表現的「協力擎天——大乘景觀」，意寓宜蘭同心脫胎換骨再創「別有天」〔註 39〕，以此大型公共藝術作品作為誌紀宜蘭開拓兩百週年的傳記式紀念物。

　　至此，游錫堃政團所摸索、籌思以民俗文化為新縣政軸線策略的實踐路徑，漸趨底定。通過系列性復振或創新，日常民俗及地方鄉土史觀的文化施為，以地方政府政治力量扮演進步倡導者，排除了中央國家權威一貫的大中原文化壟斷，遂行了身分話語及文化詮釋等地方文化領導權，示範了台灣地方社會特有的文化政治語境，地方政團經由年度的縝密規劃、集中投入了公帑資源、以民俗文化重建增近地方聲望與身分認同的策略一以貫之，闢展了廣闊的演繹空間，地方文化領導權也自此牢牢掌握。

（二）再結構化的民俗方案

　　《「宜蘭紀念日」200 週年系列活動基本企劃案》執行時序的第一波：規

〔註36〕 參據宜蘭縣政府：〈宜蘭縣紀念開蘭 200 週年系列活動創意小組第一次會議紀錄〉，1994 年 2 月 18 日游錫堃主持召開，宜蘭縣史館。

〔註37〕 即其後享有盛名並形成新民俗傳統的「宜蘭國際童玩藝術節」。

〔註38〕 參據《「宜蘭紀念日」200 周年系列活動「水‧綠‧健康」系列活動工作計畫》，1996 年，未出版。

〔註39〕 參閱〈『宜蘭紀念日』200 週年系列活動基本企劃案〉，收於《200 週年系列活動推行委員會成立大會手冊》，（宜蘭：宜蘭縣史館，1995 年），頁 15～26。

劃 1994 年農曆除夕的「歡樂宜蘭年」，指出中國年俗係「華人節慶中源遠流長」是「滿載希望與力量」更是「凝聚家庭、民族的最大力量」，活動旨意「在營造古早年的甜美滋味，喚回失落已久期待過年的心情」，扭轉當代因生活型態改變所造成「普遍的歷史失憶」。鼓勵店招、街廓布置「滿溢年味」，並配合時任行政院文建會副主委陳其南力推社區總體營造計畫，藉年節歸鄉熱潮籌展「社區總體營造國際博覽會」以「打造蘭陽新故鄉」〔註40〕。表現了「歡樂宜蘭年」之企劃核心動機，在以年俗公共化之場景，倡導復振漢族年俗，以融合民俗、家、社區、宜蘭等元素，造就傳統圍爐年俗，從「家俗」轉換為公共場域化的「城市民俗」，賦予溫暖撫慰人心的節慶，藉年俗人文愉悅元素，蛻變為當代城市新民俗美學的形式與動力。

「宜蘭紀念日」200 週年系列活動第二波為：「水、綠、健康」地景博覽會，規劃於 1995 年 3 月作為行銷「羅東運動公園」政績，及突顯宜蘭環保立縣的信念及好山好水的遊憩條件。該公園將宜蘭三面環山水景地貌縮影，以水、綠、健康為園區三大主題，將地形景觀、植物景觀、水流景觀及運動設施結合，融入蘇澳內埤海灘、三星梯田、羅東林場貯木池、和平老街街屋等自然地景及產業民俗及民居行口傳統建築意象為元素，舖排詮釋地方山、水、林、海與宜蘭住民的關係與情感，以鳥瞰再現手法再定義地方空間紋理。活動旨意「在說明宜蘭有決心建設一個健康、美麗、適合人居的環境」，同時藉以倡導全縣街景、社區綠美化「統整開發綠系產業」〔註41〕。表現了「水、綠、健康」地景博覽會之企劃核心動機，在以宜蘭自然地景賦與地域空間更豐富的詮釋與解讀意涵，為宜蘭的環境主義與地方純靜的人性化空間，象徵、守護家鄉等進步價值進行具體化的註解。

「宜蘭紀念日」200 週年系列活動第三波：籌畫於 1996 年「開蘭 200 周年紀念日」，以「國際兒童嘉年華」為名於羅東運動公園進行為期兩個月，宜蘭縣政府文化中心，配合第二次創意小組會議，1994 年 3 月 12 日所通過〈「開蘭 200 年系列活動企劃案」撰寫計畫〉，在 1994 年 8 月提出了《宜蘭紀念日 200 年系列活動──「國際兒童嘉年華」企劃書》，規劃於 1996 年暑假，在新

〔註40〕參據宜蘭縣政府 200 年推行委員會：《『宜蘭紀念日』200 週年系列活動基本企劃案》（宜蘭：宜蘭縣史館，未出版，1995 年），頁 5。

〔註41〕參據《「宜蘭紀念日」200 周年系列活動「水‧綠‧健康」系列活動工作計畫》，1996 年，未出版文獻。

建啟用的羅東運動公園展開包括：辦理「兒童藝術節」、設立「兒童展覽館」、開設「兒童遊戲園」、及召開「國際兒童研討會」等四項規模龐大的子計畫。惟因計畫經費規模過於龐大，且場館硬體興建難以實現，遂修訂「國際兒童嘉年華」母計畫，易名為「兒童的夢土」〔註 42〕，企劃內含「國際童玩藝術節」、「噶瑪蘭兒童夏令營」二大活動。1995 年，適逢行政院通過文建會所提「充實省（市）、縣（市）、鄉鎮及社區文化軟硬體設施」及「輔導縣市辦理小型國際文化藝術活動計畫」等補助項目，列為「行政院十二項建設計畫之三」，宜蘭縣立文化中心於是配合中央政策趨勢，於 1995 年 3 月 15 日改擬原計畫為：《1996 年宜蘭國際童玩藝術節企畫書》〔註 43〕。內含國際童玩夏令營、童玩展覽、及召開國際童玩推廣研討會……等等活動，以民俗童玩復振推廣，及國際兒童民俗舞蹈表演交流為中心〔註 44〕。

　　「宜蘭紀念日」200 週年系列活動第四波：為擴大「國際名校划船賽」，預計於 1996 年，邀請國際划船團隊到冬山河進行賽事〔註 45〕。源於 1989 年，陳定南邀請日本早稻田和慶應大學來宜蘭進行西式划船對抗賽，而 200 週年紀念日系列活動易名「宜蘭盃國際名校划船邀請賽」，確得利於自 1996 年起邀得 5 國 10 隊參賽，發展高峰曾達 12 國 26 隊參賽規模，直至 2004 年 12 國 24 隊歷經九年的時間，因鉅額耗費中央未能繼續補助，長期無償性的投入使經費籌措困難，且因屬小眾活動，未能帶動觀賽熱情，2004 年第十屆觀眾人數低於 3000 人，賽事難以為繼「宜蘭盃國際名校划船邀請賽」因而正式走入歷史。「宜蘭紀念日」200 週年系列活動第五波：「協力擎天——宜蘭紀念物設立」，係宜蘭籍雕刻家楊英風，以太平山枯木質材，裝置於宜蘭縣政中心廣場公園的公共藝術，以參天古木群聳立太平山及雪山山脈之地景意象，象徵宜蘭人團結挺拔齊心屹立共創「別有天」的新進境〔註 46〕。

〔註 42〕參據宜蘭縣政府教育局：《「兒童的夢土」執行方案（初稿）》（宜蘭：宜蘭縣政府，1995 年 10 月）未出版。

〔註 43〕參局宜蘭縣政府宜蘭文化中心：《1996 年宜蘭國際童玩藝術節企畫書》（宜蘭：宜蘭縣政府，1995 年），未出版。

〔註 44〕相關研究請詳閱本文第四章第一節。

〔註 45〕參據宜蘭縣政府 200 年推行委員會：《『宜蘭紀念日』200 週年系列活動基本企劃案》（宜蘭：宜蘭縣史館，未出版，1995 年），頁 5。

〔註 46〕參據宜蘭縣政府 200 年推行委員會：《『宜蘭紀念日』200 週年系列活動基本企劃案》（宜蘭：宜蘭縣史館，未出版，1995 年），頁 10。

（三）民俗過程的實踐

游政府著眼「開蘭 200 周年」地方意義系統的創造與實踐，揭序自「開蘭 195 周年紀念日」追溯宜蘭漢族群入墾起源，摸索地方身份主體性伊始，註解了宜蘭的起點象徵。系統性文化政策，鋪陳了創新的地方論述、更動員累積了強大的實踐能量，計劃性的經由地方政治力及社會力的整合，再結構化了地方「傳承與創新」的預設性變遷策略〔註 47〕；形構了宜蘭人社群身分識別；創制實現了宜蘭新價值取向及符號象徵系統，成為地方社會史中建構宜蘭身分與主體性的革命性事件。

整個宜蘭人身分溯源的社會儀式及實踐手段，均環繞著民俗與民間文學復振重建及政治應用，作為宜蘭社會意識再社會化的文化資本。諸如祭吳沙，是為漢族慎宗追遠、不忘本，承嗣永傳的家族倫理習俗的具體體現，是民間血緣情感的體現，異鄉遊子面對浮游橫逆的定錨撫慰，更內涵著漢人生命觀、世界觀的世俗哲學與人鬼忌諱。中元節普渡的搶孤祭典，則是推而廣之對無主冤魂懷柔靖安的地頭公共盛事，揉合了民間信仰及傳統漢人庄頭間八大庄，聯繫結盟約定俗成的集體行動，閩、粵地區漢族群共享的農曆七月，陰陽兩界及人鬼兩安等俗成典範的基礎之下，在墾拓肅殺的異域再現鬼節祭俗，體現了庄頭社群間的我群感及對生靈的人本關懷。游錫堃所啟動以宜蘭文化、地方鄉土習俗，代言地方性的努力，俱屬以傳統民俗為中心的民俗過程。

第二節　再現頭圍搶孤習俗與重構墾拓記憶

再現殖民墾拓初始根據地——頭圍〔註 48〕，靖安肅殺兇戾的頭城搶孤祈福的祭俗歷史現場，藉陰、陽相揉召喚撫慰心、魂，以激昂亢進的漢俗體育與人、鬼相約忌諱體系，體現唐山原鄉民間信仰的世界觀，同感先輩流民求取異鄉營生的卑微安寧與在地我群感，是重構蘭陽漢人集體記憶的重要部分。

一、頭圍搶孤祭俗的斷續過程

對頭城搶孤民俗生活圈而言，起自吳沙首辦的搶孤祭典，到清治劉銘傳

〔註 47〕參閱〈『宜蘭紀念日』200 週年系列活動架構表〉，收於《200 週年系列活動推行委員會成立大會手冊》（宜蘭：宜蘭縣史館，1995 年），頁 17。

〔註 48〕如今宜蘭縣頭城鎮之舊稱，係吳沙率漳、泉、粵進墾之首據地，同時為吳沙行「結首制」墾拓團隊中頭一個大結首墾轄武裝防衛範圍，是稱「頭圍」。

要求以獻祭滿漢酒席替代搶孤卻禁而不絕，到日治皇民化壓抑漢俗，到台灣光復後盧纘祥以首任鄉長身分倡議復辦，再到國民政府遷台戒嚴禁辦，終於在本土政團游錫堃取得宜蘭政權後敦促復振頭城中元搶孤祭典舊俗，這般漫長的頭城搶孤祭俗發展史見證了搶孤文化興衰、斷續的主要節點，無可避免的多受制或取決於當時政治權力體系，在文化政治場域所強勢壟斷的文化領導權。

（一）頭圍搶孤祭俗的緣起

宜蘭作為一個晚進的殖民社會，吳沙 1796 年 9 月 16 日啟動武裝入蘭迄 1798 年武裝民間墾團拓殖佔據噶瑪蘭族土地後墾地日廣，漢人歸附墾丁日多，漢族群入墾蘭地情勢逐步擴張，吳沙取得淡水廳授與「吳春郁義首」之合法墾照授權自由招墾後之領袖權威益加穩固，迄於 1798 年 12 月 9 日病逝的過程，實質主宰漢人入蘭拓墾自治區的進程。此期間，吳沙置勇設隘、立鄉規、闢路、興水利、引儒學禮教及漢俗教化，實質治理墾圍，漢族群聚落著根形成，漢族群生命觀、宇宙觀認知下的生命靈力，及陰陽調和相生的民間生活信仰伴隨，等文化慣俗基因於異鄉在地，開始落土滋長。民間信仰，成為承載殖民社群意識的共同體基礎〔註 49〕。漢人武裝進入噶瑪蘭，搏命開墾佔地、武力殺伐，噶瑪蘭族驚駭抵抗慘烈且疾疫頻仍，吳沙入墾的翌年，1797 年曾首辦漢人開蘭後普渡搶孤祭典，頭城搶孤祭俗在地化，引進搶孤漢俗於頭城慶元宮前廟埕，以普渡儀式敬悼往生者〔註 50〕，應為對墾拓過程中冤亡浮靈之慰藉。

各地方志文本佐證，台灣搶孤發展史隨漢族群移民墾殖承載入台後，台南、澎湖、彰化、新竹、大溪、艋舺、淡水、恆春等地區皆曾有普渡搶孤祭俗風潮〔註 51〕，自唐山原鄉層累於生活世界中的慣俗、慣信內化於台灣漢人社會的天人觀及靈魂輪迴的信仰特質，而漢人開蘭霸業自遭番害的林建生到後繼的吳沙等，均挺進至淡水廳三貂社所在的機會地緣。張文義結論以為：

〔註 49〕陳進傳研究指出「宗教信仰乃唯一的精神支柱」，〈清代噶瑪蘭的拓墾社會——從血緣、地緣、社會本土化觀點探討之〉，發表於《台北文獻》直字 92 期，1990 年，頁 37。

〔註 50〕當代宜蘭史家林正芳按文獻與田野歸納指出。參據林正芳：《續修頭城鎮志》下冊（宜蘭：頭城鎮公所，2002 年），頁 510。

〔註 51〕參據林正芳：《頭城搶孤——歷史、祭典與工藝》（宜蘭：宜蘭縣立博物館，2011 年），頁 15～29。

頭城搶孤漢俗之所以傳入，係「因移民進入宜蘭，而帶進此——農曆七月特有的搶孤活動。」[註52]，惟林正芳在歸納了游謙等部分學者觀點[註53]，及實作《續修頭城鎮志》田野調查時，採集得「搶孤是在烏石港還沒有淤塞前，還與唐山船隻來往頻繁時，港邊的『大溪罟』人從唐山學回來的」[註54]另一種可能性，並研判「大溪罟」昔為烏石港畔沙洲之漢人聚落，形成甚早且善唐山間航海與漁業，承受傳襲母文化體中之搶孤慣俗可能性甚高。之後漢族群於噶瑪蘭遷徙擴張，伴隨民俗生活文化傳播，而形構變異為具地方性的祭俗儀典，其可能性毋寧是勢所自然的。

按漢人較早介入開發的台南，早於1852年即有安平港仔尾社靈祭奠的「孤棚祭」，年年於農曆7月9日搭孤棚祭請「老大公」[註55]；屏東恆春1875年建縣建城後，亦年年中元祭典辦理搶孤[註56]，足見中元節歲時節日之常俗在民間有其自發性、週期性及持續不綴的文化動力。噶瑪蘭地區最早有直接文獻紀實可稽者，遲至1825年到任的噶瑪蘭通判烏竹芳〈蘭城中元〉詩作，對噶瑪蘭城搶孤場景生動速描：「殽果層層列此筵，紙錢焚處起雲煙。滿城香燭人依戶，一路歌聲月在天。明滅燈光隨水轉，輝煌火炬繞街旋。鬼餘爭時其環向，跳躍高臺欲奪先。」；並註稱：「蘭每年七月十五夜，火炬燭天，笙歌喧市，沿溪放焰，家家門首各搭高臺，排列供果，無賴之徒相奪食，名為搶孤。」[註57]。噶瑪蘭城舊稱「五圍」，該敘事詩佐證了位處中心地帶的宜蘭市，19世紀初確延辦了搶孤祭典。1913年12月宜蘭市建醮，《台灣日日新報》也詳實報導了搶孤祭俗及活動實況[註58]，惟難以查考的是1797年之後，頭城搶孤祭典是否如前述台南與屏東恆春般，形成了年年興辦的常俗慣性；

〔註52〕參據張文義：〈入蘭、拓墾、老大公、祭典——從田野的立場看頭城搶孤〉，收於《「第一屆兩岸搶孤民俗節慶文化資產學術研討會」手冊》，未印行（宜蘭：蘭陽博物館，2012年）。

〔註53〕參據游謙：〈頭城搶孤的歷史與演變〉，收於《寺廟與民間文化研討會論文集》（台北：漢學資料中心，年），頁505～530。

〔註54〕參據林正芳：《續修頭城鎮志》下冊（宜蘭：頭城鎮公所，2002年），頁516～517。

〔註55〕參據林正芳：《頭城搶孤——歷史、祭典與工藝》（宜蘭：宜蘭縣立博物館，2011年），頁19。引用洪瑩發之研究。

〔註56〕參據林正芳：《頭城搶孤——歷史、祭典與工藝》（宜蘭：宜蘭縣立博物館，2011年），頁16。

〔註57〕〈蘭城中元〉收錄於陳淑均《噶瑪蘭廳誌》，卷八〈雜識下・紀文下，詩〉（台北：台灣銀行台灣文獻叢刊，2006年），頁406。

〔註58〕《台灣日日新報》1913年12月23日報導。

前述 1825 年至 1913 年間，宜蘭市搶孤施祭之考察結果，也難以直接驗證，該期間頭城是否平行辦理搶孤祭典，甚或因開墾範圍展開形成重心區位變遷，使噶瑪蘭城漸成為西勢地區漢族群聚合生活圈之核心，頭圍是否漸趨邊緣而未辦理，均難驗證。

（二）清治時期的政治干預

但搶孤祭典首因官方政治介入干預禁止辦理的時點，根據加拿大傳教士馬偕（George Leslie Mackay）在 1895 年出版回憶錄《福爾摩沙紀事：馬偕台灣回憶錄》（From far Formosa）中描述「台灣每個城鎮都會找個空曠的地方」搭架辦理搶孤祭俗，對社會邊緣階層藉此節祭爭相搶奪食物的亂狀評價道「這種節慶方式會使社會變得多麼敗壞，實在令人難以評估。也幸虧開明先進的巡撫劉銘傳有先見之明，把這種野蠻的『七月節』祭典廢了，使得台灣不會再見到上述這種可怕的情景。」〔註 59〕；清治時期禁辦搶孤的政治干預日籍民族學家鈴木清一郎另佐證「『搶旗』和『搶孤』，往往造成死傷慘重，所以甲申年（1884 年）台灣巡撫劉銘傳，曾嚴格下令禁止，而改用滿漢酒席來祭拜，但是今天各地仍然殘存這種弊風」〔註 60〕顯示劉銘傳擔任巡府期間確有相關函令飭禁全台搶孤祭俗〔註61〕，考諸噶瑪蘭 1812 年設廳納治已屬清廷可有效統治範圍，頭城搶孤祭典按官方立場理應同屬禁絕狀態，但劉銘傳「基於安全的理由，以行政命令禁止搶孤，但並無法使搶孤絕跡，北部地區的板橋、土城及東北部的宜蘭頭城仍盛況不減」〔註62〕。

張文義深入田野調查歸納「頭城中元普渡搶孤」祭俗儀程包括：「1. 農曆七月一日的破土押煞；2. 製作飯棚；3. 製作飯棧和孤棧；4. 搭設飯棚；5. 七月十五日的「開蒙普施」，以祭品祭拜先人或返回陽間的陰魂、老大公等；6. 豎燈篙，以招引老大公前來；7. 搭設孤棚及主普壇；8. 主普壇開燈及迎神、尊神鑑醮；9. 發表章呈、讀疏文，告知上天和天地萬物、神明和老大公等，即將辦理「三朝清醮大典」；10. 製作孤棧及孤棚柱塗牛油；11. 遶境及放水燈；

〔註59〕 馬偕（George Leslie Mackay）著，林晚生譯：《福爾摩沙紀事：馬偕台灣回憶錄》（From far Formosa）（台北：前衛，2007 年），頁 121。
〔註60〕 游謙：〈頭城搶孤的歷史與演變〉，收於《寺廟與民間文化研討會論文集》，1994，頁 507。轉述為日本民族學家鈴木清一郎所述 1933 年板橋普陀山接雲寺搶孤習俗。惟考據劉銘傳任台灣巡撫之正確時間如下註。
〔註61〕 劉銘傳出任台灣巡撫的期間為清光緒 11 至 17 年期間，即 1885～1891 年間。
〔註62〕 陳淑華：〈民俗啟示錄：頭城搶孤〉，發表於《大地地理雜誌》1991 年 11 月號。

12. 架設孤棚；13. 「月尾」舉行大普科儀、謝神、進包仔香與跳鍾馗；14. 進行搶飯棚；15. 進行搶孤活動」〔註63〕，未計入提前一年的醮局或祭典組織的組成，系列性前後相序的儀俗在頭城中元普渡搶孤的民俗文化圈中，在農曆七月初鬼門關開啟迄七月最末一夜搶孤普渡鬼門關閉，七月中元民俗時間與頭城搶孤文化圈的民俗空間交會，隨即轉化進入陰、陽相間的搶孤精神次元。

（三）日治時期的祭俗變遷與政治禁止

1895 年 6 月，日軍自基隆乘「八重山艦」登佔宜蘭地區從清廷末任宜蘭縣知縣汪應泰手中移交政權改制為台北縣宜蘭支廳〔註64〕。日殖民政權初轄宜蘭首重軍備綏靖、維安部署、機關設立編制、原住民部落之壓制收服等基本秩序與統治權威之確立，對台灣民情及生活習俗採取觀察調查之懷柔態度，基於殖民統治之需要也引進諸多具西方現代性知識基礎的各專業領域工作者廣踏田野，台灣人生活慣俗、民間信仰、歲時節日等並未直接遭受壓抑〔註65〕。殆至 1923 年（大正 12 年），深受總督府影響之《台灣日日新報》9 月 10 日的日文版首度披露〈宜蘭郡頭圍庄中元祭典，堪稱是蘭陽三郡地區代表性的重大祭典〉的預告訊息，報導中介紹放水燈、祭典高台、搶奪供品等；並在搶孤活動辦理完畢後以〈蘭陽三郡具代表性的珍貴祭典：頭圍的佛祖廟祭典〉摘述吳沙墾蘭典故、祭典組織及普渡流程等有關頭圍搶孤祭典活動的直接報導〔註66〕。得以佐證搶孤祭典存續於頭圍地區並落地著根形成在地化中元普渡慣俗的報導文本，《台灣日日新報》陸續於 1926 年揭露〈頭圍街的吳沙祭典，六日盛大舉行〉，首度在漢文版以「搶孤」為祭典報導名詞，特殊的是指稱「整個祭典，也至少部分是以追念吳沙為目的」，把地區性祭典的辦理動因化約為對開蘭人物的對焦與英雄化〔註67〕；1928 年 9 月 5 日直白以〈宜蘭郡頭圍庄盆祭搶孤〉為題〔註68〕。

證諸《台灣日日新報》1929 年 9 月，首度以價值批判的〈頭圍搶孤，各

〔註63〕張文義：〈入蘭、拓墾、老大公、祭典——從田野的立場看頭城搶孤〉，收於《「第一屆兩岸搶孤民俗節慶文化資產學術研討會」手冊》，（宜蘭：蘭陽博物館，2012 年），未出版。

〔註64〕高淑媛：《宜蘭縣史大事紀》（宜蘭：宜蘭縣政府，2004 年），頁 50～92。

〔註65〕高淑媛：《宜蘭縣史大事紀》（宜蘭：宜蘭縣政府，2004 年），頁 92～130。

〔註66〕《台灣日日新報》1923 年 9 月 10、15、16 日等日文版報導。

〔註67〕《台灣日日新報》1926 年 9 月 6 日，漢文版報導。

〔註68〕《台灣日日新報》1928 年 9 月 5 日，漢文版報導。

地多往觀陋習〉為題報導搶孤競技及熱鬧情狀，復以「陋習如斯，誠為可嘆！」作結〔註 69〕。1930 年 9 月 20 日以「盆祭搶孤」為摘要訊息，預告頭圍佛祖廟前的例俗盛勢〔註 70〕。1934 年 9 月 5 日〈頭圍中元搶孤及諸行事〉臚列祭典要項與流程，並標榜金牌及額外贈品的獎賞誘因。〔註 71〕1935 年 8 月 27 日佐以孤棚、孤棧實景照片預報〈頭圍佛祖廟：中元普施，高棚競技〉，以影像引介搶孤型式「為台灣全島第一」〔註 72〕。1936 年 9 月 13 日則觸及祭俗靈現的〈頭圍搶孤：運轉臨時車，募集觀光團〉等周邊配套之交通及募團等現代化行銷作為的呈現。〔註 73〕1920 及 1930 年代隨著日本殖民政治的逐步鞏固穩定、殖民經濟的開發活化，頭圍普渡搶孤祭俗作為大型活動的民俗競祭觀賞化、觀光化，甚至商品置入性代言等現代化辦理型態與嘉年華會式的傳播與社會張力，相延見證了搶孤祭典漢俗的台灣化及宜蘭化的象徵化與在地化的活絡脈動與慣俗紋理，形成了傳統祭俗繁盛發展的結構性條件。但是相對寬鬆活潑的社會文化氛圍，伴隨著盧溝橋日軍藉口尋釁挑起中日戰爭的嚴峻情勢，殖民帝國高壓肅殺緊縮的社會寒蟬效應，迅即顯映在國族敵我指標敏感的強勢漢族群代表性習俗文化上。

　　1937（昭和 12）年 7 月 7 日河北省盧溝橋事件中日戰爭爆發，8 月 15 日台灣軍司令部宣布台灣進入戰時體制亞洲戰勢綿延，1938 年日本帝國於其本土發布「國家總動員法」，1939 年至 1945 年第二次世界大戰形成全球性軍事衝突對抗，時任台灣總督小林躋造宣告「皇民化、工業化、南進基地化」的殖民統治口號〔註 74〕，台灣作為日本帝國第一個殖民地其社會控制動員及物資剝削異常嚴峻，搶孤祭典係屬耗費人力物力之大型活動，且戰時體制日殖民體制一改對漢文化習俗懷柔治理之漸進寬容，皇民化政策大力推動下取而代之的是大和帝國君臨天下的武力統治與文化霸權，陸續於宜蘭地區推行國（日）語運動禁用台語、開始米穀配給統制、設置改姓名促進會推動日本化、成立皇民奉公會〔註 75〕、推行「一街庄一神社」要求漢紳朝拜獻納、寺廟轉化為日本神社神祇集中管理、禁燒金銀紙、推動「正廳改善運動」去漢人敬

〔註 69〕《台灣日日新報》1929 年 9 月 6 日，漢文版報導。
〔註 70〕《台灣日日新報》1930 年 9 月 20 日，漢文版報導。
〔註 71〕《台灣日日新報》1934 年 9 月 5 日，漢文版報導。
〔註 72〕《台灣日日新報》1935 年 8 月 27 日，漢文版報導。
〔註 73〕《台灣日日新報》1936 年 9 月 13 日，漢文版報導。
〔註 74〕林正芳：《宜蘭的日本時代》（宜蘭：蘭陽博物館，2016 年），頁 190。
〔註 75〕高淑媛：《宜蘭縣史大事紀》（宜蘭：宜蘭縣政府，2004 年），頁 164～169。

神重祖信仰之正廳要求改祀日皇祖神天照大神之神棚、頒布移風易俗命令〔註
76〕等，綜結前述日帝殖民文化政策亟欲顛覆台灣社會生活常俗及漢族群認同
之壓迫作為，顯而易見的頭城搶孤祭俗作為凝結漢族社群基礎，社會動員張
力十足且公眾傳播效應迴旋的嘉年華式庶民漢俗，1938 年 8 月 9 日《台灣日
日新報》扮演殖民政權傳聲筒的喉舌角色宣稱〈統一盂蘭盆祭〉的政令宣告，
指責「台北州宜蘭郡頭圍庄每年舉辦的盂蘭盆祭」〔註 77〕花費龐大造成浪費，
違反「皇民化運動及生活改善之意」經庄上當局「招集振興會幹部商議的結
果，決定中止全島眾所周知的高競技活動！」要求將往年頭圍普渡祭俗中的
「三周的祭典活動，縮短為兩天」，正式以殖民政治的力量勒令停辦已然形成
頭圍例俗傳統的普渡搶孤競技。至此，頭圍搶孤競技的例俗傳統難脫日異民
族殖民政權的壓抑箝制，民間搶孤祭典再一次因政治干預停辦，必然是宜蘭
漢人社會身不由己的文化挫折與客觀的無奈。

（四）戰後的復辦與戒嚴禁止

1945 年台灣光復從異族殖民的文化霸權宰制中解放，頭圍庄改制頭圍
鄉。首任鄉長盧纘祥〔註 78〕以頭城為噶瑪蘭平原最早開發區有其文化累積，
積極倡導復振頭城之特殊搶孤習俗獲得地方熱烈響應，隨及促成 1946 年頭城
中元普渡搶孤祭典組織的及早組成，順利推舉產生了主責籌辦的「頭家」與
「爐主」，展開了普渡搶孤祭典的復辦動員及準備作業。1946 年頭城搶孤正式
復辦，在頭城鄉公所的主導中地方仕紳及各庄頭人熱烈響應投入動員，惟 1946
年搶孤競技開賽近一小時即發生參賽者一死一傷的憾事；頭城中元搶孤祭典
1947 及 1948 年在公所的支持協調下如常辦理。

1946 年的復辦與首任首長盧纘祥的漢俗情懷密切相關，盧纘祥係受漢學
傳統深刻影響的富家菁英，祖籍福建龍溪縣，1903 年（明治 36 年）生於台北
縣烏山，幼隨父遷宜蘭員山堡大湖庄再遷宜蘭三星又遷頭圍定居，清治時期
盧家營商已是頭城首富。盧纘祥是一富人文關懷及文化意識的少壯詩家，善

〔註 76〕林正芳：《宜蘭的日本時代》（宜蘭：蘭陽博物館，2016 年），頁 190～202。
〔註 77〕1920 年 7 月，廢宜蘭廳置宜蘭郡、羅東郡、蘇澳郡即蘭陽三郡，屬台北州管
　　　　轄。
〔註 78〕盧纘祥早年經商後來從政，先後擔任日治時期民選頭圍庄協議會會員、副議
　　　　長，臺北州議員光復後的首任頭圍鄉長、宜蘭縣首任民選縣長其後升任台灣
　　　　省政府委員。嘗任《臺灣詩報》漢詩編輯及社長，1926 年偕詩友創「登瀛吟
　　　　社」，後任社長，作有《史雲吟草》一卷。

寓自然美景況人吟心，從其詩作〈春雲〉抒情道：「悠悠空際託身高，多少蒼生仰望勞；知爾為霖酬願日，催花添柳總如膏。」〔註 79〕，字裡行間所滲露之人格特質及社會關懷應稍可理解其作為漢知識份子在日治殖民枷鎖鬆脫後任頭城鄉長即倡議復振搶孤祭俗、捐資興立「臺北縣立頭城初級中學」並兼任首任校長，1951 年膺選首屆宜蘭民選縣長後親自主持纂修《宜蘭縣志》〔註80〕、大舉造林、推動土地改革、捐地創設「宜蘭綜合救濟院」興辦社會福利及醫療等斑斑優化鄉園發展條件的在地化意識及文化見解。

　　1948 年中國第二次國共內戰加劇，中國國民黨主政的國民政府不敵中國共產黨的「叛亂勢力」，蔣介石為挽救崩壞局面於 1948 年 12 月 10 日發布第一次「全國戒嚴令」，1949 年 5 月 19 日台灣省政府主席兼台灣省警備總司令陳誠頒布《臺灣省政府臺灣省警備總司令部布告戒字第壹號》，簡稱《臺灣省戒嚴令》，宣布要求翌日起台灣全境實施戒嚴時期非常體制，也是臺灣 1947 年發生「228 事件」時由臺灣行政長官兼警備總司令陳儀所發布第一次戒嚴後的第二次實施戒嚴階段。全國戒嚴令在大陸的發布與實施並無法阻遏國民政府兵敗如山倒的頹勢，中華民國政府內戰上情勢仍持續嚴峻無法止敗，1949 年 7 月 7 日，蔣介石敗責下野李宗仁代理總統迅即發布第二次全國戒嚴令，國民政府只得於 1949 年 12 月被迫撤遷台灣，從此兩岸隔海對峙維持緊張戰爭狀態，也同時把台灣推進世界體系美、蘇較勁對抗的國際地緣政治壁壘中。此期間的 1949 年 7 月，台灣省宜蘭縣頭城中元祭典委員會正是籌備當年例辦搶孤慣俗的地方熱絡場景，台北縣政府的宜蘭區署〔註 81〕卻逆轉了頭城蓄勢待發的地方盛俗氛圍，以〈電飭禁止該頭城搭台搶孤祭祀鬼神以維地方秩序由〉函飭：「查迎神賽會迭經層峰明令禁止項，查該頭城鎮每年古曆七月搭台搶孤，至極危險，祭祀鬼神，家家戶戶耗費至鉅，際茲戒嚴期間，前項集會關係治安，尤應徹底禁止，除分電外，合行電仰該會勸導制止為要」〔註82〕，頭城中元祭典委員會於 1949 年 8 月 3 日緊急會商應變，頭城搶孤慣俗再次受挫於政治的強制介入干預，將此歲時節祭再次受迫決議停辦，擱置於宜蘭社

〔註79〕 參引《台灣詩報》第 13 號，1931 年 6 月。
〔註80〕 宜蘭縣文縣委員會 1952 年成立時任主任委員。
〔註81〕 1946 年 1 月 16 日，台北縣政府成立宜蘭受轄，設宜蘭區、羅東區、蘇澳區與宜蘭市。1950 年 10 月 10 日宜蘭復縣，官派方家慧為縣長。1951 年 6 月 1 日首任民選縣長盧纘祥就職。
〔註82〕 參據台北縣政府宜蘭區署：〈電飭禁止該頭城搭台搶孤祭祀鬼神以維地方秩序由〉，1949 年 7 月 21 日宜區民字第 0591 號代電。

群記憶的深處朦朧中。

上開飭止搶孤祭典之電函，應係國家機器依《戒嚴法》第 11 條第 1 款第 1 目最前段與第 2 目所及：「戒嚴地域內的最高司令官『得停止集會結社』，並得於必要時加以解散」之規定，以及根據該法發布的〈臺灣省戒嚴令〉第三點中，禁止「聚眾集會、罷工、罷課及遊行請願等行動」之條款，迫使地方國家機器的台北縣政府宜蘭區署按戒嚴令在戒嚴法容許的權限中選擇了禁止「聚眾集會」的頭城中元普渡搶孤祭典的如常舉行，另查據陳誠 1949 年 5 月 19 日頒布《臺灣省政府臺灣省警備總司令部布告戒字第壹號》的〈台灣戒嚴令〉後到該年底之間，中華民國政府國家機器持續頒布了〈台灣省戒嚴期間防止非法集會結社遊行請願罷課罷工罷市罷業等規定實施辦法〉、《懲治叛亂條例》及〈戒嚴期間新聞雜誌圖書管理辦法〉，等緊縮社會空間及壓抑民間動能的肅殺法制，其中〈台灣省戒嚴期間防止非法集會結社遊行請願罷課罷工罷市罷業等規定實施辦法〉應更可研判為阻抑頭城搶孤慣俗繼續辦理的關鍵毒素。而此階段國家對民間慣俗的干預阻斷綿延持續達 38 年又 56 天之久，伴隨總統蔣經國撤銷〈台灣戒嚴令〉，並自 1987 年 7 月 15 日起解嚴為止的「戒嚴時代」及隨後的許多年頭，頭城搶孤慣俗仍是沉澱的歷史記憶，民間文化元素的承載始終危弱而蒼白！

（五）鄉土主義階段的敦促復辦

1991 年也是游錫堃膺任縣長的第二年，游嘗試以吳沙入蘭的漢俗元素復振重建宜蘭地方社會的地方性，兼收黨外政團一貫的鄉土台灣為中心的政治策略，同時借由宜蘭人主體身分再結構化的主體再肯認過程，編碼宜蘭人認同論述及外顯象徵系統，主要在轉移地域社會的發展典範，同時以鄉土民俗行動柔性解構中國國民黨長期以中心化意識形態壟斷文化政治場域的單調頻率。

「開蘭 195」系列活動，在地方以民俗文化為地方主體範疇的揣摩中且戰且走的尋求重建宜蘭文化體的最佳可能性。紀念吳沙入墾 195 年系列文化方案中，游錫堃舞動了新的路向旗幟，廣納少壯文人策士，展開了重現宜蘭住民集體記憶及日常生活民俗的系列活動，非先驗性的循跡對焦於民俗主義為中心的鄉土大纛及地方詮釋系統。「開蘭 195」的數據化符號，取用了漢人「開」蘭的我者優越闢地同化的自恃身態，以回推漢人入征「195」週年作為蘭地「開化元年」的節點起始，一貫的循大漢史觀識別族群身分，以「漢

人」與「蘭地」交集並成功征伐的漢族人物與事件，定義宜蘭人的身分座標、構架宜蘭同質的集體社會身分，以召喚「再造別有天」的賦權（empowerment）意志〔註83〕。

在地方國家啟動社會運動的方法上，則委由「宜蘭縣文獻委員會」中的「宜蘭縣文獻小組」，盤點在地民俗文化元素後加值而為政治文化資本，藉民俗復振激揚地域自我認知的集體脈絡（collective context），觸發地方經由民俗主義途徑的社會文化改造運動澄清地方社會的主體性，進而再生產由下而上（bottom-up）的鄉土認同與在地社會的揚升動能，實現區域振興與游錫堃政團的治理實績。宜蘭地方國家亟力開創性推動「開蘭195」系列活動，其話語論述與行動架構皆立基於〈「開蘭195」系列活動說帖〉〔註84〕所構思的行動方案，將「開蘭195」涵括的軟調文史民俗概念，轉化為地方國家剛性公務行政綱領的提案者正是「宜蘭縣文獻小組」，該小組係宜蘭縣史館建制化的前身，由游錫堃倚重的文膽周家安擔任召集人，主導維繫文史學者及在地教育、文化界等成員組成運作。於是吳沙武裝入蘭成為史觀基礎及紀念起點，游錫堃親蒞礁溪四城吳沙舊居及新北市澳底復修之墳坟園區，以漢俗祭祖大典隆重「紀念吳沙『公』260 歲誕辰」，同時敦促復辦撫慰此武裝入蘭征伐事件所肇「敵、我」冤魂的頭圍搶孤祭俗，作為喚醒集體記憶、豐富地域論述的開展系列。「宜蘭縣文獻小組」規劃文案中強調「搶孤祭典儀式，蘊含極深的悲天憫人、和諧相安的精神，以往是頭城地區規模最大的民俗活動」，在「宜蘭縣文獻小組」醞釀「開蘭195」活動方案選項的取捨過程中齊聲力主優先納入。1991 年游錫堃在前述背景下，以〈「開蘭195」系列活動說帖〉為文化施為綱領，漸次介入了民間文化領域，遭國民政府政治飭止中輟達43 載的「頭城中元節普渡搶孤祭典」的復辦於是進入了敦促重點事項中。

敦促復辦搶孤的行動開展於 1991 年 3 月，游錫堃以宜蘭縣政府公務協商的形式，函邀台灣省文獻會、頭城鎮公所、頭城道教會、主要寺廟主持人及

〔註83〕賦權（empowerment），中文也可理解並翻譯為賦能、充權等。係社會心理學及社區心理學中用以況述某一特定社會區位，藉由澄清社群意識、或促進協同合作、或提升公民參與後使群體增進正面能量與積極動能的一種學習、參與、合作等過程或機制，使個人、組織與社區藉以掌控自己本身相關事務的力量。是一種廣泛的社會過程，在提昇個人生活、組織功能與社區意識等。參據 Rappaport，1987；Rappaport，1992；Perkins & Zimmerman，1995 等。

〔註84〕宜蘭縣文獻小組：〈「開蘭195」系列活動說帖〉（宜蘭：宜蘭縣文獻委員會，1991 年），未出版。

地方耆老等座談〔註85〕，敦促復辦頭城中元搶孤祭典，游表示復辦的理由在「恢復民俗技藝」、「引起大眾對宜蘭史的記憶」、「凝聚社區意識」、使搶孤祭典「具有國際性觀光價值」〔註86〕等，游氏表達若頭城地方能形成復辦頭城中元搶孤祭典的共識，由宜蘭縣政府負責主辦或者合辦均可行〔註87〕。惟出席的地方人士略以「在宗教意義上，40多年來沒辦搶孤，頭城倒也平靜，難料復辦後對頭城的影響是福是禍……」，並未立即贊成。1946～1948年頭城中元搶孤祭典在台灣光復後由時任頭城鄉長盧纘祥倡議復辦並實質主導，惟1991年游氏召集協調時任頭城鎮長林樂善卻保守表示鎮公所建議「節約拜拜」，間接否決了復辦之議。

　　正式部門的協調未能如願情形下，游錫堃轉而徵詢頭城鎮民代表會主席林正泰推動復辦的可能性；游視同時循線尋求頭城少壯民間社團——「頭城國際青商會」承辦的可能性，獲得了向以社交及活動歷練為導向的青商會積極回應，該會積極應縣政府要求提出了由青商會主辦頭城搶孤競技的企畫書，但涉及搶孤所需活動場地、孤棚、孤柱等事項應由縣政府協助。惟因該團體不諳祭典祭俗，企畫書中主張僅辦理民俗體育競技賽事，不執行宗教儀俗等，形成地方議論。「頭城鎮中元祭典委員會」先前雖未接受游錫堃復辦的正式協商，但以中元搶孤祭典是地頭禮敬神鬼的神聖儀式，有許多傳統的儀典應遵行、更有許多的忌諱應信守避諱，關係到頭城整個地域的運勢興衰、吉凶及地頭生活收成與平安，豈能比擬一般賽事活動只重熱鬧卻輕略儀典傳統，果不慎重週詳將觸霉地方引發災難，因而以頭城中元普渡祭俗正統承載者立場力表反對。頭城青商會在地方反彈壓力中並未放棄，且進而與中元祭典委員會協商，提議請頭城中元祭典委員會分工搶孤祭俗儀典的執行、青商會則承擔搶孤競技部分之賽事辦理。對分工提議祭典委員會未予回應，青商會於是要求宜蘭縣政府介入協調。

　　「頭城鎮中元祭典委員會」逢應兩造相持挑戰的緊張局面，遂迅速於會內動員綢繆，獲得立即恢復該會傳統上由頭城鎮民代表會領銜，整編各里長、頭城農會、頭城漁會為會務中堅的「頭人」組織形態。宜蘭縣政府繼而由宜蘭文

〔註85〕參據劉昭吟：〈從祭典到觀光的社區動員——頭城搶孤的個案〉，收於《文化、產業研討會暨社區總體營造中日交流展論文集》，1995年，頁90。
〔註86〕頭城中元祭典委員會：〈頭城搶孤座談會會議紀錄〉（宜蘭：頭城中元祭典委員會，1992年），未出版。
〔註87〕參據陳賡堯：《文化‧宜蘭‧游錫堃》（台北：遠流出版，1998年），頁230。

化中心邀集協調會，由中心主任林德福主持，就搶孤場地及縣府應配合事項徵詢意見，會中青商會再提分工協商，祭典委員會不願回應分工之議，遂於會中要求縣政府表態所屬意主辦單位，縣政府以頭城普渡搶孤祭俗傳統上是屬於鄉鎮地頭事務，地方內部應自行協調，縣府難以表態。兩團體相左立場持續膠著，代表頭城民間少壯菁英的青商會遂不耐揚言移師「宜蘭運動公園辦搶孤」競技賽事，不再受限於頭城地頭的傳統與祭典委員會的羈絆。由具權力與資源基層頭人組成的頭城中元祭典委員會，在頭城青商會步步挑戰擠壓的地方緊蹦情勢下緊急會商，於是以「輸人不輸陣」為內部共識，堅持捍衛該會祭典權並展開祭典傳統保衛戰，對外宣布通過該會主導復辦 1991 年頭城中元搶孤祭典的決議。

　　至此，游錫堃尋求復辦頭城中元搶孤祭典以襄贊「開蘭 195」系列尋根活動陣容，頻添在地民俗張力效應的民俗主義過程，於是邁進了頭城搶孤祭典史上的一大步，更是鼓舞宜蘭以民俗文化資本重建地方主體文化、身分認同兼及區域振興的重要經驗〔註 88〕。對頭城搶孤民俗生活圈而言，起自吳沙首辦的搶孤祭典，到清治劉銘傳要求以獻祭滿漢酒席替代搶孤卻禁而不絕，到日治皇民化壓抑漢俗，到台灣光復後盧纘祥以首任鄉長身分倡議復辦，再到國民政府遷台戒嚴禁辦，終於在本土政團游錫堃取得宜蘭政權後敦促復振頭城中元搶孤祭典舊俗，這般漫長的頭城搶孤祭俗發展史見證了搶孤文化興衰、斷續的主要節點，無可避免的多受制或取決於當時政治權力體系在文化政治場域所強勢壟斷的文化領導權。文化領導權者的政治應用與民俗認知，掌握了也統攝了對搶孤祭俗評價的話語權與地方社會意義的詮釋權。

二、頭城搶孤的動員結構

　　伴隨著搶孤祭典的停辦與復辦，每一階段的祭典組織型式和民間動員參與的方式也有所變遷。其變遷反映在對搶孤儀典的分工認知，及頭城民間的社會脈絡。

〔註88〕參據林正芳、邱彥貴等：《頭城搶孤——歷史、祭典與工藝》（宜蘭：宜蘭縣立博物館，2011 年），頁 19。

參據林正芳：《續修頭城鎮志》（宜蘭：宜蘭縣頭城鎮公所，2001 年），頁 521～523。

參據張景森：《文化觀光作為地方發展策略之研究：頭城搶孤的個案》國家科學委員會專題研究計畫成果報告（台北：行政院），頁 6～9。

參據劉昭吟：〈從祭典到觀光的社區動員——頭城搶孤的個案〉，收於《文化、產業研討會暨社區總體營造中日交流展論文集》，1995 年，頁 90。

（一）醮典型制的祭典組織

日常生活圈的頭城在鬼月的民俗時間中轉換為中元普渡搶孤祭典的民俗空間。在 1946 年復辦搶孤後，每到了農曆 7 月的民俗時間，頭城地區便轉化而為普渡搶孤祭俗的民俗空間，脫穎於地方社會世俗政治的草根基層公職群，日常生活世界裡世俗權鬥的地方頭人群體們伴隨著民俗時空的轉換，也隨即化身為這神聖時間、空間中職司神聖搶孤儀典的神聖祭典組織，承載傳續著頭城搶孤祭典規制化的神聖傳統。祭典委員會職司儀典的進程、資源的整合、編組與分工、觸發各庄頭與社群體系的競爭，扮演著統籌祭典、整合資源、組織動員的角色。其社會動員的文化動力及社會心理基礎，立基在地方開發過程專有的時空記憶能量、中元普渡慣俗的漢族群文化基因與頭圍開發此一歷史事件交會後的社會文化再生產，搶孤祭典因此具足跨越宗族、跨越階層的社會範疇涵攝性。在這樣的理解與背景之下，我們要說明的是一般所熟悉的「頭城搶孤」其實是專指「頭城開成寺中元祭典」，而非泛指頭城地區各公廟普渡及各家戶自宅拜門口普渡，也就是「頭城搶孤」外顯的民俗競技，其實是「頭城開成寺中元祭典」在農曆七月最末一日鬼門關關閉前中元普渡的結束性儀典，而前述頭城地區各角頭公廟及各家戶自宅拜門口等各有所行的普渡信俗非屬本研究範圍，本處略過不論。

頭城搶孤祭俗慣承的祭儀典制按「頭城開成寺中元祭典」1946 年復辦後所存斗首名單顯示設有「總理醮事」、「協理醮事」、「辦理醮事」等籌辦醮事編職判斷，執行搶孤祭俗的頭城開成寺中元祭典組織屬醮典型制〔註 89〕。此醮典型制組織形成於 1945 年台灣光復後首任鄉長盧纘祥的介入倡導復振頭城搶孤習俗獲得地方熱烈響應，隨及促成 1946 年頭城中元普渡搶孤祭典組織的及早組成，順利推舉產生了主責籌辦的「頭家」與「爐主」，展開了普渡搶孤祭典的復辦動員及準備作業，台灣民間醮典組織稱為「醮局」，下設「主會」、「主壇」、「主醮」、「主普」等四大柱首為醮局籌辦醮典各事務之首要角色，各柱皆有一人代表為柱首〔註 90〕。

〔註 89〕邱彥貴：〈頭城搶孤——歷史、祭典與工藝：歷史篇〉收於林正芳主編：《頭城搶孤——歷史、祭典與工藝》，（宜蘭：宜蘭縣立博物館，2011 年），頁 78。

〔註 90〕劉枝萬：《台北市松山祈安建醮祭典》（台北：中央研究院民族所，1967 年），頁 60。

（二）戰後祭典「醮局」的地方動員

　　1946 年頭城搶孤正式復辦，由鄉長盧纘祥親任「總理醮事」組成籌辦的「主會」、「主壇」、「主醮」、「主普」等四大柱首，又稱「頂四柱」，又稱四大柱〔註91〕，「主普」由頭城鄉公所擔任，其餘三柱「主壇」由新興村、「主會」由武營村、「主醮」由城南村等庄頭擔任。其餘「副會首」、「協會首」、「都會首」、「讚會首」等「下四柱」，又稱「四小柱」，以輔助。及天、地、人、水、火等「五官」與「觀音首」、「大士首」、「水燈首」、「發表首」、「登篙首」等職司各祭壇備供品、行科儀、放水燈、立燈篙等經辦或籌措物資人力之頭人等，均由其餘各村里及民間各行業商家分派擔任〔註92〕。

　　1948 年之後搶孤斗首名單則稍有更易，「總理醮事」由時任鄉長林才添轉由當時頭城鄉民代表會主席林朝宗接任，頭城普度搶孤祭典主辦權正式交由鄉民意機構，「主普」改頭城鄉公所專任為頭城鄉公所、頭城鎮農會、頭城區漁會輪值，其餘分工則由武營村、城南村、新建村等三村編為甲組，城北村、城東村、城西村等三村編為乙組，按組別輪值「主會」、「主壇」、「主醮」等，未輪值的所屬組別三村里頭人則擔任醮典各首的經辦或籌措物資人力之頭人。

　　1949 年延續 1948 年組織結構及頭城普度搶孤祭典籌備，1949 年 7 月在搶孤慣俗的地方熱絡氛圍中，台北縣政府的宜蘭區署以〈電飭禁止該頭城搭台搶孤祭祀鬼神以維地方秩序由〉以「搭台搶孤，至極危險」，戒嚴期間集會關係治安為由「應徹底禁止」。受迫於國家權力強力介入，「醮局」成員於 1949 年 8 月 3 日緊急會商決議停辦搶孤祭典等高社會張力之群眾活動，惟傳承於中元普度祭俗，祭求地頭平安的一般祭普拜拜仍然繼續籌備安排。組織型式因而由「總理醮事」、「協理醮事」、「辦理醮事」等籌辦醮事編職分工，轉型為停辦後的「頭城鎮中元祭典委員會」，頭城鎮民代表會為祭典委員會當然主席，民選自頭城四大選區之鎮民代表及各里里長為當然委員，承續了傳統頭城中元普度醮典組織，延續除搶孤醮典及民俗競技外的地區中元普度協商〔註93〕。

〔註91〕「頂四柱」中負責召集會議的為「主會」、負責結神壇的為「主壇」、負責安排醮事的為「主醮」、負責讚普的為「主普」。
〔註92〕參據林正芳：《續修頭城鎮志》（宜蘭：宜蘭縣頭城鎮公所，2001 年），頁 520。
〔註93〕劉俊廷：〈頭城搶孤——歷史、祭典與工藝：祭典篇〉收於林正芳主編：《頭城搶孤——歷史、祭典與工藝》（宜蘭：宜蘭縣立博物館，2011 年），頁 79～80。

（三）祭典委員會型式的動員變遷

1991 年宜蘭文獻小組綢繆「開蘭 195」活動方案選項時，以頭城為蘭陽首開發區，對宜蘭文化歷史尋根有特殊的意義與地位，而頭城中元節普度搶孤祭典傳統曾經所形成的歲節風潮及社會效應，確實足堪列為代表頭城也代表宜蘭用以對外展演、對在地復振凝聚的民俗活動，因而納入〈「開蘭 195」系列活動說帖〉為優先推動之民俗復振事項。1991 年 3 月游錫堃邀集各界諮詢並敦促恢復停辦達 43 年的搶孤祭典，可視為地方國家以民俗主義對地方民俗復振與再現的直接介入，頭城地方社會復振民俗的權力脈絡也因而醒覺活躍了起來。

1949 年由頭城中元普度醮典組織轉型為「頭城鎮中元祭典委員會」與頭城青商會，在 1991 年地方政府介入觸動後，迅即激盪了前揭有關是否復辦、搶孤形式與祭典範疇、主導組織、搶孤活動地點等爭議，瞬間形成於頭城民俗生活圈的較勁與協商，表現為民俗意識差異與民俗文化權力的競逐。頭城搶孤的文化政治場域，發展為在地陣營權力互動中「輸人不輸陣」的草根議論，也揭開了頭城搶孤民俗在地公共化的社會動員序幕。「頭城中元祭典委員會」在復辦 1991 年搶孤的序曲中取得了主導權，除了延續搶孤祭俗中原屬中元祭典組織醮局典制中的「主會」、「主壇」、「主醮」、「主普」等頂四柱，「副會首」、「協會首」、「都會首」、「讚會首」等「下四柱」，以及天、地、人、水、火等「五官」與「觀音首」、「大士首」、「水燈首」、「發表首」、「登篙首」等各首外，增設「斗燈首」、「進寶首」、「百福首」、「民安首」、「利通首」、「國泰首」、「招財首」、「合會首」等，廣納頭城鎮過往未參與的全部村里與礁溪鄉的白雲、玉石兩村，以統籌資源擴大村里參與，新增斗首除增納前列村里承擔外尚包括頭城鎮內肉商、菜商、魚販等攤商也一同納編為祭典組織動員範疇〔註 94〕，共同深度投入搶孤民俗嚴謹繁複的祭俗行列中，頭城搶孤祭俗的復振強度及地方社會參與的廣度和影響範圍也有了更全面的地域象徵性。在前述傳統搶孤祭俗的中元祭典斗首組織醮局外，「頭城鎮中元祭典委員會」另組成搶孤活動事務性的分工組織，由委員會主任委員任「總召集人」，下設「會計長」、「監察長」、「企畫長」三長下轄「總務處」、「公關處」、「祭典處」、

〔註 94〕頭城中元祭典委員會：《頭城搶孤活動企劃書》（宜蘭：頭城中元祭典委員會，1992 年），未出版。

頭城中元祭典委員會：《頭城搶孤民俗活動手冊》（宜蘭：頭城中元祭典委員會，1992 年），未出版。

「警交處」，處以下再視事務性質設組以為執行〔註95〕。

（四）祭典組織的法人化

　　伴隨著頭城搶孤盛名、盛況與資本經濟的社會形勢，搶孤祭典相關籌備所需不再是農業社會庄頭祭俗般的自發協力，復因民俗競技對於安全的保障及電子傳播的必要需求，頭城搶孤祭典總體籌辦經費持續攀高〔註96〕，自1946年由頭城鄉公所以官方倡、主導並以政府預算挹注復辦頭城搶孤祭俗大部分經費的前例形成後，是否獲取宜蘭縣政府及頭城鎮公所為主、中央政府觀光或文化部門為輔的國家挹注，逐漸成為頭城鎮中元祭典委員會是否續辦的關鍵變因。

　　而取用國家預算公帑的申請與審查核給要件嚴謹且繁複，於是頭城鎮中元祭典委員會祭典組織的體質與運作形勢逐漸歸趨到現代性下的制度理性，隨著資源供給規範，亦步亦趨的正式納入了國家管轄民間法人社團的民俗治理框架，2003年3月24日由地方發展而成的「頭城鎮中元祭典委員會」，在公帑挹注機關的制度性制約下，轉化身分為「宜蘭縣頭城鎮中元祭典協會」的常態性民間法人團體身分，組織自我協調仍由頭城鎮民代表會主席任協會理事長，鎮民代表及里長為當然理、監事等，在組織管理、財務管理、會務管理的制度理性下接受宜蘭縣政府的管轄，並彰顯廣納各方擴大地方公共參與的精神。但這一標示開放民間參與的大門，2006年又在既有權力體系的護衛下，自我提案修訂組織章程，宣稱祭典協會性質特殊，限制不特定人士的入會參與權，剛性要求需具備現任鎮民代表及現任里長職務者始可取得會員身分〔註97〕，在既有祭典文化政治場域裡再度畫下排他性鴻溝。

三、頭城搶孤祭俗的意義變遷

　　綜觀頭城搶孤的斷續過程，其復辦或受迫停辦，皆存在著文化領導權階段性變異的影響結構，及意識型態在其間所具的關鍵影響力。而復辦與停辦的動力，也正反映出相對動力間所造成的意義爭執與社會效應。

〔註95〕參據林正芳：《續修頭城鎮志》（宜蘭：宜蘭縣頭城鎮公所，2001年），頁522～523。

〔註96〕頭城中元祭典委員會：《頭城搶孤活動1992年度總預算書》（宜蘭：頭城中元祭典委員會，1992年），未出版。

〔註97〕頭城中元祭典委員會：《頭城中元祭典委員會2006年會員大會紀錄》（宜蘭：頭城中元祭典委員會，2006年），未出版。

（一）初墾時期的意義指涉

關於吳沙籌辦首次搶孤祭典的意義緣由，日籍學者增田福太郎〔註98〕在台灣日治時期的 1936 年曾指出，吳沙係不忍當時唐山過台灣船隻海難頻頻，為化解不祥、綏靖港海，同時假盂蘭盆會普渡淪為波臣之累累冤魂，遂率墾丁們施祭之〔註99〕。另位日籍民俗學者鈴木清一郎 1937 年則按其民俗田野調查指出，頭城搶孤係起因於頭圍當時流行瘟疫，漢民墾丁們多以為瘟災肇因於武裝拓殖衝突致使眾多「生番」屍骨野曝，致孤魂屬靈作祟地方，吳沙遂令集中噶瑪蘭族曝骨屍骸，於頭城開成寺前施葬於兩無名塚，書以「萬善同歸」為大眾祠，再行普度祭拜祈求地方平安〔註100〕。

歸納各方對吳沙首辦頭城搶孤的意義動機，應可理解 1797 年吳沙引進搶孤漢俗於頭城慶元宮前廟埕以普渡儀式敬悼往生者〔註101〕為頭城搶孤祭俗在地化之首，係基於漢族群生命觀的人本關懷與陰魂忌諱所希望對墾拓過程中或海難、或族群衝突、或瘟疫所肇血光死亡等廣義冤亡漂離浮靈之慰藉普渡，當時遷徙殖民原漢死傷病痼者眾，如當時台南、嘉義地區、新竹及北台灣的普渡祭俗風潮，皆可視為漢族群普遍信仰的靈魂不滅的生命民俗特質，而帶進此——農曆七月普渡的搶孤活動。〔註102〕吳沙當時普渡施祭似無狹義針對漢族冤魂、或噶瑪蘭族冤魂、或死因別冤魂之差異分別，就吳沙作為墾團義首的領袖角色，對當時忐忑身處異域的同胞群在殺博以求生且驚魂甫定的焦懼情境中，援引漢族群所熟悉的普渡祭俗首先有平撫陽世社群集體憂懼的療癒意涵，也可經由搶孤祭典完成綏靖地方的信仰期待。

〔註98〕增田福太郎（1903～1982），日本知名民俗學學者，京都大學博士，1929 年，任臺灣總督府宗教調查官，調查臺灣民間信仰與佛教、道教，1930 年 4 月轉任臺北帝國大學，為臺灣宗教與民俗學巨擘。

〔註99〕增田福太郎：〈對於頭圍庄的搶孤習俗〉，收於《民國佛教期刊文獻集成》v.118（北京：全國圖書館文獻縮微復制中心，2006），頁 255～257。原載於《南瀛佛教會會報》v.14，n.10，頁 11～13。
增田福太郎：〈頭圍庄に於ける搶孤の習俗に就て——中元祭の特殊例〉，原載於《南瀛佛教會會報》v.14，n.10，1936，頁 11～13。

〔註100〕鈴木清一郎：〈本島の盆祭と普度全島一の頭圍の搶孤に就て〉，發表於《臺灣時報》（台北，1937 年），頁 85～90。

〔註101〕當代宜蘭史家林正芳按文獻與田野歸納指出。參據林正芳：《續修頭城鎮志》下冊（宜蘭：頭城鎮公所，2002 年），頁 510。

〔註102〕張文義：〈入蘭、拓墾、老大公、祭典——從田野的立場看頭城搶孤〉，收於《第一屆兩岸搶孤民俗節慶文化資產學術研討會」手冊》，未印行（宜蘭：蘭陽博物館，2012 年）。

（二）日治殖民時期的意義指涉

　　台灣日治階段末期皇民化政策大行，陸續落實皇民政治社會化的地方文化政治干預方案，見諸於宜蘭地區逐漸緊縮族群識別與文化認同的霸權手段，包括推行國（日）語運動禁用台語、設置改姓名促進會、成立皇民奉公會、推行「一街庄一神社」、寺廟轉化為日本神社、禁燒金銀紙等，最激進的是以「正廳改善運動」侵入漢家族公廳祠堂要求毀棄祖先公媽，更以文明生活為由檢察改變在地生活習俗〔註103〕。

　　在這樣高壓寒蟬的激進殖民粗暴語境中，頭城搶孤祭俗文化毋寧是殖民政權首要阻遏的指標性漢俗，1938 年 8 月殖民當局宣告〈統一盂蘭盆祭〉政令，要求縮短台北州宜蘭郡頭圍庄每年舉辦三週的中元普渡盂蘭盆祭縮短為兩天且禁止搶孤競技等系列性作為的社會意義，具體而微的說明了搶孤祭俗之於殖民者係屬族群鬥爭中最為緊繃敏感的族群政治衝突元素，具有高度渲染的風險性；之於被殖民的漢族群的意義，則是蘊含著族群生命觀、歷史的、地域的文化生活及集體記憶的頹殤與挫折。日殖民文化政策意圖以大和文化元素覆蓋取替台灣社會承載的中國傳統慣俗，強力禁絕頭城搶孤祭俗的霸權干預更彰顯了搶孤祭俗凝結漢族社群的社會效應與民俗張力。

（三）戰後去殖民時期的意義指涉

　　1945 年日本於二次大戰淪為敗戰國於中日戰爭中宣布投降，並交還台灣政權，首任官派鄉長盧纘祥在漢學的學養基礎上，成功倡導復振了頭城搶孤習俗，育成了 1936 年頭城中元普渡搶孤祭典組織，親任「總理醮事」順利籌組了中元祭典醮局，這裡頭城搶孤祭典的文化意義，在宏觀的國族認同上實踐了「去日本化，再漢化」的文化復建工程；在地方民俗文化上展現了「去神社文化，再地方文化」的故鄉意識與象徵；在微觀的祭俗文化個案上，承載著人文關懷、開蘭懷舊情懷、祭俗儀典科儀等文化資本的民俗資糧得以傳續。

（四）威權時期的意義指涉

　　1949 年的頭城搶孤祭俗再次受挫於國家的政治介入，台灣戒嚴時期的祭俗中輟不同於日治殖民政治時期意在解構漢族既有文化累積所採行的異族同化政治。台灣光復後的國民政府一方面急切的在文化政治場域貫徹「去日本

〔註103〕參據林正芳：《宜蘭的日本時代》（宜蘭：蘭陽博物館，2016 年），頁 190～214。

化,再中國化」〔註104〕一系列台灣社會的中國文化復建工程,另方面卻對漢人移民社會在台灣奮鬥求生存的本土化文化累積持防衛與壟斷的倨傲態度。1949 年台北縣政府的宜蘭區署〈電飭禁止該頭城搭台搶孤祭祀鬼神以維地方秩序由〉以專斷政治壓縮民間生活空間,呈現了內戰挫敗政權極度的權力焦慮與缺乏自信,以及對民間社會高度的不信任與防衛心理症候群,專擅高壓的「文化內容中原化」及「文化政策中心化、一元化」〔註105〕,徒使民間社會產生離散的相對剝奪感,疏離在地鄉土與公眾情感的戒嚴武裝,更激使保衛本土生活質感的台灣悲情意識往官民兩元對立的抗拒面擺盪。

頭城中元祭典委員會承繼盧纘祥「去日復漢」的恢復漢俗意識,係受迫民族藉由熟悉抒懷的生活民俗集體自我療癒的社群心理復建過程,1949 年 8 月 3 日頭城搶孤醮典組織受迫停止箭在弦上的搶孤續辦的籌備工作,轉型為頭城中元祭典委員會,對當時期待王師的殖民地受壓迫社群的社會意義,不僅僅是籌備事務中斷、半途而廢的錯愕不解,更是「我們的」的集體記憶再深埋的沮喪與社群創傷。

(五)鄉土主義時期的意義指涉

1981 年游錫堃智囊群們尋索本土質素,努力的校準循溯台灣主體史觀源脈,終於著落以鄉土文化及庶民常俗為「開蘭 195 紀念日」系列活動之中心的文化動力,應即可解讀為對台灣戒嚴文化效應的反動與反撲實踐。對於長期受制的黨外菁英及台灣或鄉土主體論者而言,「台灣是咱的名!」、「台灣是阮阿娘!」。文化人類學意義上的「地方知識」即是在地社會的主體認知,散文抒情意義上的風俗文本就是故鄉美學、就是鄉土住民的共同過往與共鳴記憶、就是抗衡文化霸凌的意識圖騰與面孔符號、更是平反台灣傳統社會集體文化創傷的自我療癒過程與鬱抑主體意志的伸張。

在此視野之下,搶孤祭儀的民俗象徵:孤、搶孤、陰陽相間相安,或是象徵陰、陽社會主流與邊緣游離者間一種衝突與協商模式、也或是一個陽間地方與陰間靈界互惠交換,安魂靖安方案的再現與社會文化再生產過程。於是在鄉土意義中的孤柱、孤棚、孤棧、搶孤者、順風旗等符號,串聯的頭城

〔註104〕此處參考旅日學人黃英哲對 1945 年台灣戰後國民政府接收初期兩年之文化重建史實證研究之歸納與概念。參據黃英哲:《「去日本化」「再中國化」戰後台灣文化重建 1945～1947》(台北:麥田出版,2007 年)。

〔註105〕例:大中國歷史觀、國語政策及「反攻復國」、「反共的復興基地」、「反共的跳板」……等一元化意識形態與定於一尊的中心化的中央文化政策等。

中元普渡搶孤儀典競俗成為再語境化的當代文本，展演出鄉土與身分認同。救贖與象徵的表演化，通過民俗的過程，再結構化為本土生活記憶的地方符碼，藉以使鄉土民俗從邊陲往中心扶正，鞏固為「文化立縣」憑藉的地方文化資本，終而能以鄉土文化的創新實踐，矗起解構中原文化、同時轉移文化評價典範的深遠策略軸線，表現宜蘭地方發展思維的進步性與自明性。在這裡，頭城搶孤祭俗的重建意義，已不只是身分的尋索、集體記憶的重建，也是在地方文化政治場域治理方略中，對民俗文化資本寓意深遠的、系列性的有效戰術應用。

第三節　「歡樂宜蘭年」的年俗地方化

最蘊含漢族團圓、喜悅、節氣、吉祥象徵及家族價值的春節年俗，作為地方的宜蘭及早以政治介入宣稱「歡樂宜蘭年」，優先取得了台灣漢俗社會的「新」新年詮釋權，再語境化在「幸福新故鄉」歡度「歡樂宜蘭年」的年俗公共化、城市化的文化再生產過程。

一、年俗作為地方文化表現

在開蘭 200 週年一系列的民俗復振行動中，宜蘭有機的選取了傳統節日庶俗元素，揉合了原鄉與新故鄉的認同情感與身分調理，作用為地方新故鄉觀、新身分觀、新幸福觀的「文化立縣」好元素。

（一）年俗宜蘭化的緣起

1994 年 1 月宜蘭縣政府策定以「開蘭 200 週年紀念日」為宜蘭新地方意義系統揭示節點，同時作為盤整游錫堃自 1989 年主掌宜蘭縣政以來的施政勁道與政治能量的動力核心，匯流了宜蘭身分意識、本土史觀、鄉土民俗元素、文化抵抗、展現宜蘭等地方意義體現的再結構化軸線，擬定了轉移當代宜蘭文化史典範且最具里程碑意義的「開蘭紀念日」200 週年說帖綱領，產出了1994 至 1996 年三年為期的宜蘭縣縣政建設中程計畫《「宜蘭紀念日」200 週年系列活動基本企劃案》。籌辦組織以地方國家資源及組織人力組成了「200 週年系列活動推行委員會」，由縣長游錫堃自任主任委員將相關文化事務執行、協調全面納入委員會機制，指揮調度由縣轄公部門按法定政務職掌範疇組成之分工體係按項目、指標、進度、工作標準貫徹執行，形成了整體官僚

體系本民俗主義全面定義、決策及操作執行文化景觀體系〔註106〕。

1994 年地方相關春節禮俗的管轄政務分工，也自此由傳統的民政管理部門移轄宜蘭縣文化中心，定位「歡樂宜蘭年」企劃、執行事務為地方文化政策範疇，歡樂宜蘭年也因年年相繼再現此般年節嘉年華，形成了宜蘭地方特有的新民俗傳統。該計畫緣起於游錫堃 1993 年遊歷訪問新加坡及馬來西亞一帶時，體察到華人城市年節濃烈的年俗氣氛，感嘆台灣年俗稀釋之餘，責成時任宜蘭縣文化中心主任林德福，偕同創意小組在「既要重現舊時的歡樂，也得注意當代的新需求，在無範例可尋的當時」，實現「把年味找回來」〔註107〕的民俗重建目標，歷經了宜蘭縣文獻小組五次審查修訂後定案，1994 年農曆除夕的《「歡樂宜蘭年」企劃書》，歸納陳述指出中國年俗係「華人節慶中源遠流長」是「滿載希望與力量」更是「凝聚家庭、民族的最大力量」，並申論企劃宜蘭年的旨意「在營造古早年的甜美滋味，喚回失落已久期待過年的心情」調和現代性時潮下所擴散的「普遍的歷史失憶。」〔註108〕，原屬民間家庭、庄頭、廟街層累自發的舊時春節年俗歡愉，成為宜蘭地方國家全新創建主導的春節新傳統。更是宜蘭地方國家大力所創建的第一個地方文化節慶活動，奠基了後續宜蘭「文化立縣」的發展策略基調。

（二）「送神—筊黇」的大廟動員

「歡樂宜蘭年」再現年俗的期間，通常起於農曆年度的 12 月 23 日或 24 日「送神筊黇」〔註109〕，主責寺廟儀式的民政部門每年尋求年代久遠且具地方代表性的大型廟宇，洽商廟宇管理委員會共同辦理送神儀式。例：2016 年「送神—筊黇」儀式擇定於初經文資審議會決議登錄為歷史建築的「宜蘭市五穀廟」，前身是「先農壇」系屬神農大帝廟，1812 年（嘉慶 17 年），大清設廳收治後，通判翟淦依清代體制奉建噶瑪蘭城南門外，坐北向南，以利農事。

〔註106〕參閱宜蘭縣政府：〈『宜蘭紀念日』200 週年系列活動架構表〉，收於《200 週年系列活動推行委員會成立大會手冊》（宜蘭：宜蘭縣史館，1995 年），頁 17。

〔註107〕參據魏宏晉：〈歡樂宜蘭年，一年接一年〉收於《中華民國 85 年度全國文藝季「歡樂宜蘭年」成果專輯》，宜蘭：宜蘭縣政府，1996。頁 10～11。暨陳康堯：《宜蘭‧文化‧游錫堃》（台北：遠流出版，1998 年），頁 265。

〔註108〕參據宜蘭縣政府：《1994 年「歡樂宜蘭年」企劃書》（宜蘭：宜蘭縣政府，1993 年）。

〔註109〕「送神—筊黇祭儀」，是我國農曆年節重要習俗之一，一般遵循：「送神早、接神晚」的古禮原則，舊時官方若型斯禮則擇農曆 12 月 23 日行此祭儀，漢族群家戶則 12 月 24 日送神後行大掃除以新氣象迎接新年。

2004 年及 2013 年「送神—笅黠」均於羅東舉行，2004 年，擇定建於 1815 年（嘉慶 20 年）的「羅東城隍廟」，該廟初為安奉 1806 年自彰化台中入蘭開墾衝突之千餘無人祭祀平埔族靈位，主祀城隍爺，日治受限於殖民宗教干預，易名「慈德寺」改祀觀音佛祖，戰後復名復祀〔註110〕；2013 年擇定「羅東奠安宮」送神—笅黠，該廟士紳集資肇基於 1851 年供奉神農大帝，原名「五穀王廟」，後有冬山鄉鹿埔之玄天上帝客居本廟時，逢羅東街瘟疫顯靈救庇，信眾因而感恩改祀玄天上帝為鎮殿主神，同時供奉「玄天上帝」與「神農大帝」，易名奠安宮〔註111〕。

　　2005 年於供奉關聖帝君的「礁溪協天廟」行送神笅黠儀禮，協天廟始建於 1804 年，係 1796 年吳沙入墾頭圍後快速往南拓墾之四圍墾區，以關公武將神威之神祇形象應合墾民尋求鎮煞靖安之殷切，香火旺盛，由於噶瑪蘭、雞籠一帶漳州人習稱關公為「協天大帝」，名為協天廟，庶民信眾口稱關帝爺廟，1867 年鎮臺使劉明燈提督巡察噶瑪蘭廳時表請敕建『協天廟』〔註112〕，為宜蘭地區關聖系譜最早、影響力最大之帝君廟。

　　2007 年「歡樂宜蘭年」的送神笅黠儀禮，則擇定於冬山河支系水畔利澤簡老街的縣級古蹟「利澤簡永安宮」。「利澤簡」本是噶瑪蘭平埔族舊設所在，漢人入墾後成為溪南地區河運主要據點，永安宮主祀媽祖，鎮殿主祀媽祖神尊原為福建船民移墾來台時隨船供奉的湄洲媽祖廟分靈，因靈驗遂請上岸安奉利澤簡港邊大榕樹下，後水運興利市街日盛，1826 年信眾感報興廟，是少見背海面山的媽祖廟，知名的「走尪」民俗廟會，即為每年元宵八大庄信仰圈，抬神轎過金火競走，的神明遶境靖安祈福的年俗盛事〔註113〕。

　　2011 年「歡樂宜蘭年」的送神笅黠活動，終於來到了東台灣最大的蘇澳南方澳漁港，也是東台灣香火最旺盛的媽祖廟「南天宮」，南方澳做為海洋事

〔註110〕參據羅東城隍廟簡介。

〔註111〕參據羅東奠安宮廟誌。

〔註112〕參據礁溪協天廟管理委員會：《敕建礁溪協天廟志》（宜蘭：礁溪協天廟管理委員會，1997 年）。

〔註113〕參據宜蘭縣史館藏：《五結鄉寺廟教堂調查表》（宜蘭：宜蘭縣史館，1977 年），未出版。
　　　宜蘭縣利澤簡文教促進會：《走過歲月的利澤簡》（宜蘭：宜蘭縣利澤簡文教促進會，2000 年）。
　　　利澤簡永安宮第六屆管理委員會：《利澤簡永安宮天上聖母升王壹千週年暨本宮第三次重建陸拾週典紀念手冊》（宜蘭：利澤簡永安宮第六屆管理委員會，2006 年）。

業興盛的港埠中心，偶有天災風浪及船機作業意外造成人船折損，迭傳媽祖海上顯靈救難，民國 39（1950）年黃姓老書生因而提議經營漁船船隊的地方士紳簡阿祥號召南天宮媽祖廟籌謀事宜，並請出南方澳最早廟宇「昭安宮」主祀神哪吒三太子及陪祀神媽祖出巡筊示尋定目前廟址，用以靖安地方、海上保佑、祈禱漁獲豐登，地方原提出逛迎前述昭安宮陪祀神媽祖之神尊入南天宮座殿或自北港朝天宮分香，皆未獲神允，後以在地樟木為材造刻神像，直接請求天庭降駐媽祖神靈，作為南方澳聯庄信仰最普遍的海神與多村庄祭典〔multivillage cults〕的祭祀中心，成就了鄉鎮級甚或宜蘭溪南區域大廟，形成了南天宮媽祖的主祀信仰與廟宇空間〔註 114〕。

2012 年「歡樂宜蘭年」的送神筊黜活動，轉到了員山鄉「大三鬮慈惠寺」，主祀觀音佛祖，為鄉境最大寺廟，神尊為端坐祥龍高 13 公尺之泥塑觀音菩薩，為全台最大鎮殿座佛，1815 年間村民自發募建觀音亭，1925 年避濁水溪（今蘭陽溪）水患遷居現址〔註 115〕。2017 年「歡樂宜蘭年」的送神筊黜儀式，選定主祀媽祖的冬山鄉「定安宮」，定安宮位於冬山河系上游水路疏運港埠之老街口，為噶瑪蘭平埔族沿冬山河沿線主要聚落之一，下經珍珠里簡而利澤簡，定安宮主祀之媽祖神尊源於取得楊廷理以「詣蘭諭」賜墾冬瓜山區域之墾主林慶印，為求墾業平順墾區平安所供奉於墾團工寮朝拜之媽祖神尊，1872 年墾民以土牆竹樑覆以茅頂號名聖母祠，後鄉眾感念林慶印奠基冬瓜山之功於虎廂安奉先賢祿位敬拜至今〔註 116〕。

（三）「送神─筊黜」的民俗政治

「送神─筊黜」儀式，慣例由縣長任正獻官，議長、所在鄉鎮長、廟宇主任委員任分獻官，鳴鐘、搖鼓迎神後行上香禮、行敬獻禮、恭讀疏文、再行三鞠躬禮，完成送神等古禮科儀。繼而請出神尊，由正、分獻官行整冠、整聖容禮，再行提爐、行清香腳禮、篩香灰禮後神尊復位。最終行神殿筊黜禮、安神後，完成儀式。前述後段，恭敬為神尊、神殿完成歲年清理的筊黜儀式，象徵

〔註 114〕 參據楊金源：〈地方信仰中心地位的競逐──以宜蘭南、北方澳媽祖廟變遷為例〉，發表於《2014 臺中媽祖國際觀光文化節──媽祖國際學術研討會》（台中：台中市文化局，2014 年）。

〔註 115〕 參據員山鄉大三鬮慈惠寺管理委員會：〈員山大三鬮慈惠寺簡介〉（宜蘭：員山鄉大三鬮慈惠寺管理委員會，2015 年）。

〔註 116〕 參據宜蘭縣史館藏：《冬山鄉寺廟教堂調查表》（宜蘭：宜蘭縣史館，1977 年），未出版。

送舊迎新，祈願神明賜福。「送神笅黏」祭儀敬天禮神的民俗質素，在逐年展衍的新傳統變遷中，慢慢導入了當代友善環境的綠美化環境及環保意識，例如1997年，延伸清理舊物的概念，辦理了「跳蚤市場」，鼓勵資源流轉為交換與分享。2000年，鋪陳散播與「宜蘭綠色博蘭會」主題相關的花草迎春，倡導以綠色植物與悅目花草裝扮家園，2011年，結合「國家清潔週」，發動志工掃街、學校回收寶特瓶，發展為各年度、各鄉鎮或民間團體的漂流木年樹藝術創作、太平洋淨攤、節能減碳、食品安全等進步環境意識〔註117〕。

從歷年下鄉行「送神—笅黏」祭儀之不同廟宇，可觀察「歡樂宜蘭年」年俗復振之餘，兼以「送神—笅黏」祭儀廟宇之選定，達到形勢上的區位平衡、輻射性的社區動員、民俗政治與草根政治場域互動連結。若進而深入了解各地頭的廟、神淵源，則一部漢族入蘭開發之社會文化史，已躍然重現了。宜蘭平原自清治時期，即因蘭陽溪自然地理區隔而有地緣上的「西勢」、「東勢」，為後來「溪北」、「溪南」人文地理之分。歸納「歡樂宜蘭年」活動主會場之各區輪動，及其「送神—笅黏」祭儀廟宇之選擇動態，呈現了交錯互文的文化政治景觀。各鄉鎮民選公職，莫不以凸顯轄區及文化政績為要務，得以入列各地區指標性廟宇管理委員會，任委員或理、監事，甚至於總幹事、主任委員者，率屬區位中社會資本豐厚、富社交及草根政治動機之頭人，年年重復送神例俗的民俗資本，轉化而為宜蘭縣政府主掌的創造性的、無形的文化政治資本，可選擇性的、具輻射性、富榮譽性的，對在地草根社會產生動員，形成文化領導權與政治操作介面上，即速、具傳播張力的鮮活效應。從個別的地方意義梳理、集體記憶下的鄉愁撫慰，等地方性的證成與人文關懷維度而言，「歡樂宜蘭年」的策展及其「送神—笅黏」祭儀等民俗激素的共伴效應，是可供深觀的，只可惜在文獻中及筆者部分參與的田野中，除了見諸一時一地，浮掠的傳播語彙與世俗政治排比外，有機的文化治理縱深似難尋索！

二、年節元素的展演

「送神笅黏」及生肖動物、傳統大喜燈籠、彩燈、飯春花及年畫等，是

〔註117〕參據宜蘭縣政府：各年度《「歡樂宜蘭年」系列活動計劃案》、各年度《歡樂宜蘭年成果專輯》、各年度《歡樂宜蘭年活動總表》、各年度《歡樂宜蘭年新聞剪輯》（宜蘭：宜蘭縣史館），未出版。

漢族群喜樂記憶中最容易被喚醒的部分。「歡樂宜蘭年」於是以當代理解可親的創意介面，呈現了愉悅的年俗氛圍。

（一）年俗空間的劇場化

「送神筅黗」的同時，宜蘭縣境空間處處輕和著年的紅喜質素，快步如春俗劇場般的滿映著復古討喜元素，公眾所及生活空間、街廓節點，公共建築、街、橋、指標地景和守歲晚會主會場，等斑斕富具古意吉祥春喜的繽紛年味，不設防的勾串著人心對春年的愉悅想望，年度生肖吉祥物、大紅的傳統燈籠、祥旗、花彩燈、飯春花大型剪紙、年畫及現代炫麗燈彩雷射，構足了年味視覺，縣境入門之迎賓招呼、離境出口之溫馨告別，動線轉折處處充滿繁盈的年節元素〔註 118〕，年節春暖的時間快輪，將蘭陽轉換成了舒暢鬆軟的劇場化民俗空間。這般系統性的、臨時性的，創造視覺歡愉質感的動員力量與年俗語境的再現，來自於地方國家的「『歡樂宜蘭年』組織分工表」中的「街景佈置組」、「學校佈置組」，及這兩個分工組的規劃、工程裝置執行的委託發包與對外協調與動員。「街景佈置組」，早期由縣政府交通行政單位擔綱，後改交縣政府觀光行政部門負責全縣動線上的街景裝置與協調各公私部門共襄盛舉；「學校佈置組」，由縣政府教育行政部門策動各類學校裝置校園各視覺介面，尤其是除夕踩街鬧熱的動線，與圍爐守歲晚會場地周邊校園的裝置和家長動員〔註 119〕，甚且以「全縣街景佈置創意大賽」，力邀飯店、民宿、休閒農場、加油站及餐飲業者參賽，激發裝置創意，競逐評比〔註 120〕。

（二）吉祥民俗記憶的匯演

在除夕到來前的春節暖身年俗活動也早早展開，包括藝文類型、保健類型、環境教育類型、社會福利關懷類型等。藝文類常包括：年度生肖展、春聯名家揮毫、春聯贈送、「版印年畫」、剪春紙花、吉祥話、春聯寫作體驗、文創作品展或 DIY，本地歌仔、國樂、北管、黃梅戲、文化市集、童玩遊藝、民俗技藝、節慶工坊、趣味博弈、電影欣賞、民俗舞蹈等搭配。較特殊的是

〔註 118〕 參據宜蘭縣政府：各年度《「歡樂宜蘭年」布置規畫書》、各年度《「歡樂宜蘭年」檢討會議資料》（宜蘭：宜蘭文化局，1977 年），未出版。

〔註 119〕 參據宜蘭縣政府各年度《「歡樂宜蘭年」執行企劃書》及〈歡樂宜蘭年組織分工表〉、各年度《「歡樂宜蘭年」執行籌備會紀錄》、各年度《「歡樂宜蘭年」檢討會議資料》（宜蘭：宜蘭文化局，1977 年），未出版。

〔註 120〕 參據宜蘭縣政府：《「2011 年歡樂宜蘭年」執行企劃書》之〈全縣街景佈置創意大賽試辦計畫〉（宜蘭：宜蘭文化局，2011 年），未出版。

2005 年，配合宜蘭縣史館委託陳進傳策展宜蘭漢族家譜展，所進行的「認識自己、大家來寫家譜」〔註 121〕，在年節體驗中梳理家族系譜淵源，激盪自我身分，既慎宗思源也介接宜蘭地域的身分認同。飲食、保建類：春節暖身常圍繞健康年菜、年節保建、家鄉年菜、新住民年菜、眷村年菜、客家年菜、發粿試作等，到後期則更重視食品安全等。環境教育類：則包括資源分類回收、二手市集、國家清潔週、減燒金帛等。社會福利關懷類：則強調寒冬送暖，關懷老者、身障者、弱勢者之關懷與捐輸活動等，比較創意的是，2011年教育行政部門提出的「圓夢計畫」，春節前展開訪查縣內弱勢學童心中極待實現的最大願望，選出三位學童最具意義與溫暖的夢願，於除夕歡樂宜蘭年公眾守歲晚會的現場，如給壓歲錢般的為弱勢孩子圓夢，實現新年希望〔註122〕。先期暖身活動或單場藉媒體露出、或系列市集園遊會、或年貨大街，政府自辦或動員民間參與。冬末春來時節的蘭陽平原逐漸濃郁的懷舊、家常、快意象徵符碼，愉悅又激昂著歸鄉遊子與外來踏春行旅者心扉的民俗快意。

除了先期的送神笀黻、年飾裝置及點燈啟用，等醞釀氛圍以召喚歲節鄉愁外，動態鮮活的年俗表演元素豐富飽滿於藝陣遶境，嘉年華式的民俗陣頭踩街，是「歡樂宜蘭年」煥發地方期待年節熱情的加速器。由政治頭人領首率民俗、社區、社團陣頭，鼓鑼亢揚幫襯著狂歡般的人龍綿延，盡享著用鄉下人辦大喜事的熱情規格，遊徜於「歡樂宜蘭年」主會場所在的鄉鎮鬧街。攏滿人群駐足觀賞的是幾個預先選定的街頭廣場，輪由民俗藝陣以精短敏捷的套路、高潮的表演橋段、討喜逗趣的戲碼，競相展藝比拼人氣，達到渲染喜慶因子，及提供媒體張力畫面攻佔宣傳有力位置的效果。踩街陣頭長龍，包羅除夕守夜晚會「民俗大廣場」將逐一上陣的大神尪神將會、蜈蚣鼓、武術、跳鼓陣、布馬陣、說唱藝術、雜技雜耍、生肖吉祥人偶、踩高蹺、扯鈴、本地歌仔、腰鼓、年獸、跳加官等民俗藝陣，及現代樂團、舞團、劇團等團隊，伴以大鑼大鼓、舞龍舞獅，以動態民俗劇場走動表演方式。踩街年俗活動時間，或於送神笀黻後、除夕前，邁入「歡樂宜蘭年」相續的第 24 個年頭，

〔註121〕參據《「2005 年歡樂宜蘭年」執行企劃書》及〈「2005 年歡樂宜蘭年」活動總表〉，該族譜製作體驗設計源於廖正雄：〈宜蘭縣史館館藏譜系簡介——兼談如何製作家譜〉，發表於《宜蘭文獻雜誌》第 47 期（宜蘭：宜蘭縣史館，2000年），頁 29～66。
〔註122〕參據宜蘭縣政府：《「2011 年歡樂宜蘭年」執行企劃書》之〈圓夢計畫〉（宜蘭：宜蘭文化局，2011 年），未出版。

絕大部份多於除夕當日或傍晚，完成昭告週知及把春節狂歡激素帶起來的舖陳任務〔註123〕；例外的是礁溪主場的 2005 年，因應觀光小鎮之屬性，將民俗陣頭表演轉化為大年初一夜間，同時滿足外地客旅的多點式街頭定點民俗劇場表演，分別為大神尪神將劇場、北管搭配跳鼓陣劇場、廣東舞獅與台灣舞獅較勁劇場、民俗說唱劇場、武術劇場、雜技雜耍劇場、現代民俗舞蹈劇場，搭配雞年主題扮裝秀化妝踩街嘉年華、發放雞年 Q 版造型紀念紅包等〔註124〕。

（三）「圍爐」家俗的公共化

「歡樂宜蘭年」歡喜能量，一路舖陳累積到除夕守歲晚會大廣場，民俗空間飛騰的、立面的佈置，民俗藝陣魚貫亮相、主場動線情境盈滿喜慶視聽質素，激盪著人群踵繹川流，氣氛熱絡渲染著激情解放。歷年的守歲晚會主場多裝置於開闊公共空間，例：宜蘭運動公園、羅東運動公園、宜蘭中山公園、羅東中山公園、傳統藝術中心、員山公園、火車站廣場街廓等，原本疏離的公共性空間在置入了豐富的喜氣年俗元素，及「歡樂宜蘭年」嘉年華式一系列社會氣氛的加溫鼓舞，同時複合了個體對「年」愉悅意象的想望，地方國家興辦主導的守歲晚會、「公眾圍爐」及傳統的守歲，加上了西式的跨年倒數，於是往公共領域位移的圍爐、守歲新民俗具足了強盛磁場，有效驅動一定的家庭比率，改變純屬家庭領域的圍爐、守歲傳統，原屬家庭領域親情溫馨的範疇，轉而為幸福感覺係數高升的群情歌舞狂歡。這新起年俗體驗的集體行為，再結構化了在地春節文化景觀，表現為具地方性、自明性的宜蘭年俗新傳統。

「歡樂宜蘭年」守歲晚會，多於除夕夜升九點或十點時在主廣場揭開序幕，招呼用完年夜飯紛紛閒情到場的或家族、或情侶友伴，大廣場忽而燈暗的屏息中，急播戰鼓昂揚熱烈序著啟燈、運轉高聳吉祥年樹，召喚著遊子、鄉民相攜潛湧的鄉愁，圍攏著直徑數公尺的銅亮仿古大爐，起爐典儀燃起熊熊火舞伴著歡騰呼聲，激動著陣中竄流的串串舒暢快意，耳畔則放送發聲者提示著寫下新年新願祈福卡輕擲爐中，都將美願成真的當代抒情新符咒昇華

〔註123〕參據宜蘭縣政府：各年度《「歡樂宜蘭年」系列活動計畫案》、各年度《歡樂宜蘭年成果專輯》、各年度《歡樂宜蘭年新聞剪輯》（宜蘭：宜蘭文化局），未出版。

〔註124〕參據宜蘭縣政府：《「2005 年歡樂宜蘭年」執行企劃書》及〈「2005 年歡樂宜蘭年」活動總表〉（宜蘭：宜蘭文化局，2005 年），未出版。

了。年獸，從四面八方竄出警示著「年」到了，追年獸、抓年獸、炸年獸刻不容緩，西方拈來的西洋年迎新別舊跨年倒數新俗，眾聲齊嘶流暢得融入了狂歡漢節，繁花錦簇般朵朵煙火不及掩耳的偶近忽遠、高低層疊，終於引爆了集體真情指數。而這鬧熱任務的總其成者，正是宜蘭縣文化局及具準公法人身分的「蘭陽文教基金會」〔註125〕共同承擔的「『歡樂宜蘭年』活動組」，以創意或動腦團隊的方式選薦取捨年度主題，是宜蘭年俗節慶新傳統的實質操舵者、促進實踐者。

具足漢族團圓、喜悅、節氣、吉祥象徵及家庭價值等春節年俗元素的社會再生產，重構漢人春節共享年俗，為富宜蘭特質意象的「歡樂宜蘭年」節慶識別符碼，優位品牌化了宜蘭「新」新年傳統，經由彙總春節年俗中送神、圍爐、祈福、點燈、競戲、舞龍、舞獅、春聯、煙火鞭炮、炸年獸……等等吉祥風俗，再結構化為「宜蘭年」的歡樂體驗，鼓勵店招街廓布置街景「滿溢年味」，表現了「歡樂宜蘭年」之企劃核心動機，在以年俗公共化之場景倡導復振漢族年俗，以融合民俗、家、社區、宜蘭等元素，造就傳統圍爐年俗從「家俗」轉換為公共場域化的「城市民俗」，賦予溫暖撫慰人心的節慶人文愉悅元素，蛻變為當代城市新民俗美學的形式與動力。

三、節慶的公務化、「傳統藝術中心」化

宜蘭縣政府發展出了一套全面動員政府各部門職能的節慶籌辦模式，也外溢影響了各鄉鎮公所競相仿效，以振作民選首長聲望與地方能見度。「宜蘭國家傳統藝術中心」，也因為多年參與年俗活動及其展演空間的復古場景，而成為最具年味的年節景點。

（一）地方行政機關的年節動員

1994 年春節前夕，以再語境化啟動漢族群春節年俗為中心的「歡樂宜蘭年」文化運動，係游錫堃團隊創造以「開蘭 200 週年紀念」系列為宜蘭文化振興策略的起手勢。「歡樂宜蘭年」策辦展演的動員組織，以重點專案委員會的模式內建於官方組織體系，當任縣長為召集人、副首長或幕僚長為副召集人，文化中心主任（後改制為文化局長）扮演執行總幹事，下設行政組、活動組、儀式組、交通運組、街景佈置組、警衛交通組、消防救護組、醫療救

〔註125〕按該基金會章程，文化局長兼任該會執行長，故可收藝文規劃統合之功。

護組、環境保護組、場地維護組、公務維護組、媒宣組及其他周邊專題組等統一決策，凌駕優先於地方國家既有法定編制。按組別事務屬性，由宜蘭縣政府各部門主官當責，循需求脈絡再行細部與上、下級政府、產業市場、民間社會協商聯結〔註126〕。

　　1996年，適值宜蘭縣政府所設定吳沙「開蘭200週年紀念」系列，三年中程計畫的主題年，也是高潮年。為擴大影響規模及整合經費資源，結合了行政院文化建設委員會轉型下鄉的「1996年全國文藝季」社區文化展演，繼續於宜蘭運動公園，第三度舉辦「歡樂宜蘭年」嘉年華春節年俗活動，在宜蘭運動公園同一偌大的展場上，間以「歡樂宜蘭年」的年樹、燈海、大圍爐、童玩、施放祈願天燈、趕年獸戲劇舞蹈等節目外，宜蘭縣政府在社區營造的另一軸線上，同時動員了轄下12鄉鎮，呈現了各自所在社區的文化、地景、產業、風俗等社區總體營造觀摩展。包括：傳承北管子弟團的宜蘭梅州社區、湧泉養殖文化的員山尚德社區、福佬客精神的羅東北成客人仔城、木屐產業民俗的蘇澳白米社區、漁村生活與媽祖信仰的蘇澳南方澳社區、泰雅族編織的南澳東岳社區、泰雅族歌舞的大同松羅社區、蔥蒜銀柳的三星天送埤社區、養鴨文化及老街風華的五結利澤社區、哈密瓜故鄉的壯圍古結及新南社區、孤棧與垞田水耕文化的頭城下埔社區、弄獅陣頭文化的礁溪玉田社區、二龍競渡文化的礁溪二龍社區、茅埔圍茅仔厝文化的冬山梅花社區等14個種子社區〔註127〕，搭配了以社區文化呈現為全國文藝季觀摩。策展結構廣及各鄉鎮社區，各生活聚落基於地緣、經濟謀生、文化地理的生活文化資本盤點，以歸納萃取為社區對外展演資材，對在地草根社會激發起了更多望向腳下鄉土的爭議與協商，促進了「歡樂宜蘭年」成為例俗中的新傳統及社區共同體意識的全面動員效應，藉年節歸鄉熱潮籌展社區博覽會，倡導「打造蘭陽新故鄉」的共同體光榮感，制度性實踐為宜蘭地方重建民俗文化，及社區自治主體性的治理傳統。

（二）地方節慶的複製與社會再生產

　　在探討「歡樂宜蘭年」成為新型態春節例俗過程中，發現了另一有趣的文化擴散現象，宜蘭地區各鄉鎮在縣政府引用民俗資本作為凸顯地方面孔的

〔註126〕各年度〈歡樂宜蘭年組織分工表〉，收於各年度宜蘭縣政府：《「歡樂宜蘭年」企劃書》（宜蘭：宜蘭文化局，1993～2017年），未出版。

〔註127〕參據宜蘭縣政府：《中化民國85年度全國文藝季歡樂宜蘭年成果專輯》（宜蘭：宜蘭縣政府，1996年），頁42～80。

影響下，衍展激發了援引年俗文化元素或文化叢的年俗新節慶，交融為縣級「歡樂宜蘭年」系列活動的分支。例如：盛產銀柳、蔥、蒜的三星鄉，以年節家戶花藝裝飾的「銀柳」閩南語諧音為「銀兩」，在 1996 年創辦了春節前促銷特色農產品的「蔥蒜節」〔註 128〕，以「銀兩（柳）滿門」的好兆頭，推廣銀柳美化生活，及過年「蔥滿勝蒜」等行銷農產品，並以地處近山地區廣袤田園水川景觀、福佬客文化，形成觀光農業及田庄民宿產業。

　　另號稱吳沙首墾「開蘭第一城」的頭城，也以漢人蘭陽開發史之歷史機遇，於 1996 年創辦了「古城迎春」〔註 129〕節慶活動，以除夕夜遶街鬧熱及賀年主會場民俗表演的型式，匯演祥龍獻瑞、舞獅、布馬陣、大神尪、童玩大陀螺、磨粿與品嚐、農漁產品展示、發放紀念紅包、施放天燈等，重現傳統民俗文化。

　　舊名「湯仔城」以溫泉聞名的礁溪，1996 年也創辦了「湯圍風情」，分街頭裝置及踩街行兩階段，結合彩旗陣、北管、獅丑、土風舞等散播年節氣氛，其後中斷。至 2003 年，再由宜蘭縣政府介入舉辦第一屆「礁溪溫泉節」〔註 130〕迄今，活動於春節前冬來之間以民俗表演、時尚歌舞、充親子體驗等，行銷溫泉觀光重塑泡湯文化。

　　較晚進的，有五結元宵的「走尪」〔註 131〕，以供奉媽祖的利澤簡永安宮為中心的「走尪」祭俗，為信仰圈內的利澤簡八大庄每逢春節即開始以抬神轎繞境，並於元宵節在廟前過金火除瘟疫、災厄，象徵祈福。2003 年，五結鄉公所開始介入擇定為地方代表性民俗節慶，冠名為「五結走尪」。在傳統抬

〔註 128〕諺語：「正月蔥、二月韭」三星因水質澄澈，盛產青蔥、白蒜、銀柳、上將梨。1996 年起，發展出「蔥蒜節」，成為宜蘭每年盛事。農趣內容「蔥蒜風味餐」，品嘗當季最嫩甜甘美的蔥蒜料理，品味銀柳造景、油菜花、大波斯菊等優美田園風光。

〔註 129〕林正芳總編纂：《續修頭城鎮志》（宜蘭：頭城，2002 年），頁 719。

〔註 130〕該節慶歷年名稱略有變動，2005 年名為「礁溪溫泉嘉年華」、2007 名為「台灣溫泉美食嘉年華」又名為「冬戀宜蘭溫泉季」、2008 名為「礁溪溫泉觀光文化節」，其後至 2015 年均名為「冬戀宜蘭溫泉季」，2016 年又以「讓民眾能一目了然活動舉辦的主要區域」為由在持續 13 年後恢復「礁溪溫泉季」的名號。

〔註 131〕「走尪」是傳續 200 餘年特有祭俗，以永安宮為中心等地頭廟宇，元宵節抬著神轎至新婚家庭沖喜祈求遠離洪患瘟疫，村民稱之為「弄尪」。利澤簡地區後患溫疫士紳倡導擴大弄尪去邪儀式為神明遶境與抬轎過金火形成「走尪」祭俗，現為宜蘭縣無形文化資產。黃丁盛著：《台灣的節慶》（新北市：遠足文化，2003 年）。

神轎遶境過金火祭俗外，增設扛神轎競速的「現代走尪」民俗競技、平安遶境、文創展、鑽神轎、民俗陣頭表演、彩繪、「尪」揹「某」即老公背老婆趣味競賽、提燈夜巡、燈謎晚會、傳統戲曲、民族舞蹈及老街文物館、地方產業館展示。2017 年，信眾異議「現代走尪」頹傷傳統「走尪」無形文化資源，廟方遂決定回歸「走尪」傳統民俗〔註132〕。

「歡樂宜蘭年」對地方新生節慶效應不僅止於春節年俗，更全面互動激發為宜蘭縣政府及各鄉鎮施政典範轉移，擴大民間廟會、民俗節慶或產業文化為地方象徵符碼，例：推介海產文化的頭城鯺節〔註133〕、龍舟無龍頭且無裁判的礁溪端午二龍競渡〔註134〕、瓜果文化的壯圍哈蜜瓜節、攤商為主的普度靖安宜蘭市水燈會、慶元宵的員山燈節、大同鄉泰雅文化情、社區嘉年華的羅東藝穗節、冬山風箏節、蘇澳冷泉嘉年華會、泰雅飲食文化體驗的南澳鄉山之饗宴、育兒掛貫民俗的冬山八寶兒童守護節、七夕水上浮橋會的宜蘭情人節、蘇澳的南方澳黑鮪季、蘇澳的南方澳鯖魚節、養鴨文化的五結鄉鴨母節、蘇澳及礁溪的中秋盪鞦韆等。節慶繁多或有浮泛欠缺民俗文化厚度之議，但此一宜蘭地方國家所策略性主導及示範，以民俗文化資本作為地方識別象徵、作為文化動力及世俗選票政治中容易感染的政績浮飾效應，卻普遍真實經驗性的滲入各生活小區域，形成驅動各微社會體系議論澄清地域特質、民俗傳承的身分議題。表現為尋求改良生活品質及區域振興的社會景觀，動員地方國家資源，營造傳承於家族、庄頭的習俗元素，為城市化愉悅紋理。宜蘭地方社會，揉合了廣義漢俗與台灣新故鄉的文化情感與身分，有機的文化再生產過程，創新了庶俗元素，滋長為集體社會心理場域中新身分觀、新幸福觀、新故鄉觀的宜蘭「幸福新故鄉」的正向社會激素，回饋證成了宜蘭由地方國家主導以民俗為中心，的地方重建過程及「文化立縣」的治理經驗。

年俗再現的民俗文化景觀，就在現代公務行政組織嚴密的分工與目標管理下成為宜蘭歲節「例俗」新傳統。文化政治場域裡對民俗資本的取用與定義，主導民俗符碼的再語境化編製，制約民俗文化的社會再生產機轉於焉構成，地方社會的文化領導權實踐型式，也據此發凡為宜蘭地方國家大幅度涉

〔註132〕訪問永安宮主委黃適超並參據自由時報 2017 年 2 月 7 日宜蘭地方版報導。

〔註133〕2007 年起易名為「頭城海洋文化季」。

〔註134〕二龍競渡為礁溪鄉二龍村聚落間的競賽，傳統上由上庄淇武蘭、下莊洲仔尾的當值爐主共同籌辦祭典、龍舟競賽，村民同時祭拜祖先、地基主、老大公。2002 年鄉公所開始介入名為「礁溪二龍競渡」。

入新民俗、新傳統所創建的「文化立縣」治理模式。

（三）年俗與「傳統藝術中心」的互文

　　2006 年「歡樂宜蘭年」系列活動，在統一蘭陽藝文公司〔註 135〕及行政院文建會宜蘭傳藝中心力邀下首次移師「國立傳統藝術中心」，展開除夕迄元宵節新春期間單一園區年俗鬧熱活動。由於傳藝中心復古懷舊式的閩南街廓建築、庭園景觀，空間單元中既設了民藝街坊、文昌祠、臨水市集、黃舉人宅、目仔窯、水榭舞台、主舞台、戲台、雨天表演廣場等富涵古味的遊覽空間，從農曆 12 月 23 日的文昌祠進行筅黗送神祭俗到搭配園內地景的春節燈綵布置，再到除夕夜踩街、晚會、大圍爐、守歲倒數，傳藝中心如同春節影城般的氛圍及周到細膩的支持設施，搭配統一企業集團所屬商業網絡先期的行銷靈活佈放系列活動訊息，在該月份天雨的情形下，仍吸引了外縣市及在地的參與人潮達到 91,860 人次。2007 年，「歡樂宜蘭年」系列活動，除了農曆 12 月 23 日的筅黗送神祭俗，選擇於五結鄉利澤簡永安宮進行外，全系列年俗活動延續於藝術中心進行，所形成該月的入園體驗人潮高達 183,276 人次〔註 136〕。傳播效果更勝以往，型塑傳統藝術中心成為「全台灣最有年味的地方」的鉅大銘印效應，「歡樂宜蘭年」與傳統藝術中心的知名度及園區經營，產生明顯的相互成就、拉抬的激勵作用。

　　2008 年起，宜蘭縣政府雖然在基層鄉鎮長及縣議會議員要求將籌辦資源轉注「地方」的要求下，回歸與鄉鎮市公所合作，於所擇定場域辦理各年度「歡樂宜蘭年」，惟此後統一蘭陽藝文公司賡續，年年於除夕過年期間在宜蘭傳統藝術中心園區逕自策辦年俗展演，仍年年成為宜蘭地區最具年味、最聚人潮的春節必賞景點〔註 137〕。「歡樂宜蘭年」年俗，復振闔家愉悅團圓的意象

〔註 135〕「統一蘭陽藝文股份有限公司」為統一超商針對傳藝中心經營轉投資之企業，2004 年 9 月開始接受行政院文化建設委員會委託，經營國立傳統藝術中心。2017 年 9 月經營權由「全聯善美的基金會」競標取得經營權，其中關鍵人物為徐重仁，前後分別擔任該兩企業集團ＣＥＯ主導傳藝中心經營權之取得。

〔註 136〕根據傳藝中心〈2006、2007 年度入園人次統計表〉資料（宜蘭：傳藝中心），未出版。

〔註 137〕參據〈93～105 年 9 月入園人數統計表〉顯示，傳統藝術中心園區在 2008 年歡樂宜蘭年未於園區辦理之後，各年度春節月份人數仍維持佳境：2009-167,743 人次、2010-165,835 人次、2011-162,678 人次、2012-156,446 人次、2013-167,545 人次、2014-153,260 人次、2015-174,322 人次、2016-161,327 人次，而 2017 年開始易手由全聯善美的基金會改裝倉皇開園，在大年初一至初四期間入園總人次即已超過 10 萬人次。

符號也微妙轉而附著於傳統藝術中心園區，銘刻了「歡樂宜蘭年」社會效應「傳藝化」的文化動力軌跡，與宜蘭年節專題民俗誌中，形成另樣民俗文化動力結構，共伴相成的當代有趣現象。

第四章　空間營造與地方認同的形構

　　空間，承載住民生活文化。指標空間，尤其是集體記憶中人文情懷及社會意義的詮釋框架。1980 年代始，宜蘭集注地方建設資源在地景空間的改良與地方意象營造，冬山河道的觀光化、冬山河下游的親水公園、國家傳統藝術中心的興造。尤其是複合於親水公園的「宜蘭國際童玩節」，及傳統藝術中心的民俗文化體驗、傳統博物策展等等，是此一地方策略最為淋漓發揮的代表作。

第一節　冬山河、親水公園與宜蘭國際童玩藝術節

　　冬山河傳統上作為灌溉、疏排及行舟運捕的農村生活河流，在李鳳鳴縣長爭取了台灣省政府截彎取直防洪整治的工程改良之後，陳定南帶入了觀光美化的策略性視野，委託了旅日建築師郭中端團隊，以國際級的水域遊憩觀，系統性分期完成了冬山河親水公園，改變了農村水圳的景觀概念與空間意識，也開啟了河域遊憩的新可能性。

一、冬山河流淌的族群記憶與在地生活

　　噶瑪蘭族親近水域、順乎自然的環境文化，使得聚落的形成及如水般隨和營生的族群文化，在漢人武裝入墾後產生了劇烈的改變。漢族在蘭陽大地複製華南農耕經濟型式，全面人為的築路通行、墾拓農田及水利灌溉，不僅改變了自然地貌，更根本性的競逐排擠了噶瑪蘭族的部落漁獵生活文化。

（一）自然與地理特質

　　清代時期噶瑪蘭平原對外水路交通，以頭圍烏石港及五結加禮宛港最為重要，〔註 1〕而五結加禮宛港，就是發源於中央山脈系統新寮山的冬山河接蘭陽溪出口處。冬山河在十九世紀上半原名「加禮遠港」〔註 2〕，長 25.3 公里，為宜蘭境內第五大河川，上游有五條山區源流，進入平原後迂迴彎曲在中下游有九條主要排水流入〔註 3〕，於冬山鄉近山聚落太原周邊進入平原，流經冬山老街市區轉東北流向五結清水再轉北匯合蘭陽溪後奔入太平洋，流域面積廣大，影響噶瑪蘭時期及日治時期，溪南地區之河運、農耕、漁獵生活等甚為密切久遠。冬山河因原有河道彎曲、支系迴繞且排水斷面或寬或窄、下游河道基床更低於太平洋海平面，為傳統颱風暴雨洪患地區，因而有 1977 年到 1982 年的區域防洪整治工程，惟若大雨遭遇潮漲潮仍頻災氾濫〔註 4〕。

　　冬山河自然環境包括丘陵地、平原區、沼澤區、河口沙洲等生態體系〔註 5〕，魚蝦水產從源頭新寮瀑布，到平原到海口各有精采漁耕文化，下游因淡水、海水生態條件會合漁產多元而豐富，又因流域寬廣低窪，孕育了宜蘭特殊的養鴨文化與親水生活習性風俗。

（二）空間聚落與生活文化

　　「加禮遠港，離城東二十八里。其水從虎頭山發源，六里由紹興庄、八寶、十三份、太和庄過冬瓜山，五里轉珍珠里簡、奇武荖，八里出奇澤簡、婆羅辛仔宛至港入海」〔註 6〕，記載著冬山河源流所經聚落舊觀，顯現十九世紀前噶瑪蘭人與冬山河、與蘭陽平原的共生情境。噶瑪蘭族從傳說中的祖居地 Sanasai，馭舟渡海進入了蘭陽平原，1632 年西班牙人調查文獻稱蘭陽平原為 Cabaran，估計應有 40 多個噶瑪蘭聚落，1650 年荷蘭人入蘭要求各社效忠時所進行戶口調查，有 45 個噶瑪蘭聚落，人口達 1 萬多人，是台灣北部平埔

〔註 1〕廖風德：《清代之噶瑪蘭》（台北：正中，1990 年）。

〔註 2〕此處之「港」係為本地台語用詞，用以稱呼河流、水圳。

〔註 3〕冬山河上游計有舊寮坑、新寮坑、十三份坑、安平坑吉兆安坑等五支流；中下游分別有太原、砂仔港、十九份、林和源溪、武淵、打那岸、五股、清水、大眾、錦眾等九支流。流域面積達 113 公里。

〔註 4〕郭中端：《冬山河風景區開發建設規劃報告》（宜蘭：宜蘭縣政府，未出版，1900 年），頁 20。

〔註 5〕陳擎霞：〈宜蘭冬山河植物資源〉收於《冬山河生命史討論會論文集》（宜蘭：仰山基金會，1991 年），頁 4。

〔註 6〕陳淑均：《噶瑪蘭廳志》（台北：台銀經濟研究室，1963 年），頁 42。

族聚落人口密度最高的，佐證了蘭陽平原物產豐饒滋養眾生。

「由於噶瑪蘭族親水擅水，習於駕船往來於平原水網低濕地之間，主要原居村落，即分佈在蘭陽平原海拔五公尺以下之低濕、沼澤地帶，以及沿海海岸沙丘西側漫流的河流沿岸高地」〔註7〕。虎頭山，為當今新寮山舊稱，孕育著過去噶瑪蘭族人溪南各社伴水而生的冬山河，平埔族的噶瑪蘭人聚落舊社，緣水岸而居。由上游而下游，傍隨冬山河而居的噶瑪蘭部落有：里腦社，即里荖或稱里腦仔，為今冬山鄉補城村；珍珠美簡社，又稱珍珠里簡社，為冬山河中游較高區，馬偕牧師曾建基督教堂於此〔註8〕，為今冬山鄉珍珠村；貓里虎煙社，即馬荖武煙社，位於冬山河之西，為今冬山鄉武淵國小後一帶；奇武荖社，即幾穆撈或稱奇武流，是東勢（溪南）三大噶瑪蘭社之一，後分裂為竹篙社及珍阿滿社而式微；加禮宛社，即加禮遠社，亦為東勢（即溪南地區）三大社之一，現為利澤和清水間的海岸沙丘，1840年前夕與哆囉岸即打美社眾遷移至蘇澳南方澳，甚至遠遷花蓮新城、台東長濱均稱加禮宛；利澤簡社，即奇澤簡社，為漢人介入溪南開拓時期之水運轉運中心，1851～1861年間社眾遷加禮宛後此區即成為漢人群據街市，冬山河未整治前此河段最為彎曲，現為五結利澤老街；婆羅辛仔宛社，又稱巴嚕心那完，為今五結鄉新店村；留留社，亦稱流流社，與西勢（即溪北地區）亦有同名之流流社，為舊冬山河道最迴彎一段，東水在此向西轉北流，位於冬山河下游，擅水性常隨溪出海近岸水域往南或北易物互通，社址四周環繞低地農田，是噶瑪蘭族最後的現生聚落，社內有三棵馬偕百年前所植大葉欖山樹；金鼎橄社，相傳社名為平埔族婦女之名，清道光20年前夕偕同加禮社眾遷往花蓮，為今五結鄉協和村西側，冬山河年年八月洪患期惟此區未淹，就像鍋鼎橄蓋而得名〔註9〕。

〔註7〕林正芳：《宜蘭縣文化景觀普查計畫第一期成果報告》（宜蘭：宜蘭縣文化局），未出版。

〔註8〕從馬偕的工作記錄看出。自1873年起當馬偕在噶瑪蘭村落傳教時，常自噶瑪蘭人家中收集並燒燬所供奉漢人民間信仰之神像。（MacKay, 1895）經過馬偕的宣教活動後，噶瑪蘭人轉而接受了基督教的信仰。根據馬偕自己留下的記錄，在噶瑪蘭平原的傳教工作異常的成功，幾乎噶瑪蘭三十六社都曾設立過教會。參據陳志榮：〈宜蘭平原噶瑪蘭族之來源、分佈與遷徙一以哆囉美遠社、猴猴社為中心之研究〉，收於《平埔族群的區域研究論文集》（台北：中研院民族所，1998年）。

〔註9〕參據白長川：〈冬山河的史話〉收於《台灣文獻》第42卷第3、4期，1991年。暨詹素娟：〈冬山河與原住民〉發表於《冬山河生命史討論會論文集》（宜蘭：仰山基金會，1991年），頁20～22。

　　1812 年清廷納治噶瑪蘭後，河道周邊噶瑪蘭族傳統漁獵領域，受迫讓由漢族入墾，只能使用大社型聚落周邊二里範圍、小社型聚落周邊一里的田地，漢人俗稱為「番仔田」，是指清治官定專屬平埔族噶瑪蘭人的田地，漢人不得墾作，小社面積約有 40 公頃。而噶瑪蘭社周邊常遍植象徵噶瑪蘭精神的大葉山欖，噶瑪蘭族把大葉山欖叫做 Gasuw，是凝聚族群意識的象徵，也是漢、原族群聚落的邊界識別指標〔註 10〕。樸直的初民社會式生活，使得噶瑪蘭人常遭漢人愚弄詐欺，吞併土地的詐術包括：堆假墓促使忌鬼的噶瑪蘭人賤售土地；設歹宴使其醉酒簽據讓地；以稻草墊底築假田埂，再於夜間私移擴界等〔註 11〕。又因 1804 年，彰化社番酋長潘賢文違犯清律，率阿里史部眾越中央山脈逃入五結爭地，及 1851～1861 咸豐年間漢人大量入墾利澤簡，強取豪奪之餘，紛紛於冬山河流域噶瑪蘭社週邊建立漢庄聚落，併吞或割裂了舊社空間，噶瑪蘭族人因遭漢族壓迫失去既有土地及生活場域，無奈生存與不安全感，如前述加禮宛社及打美社眾自 1840 年代起，被迫再度大遷徙至蘇澳南方澳、甚至花蓮及台東豐濱；有一小分支則在 1860 年代流入宜蘭近山地區的三星另墾荒地求生存。

　　宜蘭之噶瑪蘭人口至此快速銳減與沒落，舊社遭擴張的漢人聚落分割或吞併，而漸失去噶瑪蘭社之樣貌，1896 年日人伊能嘉矩入蘭調查，噶瑪蘭族人為 2789 人〔註 12〕。1935 年日本殖民政府統計台灣戶口，宜蘭地區噶瑪蘭族人僅剩 1544 人；1991 年白長川田野調查發現冬山河流域原有的平埔 16 社，僅存噶瑪蘭家戶計流流社 7 戶、加禮宛社 10 餘戶等〔註 13〕。2004 年統計資料顯示僅查得 5 戶約 28 人〔註 14〕，為了生存與適應留居蘭陽的噶瑪蘭人均已漢

〔註 10〕入墾五結的漢人即嘗有「橄仔腳躲鬼」的台語俗諺，因橄仔樹是噶瑪蘭聚落的標誌，因族群間的對立緊張漢人間傳說噶瑪蘭人擅長下蠱即施展「番仔拱」，為防族人孩童誤入部落因此有以橄仔樹即大葉欖仁及鬼巫為元素的嚇唬俗諺，顯示了歧視與互不信任的階段性族群心理。參據潘芸萍《樹大好遮陰──宜蘭縣老樹傳奇》（台北：行政院農委會，1995 年）。

〔註 11〕參據白長川：〈冬山河的史話〉收於《台灣文獻》第 42 卷第 3、4 期（南投：台灣省文獻委員會，1991 年），頁 259。

〔註 12〕伊能嘉矩著、楊南郡譯註：〈宜蘭方面平埔蕃的實地調查（二）〉收於《宜蘭文獻雜誌》第 7 期（宜蘭：宜蘭縣立文化中心，1994 年），頁 87～88。

〔註 13〕參據白長川：〈冬山河的史話〉收於《台灣文獻》第 42 卷第 3、4 期（南投：台灣省文獻委員會，1994 年），頁 259。

〔註 14〕台大城鄉基金會宜蘭工作室：《流流仔與冬山河舊河道結合發展暨人文史蹟維護整體規畫》期中報告（宜蘭：宜蘭縣政府，2004 年 1 月），未出版。

化。噶瑪蘭族群及其文化在蘭陽平原瀕臨滅絕的不義與危機，一直到 1991 年
10 月 15 日，宜蘭縣政府辦理「開蘭 195 周年紀念」系列活動時，安排了「噶
瑪蘭返鄉尋根」等活動，略予探討撫慰外；另則為徙居花蓮與台東異鄉的族
人，歷經十五年的陳情奔走，終於在 2002 年，獲政府承認噶瑪蘭族為台灣原
住民第十一族〔註 15〕。此階段宜蘭僅存漢人因畏懼噶瑪蘭族人已下有毒咒的
流流社未遭吞併，流流社仍保存完整的舊社聚落配置，地形、地景及象徵族
群意識的大葉山欖植栽文化景觀均完在，且地下出土文物顯示是流流社聚落
所在，係一「考古聚落」與「現生聚落」並存的可貴族群文化資產案例。回
顧 1896 年日人伊能嘉矩踏察宜蘭時，曾訪抵美社總頭目振金聲有關噶瑪蘭族
祖先由來的口承傳說：「我祖先叫 Avan，他自 Mariryan 地方乘船出海，於台
灣的北部（淡水）登陸，沿海東進，迂迴三貂角，抵達這個地方，名之曰『蛤
仔難』（Kavanan），當時這個地方還沒有漢人的蹤跡，原先就有山番住在這一
帶，所以 Avan 一族祇好住在海岸的荒地，自然而然地要和這些先住民發生爭
執糾紛，以至鬥爭，幸得祖先們終獲勝利，把先住番族追入山中，佔領了宜
蘭平原。我族為『平原的人類』（Kurarawan），而先住番，因為是『山上的人
類』，稱之 Pusoram。這是數百年前的事」〔註 16〕。直到 21 世紀的宜蘭，噶瑪
蘭族因族群間的傾輾壓迫與同化，語言、祭典民俗〔註 17〕、漁獵生活文化等
自此隱沒於蘭陽平原！

　　因冬山河支系水脈擴散，在進入平原的中、下游分別有：太原、砂仔港、
十九份、林和源溪、武淵、打那岸、五股、清水、大眾、錦眾等九支流，對
流域的陸地行成諸多切割阻隔，河系水上擺渡行舟，便成為早期噶瑪蘭族徜

〔註 15〕林修澈計劃主持：《噶瑪蘭族的人口與分布》（台北：行政院原住民族委員會，
　　　　2003 年）。

〔註 16〕林修澈計劃主持：《噶瑪蘭族的人口與分布》（台北：行政院原住民族委員會，
　　　　2003 年）。

〔註 17〕噶瑪蘭族年度主要祭典包括「海祭 Laligi」，每年三、四月春夏之交，男性們
　　　　擇定吉日聚集海邊舉行 LaLiGi 海饗。長老海邊祭拜祖靈後少壯者出海捕魚，
　　　　少壯者漁獲回岸時年長者迎接他們。接著就地烹煮鮮魚和野菜煮食，也會把
　　　　捕來的魚送回村裡，供其他未能參加的族人分享，活動持續兩三天展開補漁
　　　　生計，忌諱女性參加。歲末祭祖 Palilin 噶瑪蘭人相信人在世禍福由祖先賜與，
　　　　並相信過年祖先會回家。祭祀對象以家中戶長（有男有女）死去的父方、母
　　　　方親戚為主，過年團圓請祖先喝酒共餐，如在世般，祈求保佑全家，意義在
　　　　敬祖、祭祖求平安。參據許美智：〈刺桐花開了！我們補魚去！〉收於《宜蘭
　　　　文獻雜誌——噶瑪蘭族專刊》（宜蘭：宜蘭縣史館，1996 年），頁 54～65。

祥自然、漁獵維生及聚落間交通的主要憑藉，漢族入蘭初期也藉此互通有無，甚至以加禮宛港、利澤簡等渡頭，作為轉駁唐山或台灣各港津生活物貨，進出溪南五結、冬山及羅東連結至南門港的「船仔頭」為中心等漢人殖民人口密集街庄，在 1809 年漳州人進墾羅東形成溪南地區大聚落，迄 1924 年八堵到蘇澳間鐵路通車的百年期間，成為蘭陽平原溪南地區商貿的主脈〔註 18〕。惟地理空間逐漸不同的是，漢人入蘭後空間觀與土地觀迥異，不同於噶瑪蘭族與自然共生，操蟒甲〔註 19〕獨木舟、鴨母船補魚打獵、摸貝採摘水菜、小規模稻或旱作的生活方式。漢民墾團每畫下墾圍之後，便極力以漢人耕稼農俗，闢墾曠野「埔地」，去荒蕪、引水路、開圳成田，地貌因而改變，聚落也盡量往高地遷移，形成不同的漢人庄街與生活文化。而 1924 年鐵路通車後，造成了溪南地區漢人中心街庄，由緣水域而居的重心聚落，位移至鐵公路會交的羅東火車站，蘭陽地區包括冬山河流域平原的水域經濟與生活形態因著現代性變遷擴散而根本改變。

噶瑪蘭族生活文化在族群式微後無奈從蘭陽平原退場，漢文、漢俗成為強勢主流。溪南的冬山河流域滿佈漢村聚落，首先帶入的是農耕生活、養鴨文化及原鄉民間信仰，較具代表性的是冬山河支系水畔利澤簡老街的縣級古蹟永安宮。「利澤簡」本是噶瑪蘭平埔族舊社所在，漢人入墾後成為溪南地區河運主要據點，永安宮主祀媽祖，鎮殿主祀媽祖神尊，原為福建船民移墾來台時隨船供奉的湄洲媽祖廟分靈，與頭城慶元宮並稱為分據溪南、溪北所奉祀最早的宜蘭媽祖，本為唐山行船客隨船供奉神祇，因靈驗遂請上岸安奉利澤簡港邊大榕樹下，因利澤簡津渡取得溪南貨物及商品供輸轉運之扼要地位，水運興利市街日盛，1826 年信眾感恩地頭平安興盛圖報眾議興廟，其所在地形因配合冬山河道此處之迴彎及媽祖正面觀照利澤簡渡頭進出船隻之平

〔註 18〕日殖民政府 1916 年開始八堵到蘇澳計畫案，1917 年開始分段施工，宜蘭 1924 年 10 月草嶺隧道通車後宣布完工，宜蘭物資可經由鐵路快速進出基隆港與臺北，宜蘭對外輸運之溪北烏石港及溪南加禮宛港及利澤簡渡頭之重要性自此旁落，結構性的改變了宜蘭的人文地理。參據蔡龍保：《推動時代的巨輪：日治中期的臺灣國有鐵路（1910～1936）》（四版一刷，台北：臺灣書房，2012 年）及劉文駿、王威傑、楊森豪：《百年台灣鐵道》（台北：果實出版，2003 年）。

〔註 19〕參據黃叔璥〈番俗六考〉，《台海使槎錄》，臺灣文獻叢刊第四種（台北：臺灣銀行經濟研究室），頁 140。「蟒甲，獨木挖空，兩邊翼以木板，用藤縛之，無油灰可艌，水易流入，番以杓不時抱之。……」，清楚記述噶瑪族主要水上載具款式。

安，坐向是少見背海面山的媽祖廟，是漢族利澤簡地區清水、利澤簡、成興、新店、加禮宛、下福、提斗厝及埤仔尾等八大庄的主廟，每年春節初二到元宵節期間，八大庄即會按地緣先後分別邀請媽祖過庄作客，永安宮的媽祖神轎於是出巡遶境般的遊走各庄鬧熱靖安，地頭高潮民俗活動每年元宵「走尪」民俗廟會，八大庄信仰圈抬神轎過金火競走的拼庄頭信仰民俗都以本廟為中心。

（三）從災難之河到「希望之河」

冬山河主發源地除發源於新寮山的新寮溪外，尚包括發源於舊寮山的舊寮溪、發源於十三份山的十三份溪、發源於番薯山西部的大伯爺坑及發源於番薯山東部的紹安城坑等共五源流〔註20〕，宜蘭扇狀地形所承受台灣東北角豐富水氣恰使冬山河發源地成為降雨量最豐富的集水區〔註21〕。又因上游河道陡峭、中游河道狹窄彎曲、下游河床低於海平面且河道淤積迂迴，一直以來冬山河便是氾濫之河，洪患記錄不斷，讓流域居民又愛又恨，白長川更結論道：「一部冬山河史，就是溪南地區的開拓史」。

1974 年，「范迪」及「瓊絲」颱風豪雨引發山洪，時任行政院長蔣經國勘災後快速形成冬山河流域水患治理的決策，由當任縣長李鳳鳴提出並執行治標者以現有排水系統浚渫拓寬為主，治本計畫除主河道拓寬浚渫外並將下游利澤簡一帶流流社、新店至利生醫院前蜿蜒迴彎滯留河段截彎取直，中游河段由冬山鄉嘉苳橋起至五結鄉捷徑橋下游止，長約 3500 公尺，寬 100 公尺的平直水道，1975 年 8 月完工整治後冬山河的水流變得平緩，水量也較穩定，新河道長約 12 公里形成順暢寬敞的河岸景觀，1982 年陳定南接續執行了「冬山河治理基本計畫」更大面積的減少了溢淹範圍及滯災時間。

二、「冬山河親水公園」的空間論述

蜿蜒的冬山河道，或靜靜或洶洶的述說著溪南平原的部落故事或雨災難測。一直到陳定南引進了負笈東洋的郭中端及日本象集團擔責創置親水公園時，當代空間邏輯與定義論述的知性語彙，開始了宜蘭地景的再定義與空間

〔註20〕　參據白長川：〈冬山河的史話〉收於《台灣文獻》第 42 卷第 3、4 期（南投：台灣省文獻會 1991 年），頁 253～254。

〔註21〕　陳擎霞：〈宜蘭冬山河植物資源〉收於《冬山河生命史討論會論文集》（宜蘭：仰山基金會，1991 年），頁 3。

論述的發抒過程。

（一）冬山河「親水公園」化的過程

1981 年 12 月，陳定南以非典型選舉形式，以一介素人的魅力取得宜蘭百里侯執政地位，堅持迴異於國民黨的環境觀與地方發展論述，從而將政治與地方發展選項的抵抗行動具體轉化為地方空間詮釋權。陳定南所採取的行動手段，首先由地方發展的宏觀上位計劃入手，1982 年主動邀約台大城鄉所前身的台大土木工程研究所城鄉規劃組，1983 年委託執行並親自協同專業團隊踏勘縣內觀光資源，以台灣省「台灣地區觀光遊憩資源評價表」〔註22〕採擇入榜的宜蘭景點為基礎，在 1984 年完成《宜蘭縣觀光發展整體計畫》〔註23〕及附帶六個風景區的細部計劃，全面盤點並總體規畫了宜蘭觀光資源。其中〈冬山河風景區開發計畫〉即建議：「冬山河水域面積廣大，水流穩定而且少汙染，可開發為大規模的水域活動基地；而沿岸的水鳥、聚落、稻田、散村和手投網魚，可讓都市居民得到田野經驗」〔註24〕，是該計畫重要一環，為冬山河親水公園開發提供了認知條件與政策契機。

1985 年，是親水公園從大夢到實踐的浪漫起點。陳定南本僅為籌謀傳統龍舟停置冬山河的艇庫設計案，憶起了嘗閱讀過探討水域空間設計的日本國際性建築雜誌《Process Architecture（水空間專輯）》的機緣，力邀該專輯中〈水的研究〉作者郭中端到宜蘭蒐集研究資料並洽談投入艇庫設計，遭婉拒；郭氏僅答應現勘冬山河實景後提供建言供參。惟郭氏親沐冬山河地景條件後，觸發了投身挑戰比擬韓國漢江整治規畫大案的浪漫夢想，轉而建議陳定南應脫胎換骨的宏觀規劃冬山河，「在宜蘭建立一個目前國內沒有的、完全不同的嶄新的觀光旅遊基地」。陳定南作好地方基礎功課後，便伺機於 1986 年 12 月行政院長俞國華巡訪宜蘭時提出計畫，面請協助開發冬山河風景區，經行政程序審議後終於獲中央政府列為「國家重要經建投資計畫」，興設親水公園的構想，獲得中央政

〔註22〕「台灣地區觀光遊憩資源評價表」中所臚列入榜宜蘭觀光風景區包括：梅花湖、五峰旗、東北角海岸、大溪蜜月灣、冬山河等五處。參據宜蘭縣政府委託台大土木工程研究所：《宜蘭縣觀光發展整體計畫報告書》（宜蘭：宜蘭縣政府，1984 年）頁 30～31，未出版。

〔註23〕該計畫在政府機關中的法制位階極高，等同於地方觀光發展的長程政策白皮書或觀光憲章，現任監察委員林盛豐、其後擔任縣府多年規畫主管的林旺根及台大城鄉基金會宜蘭辦公室的陳育貞即為當時主要執行者及見證者。

〔註24〕宜蘭縣政府：《宜蘭縣觀光發展整體計畫》（宜蘭：宜蘭縣政府，1984 年）。

府的政策背書與經費支持。遂正式委託郭氏所主持的「日本環境造型研究所」，全權負責整體開發構想的大架構規畫，並授權其邀來夙富國際盛名的日本「象設計集團」，執行土木及建築工程等細部設計〔註25〕，開始啟動了冬山河親水公園空間再定義、同時轉化宜蘭空間政治中地方主體觀的夢幻旅程。

　　1987 年完成親水公園園區設計並開始施工，總工程費新台幣二億五仟萬元。原預計於 1993 年 6 月 3 日，以 3 至 4 年完成的親水公園工程，延至 1994 年 6 月 13 日，歷經 7 年經無數次修改求精的設計及施工後終於落成開園〔註26〕。

（二）園區空間對宜蘭地景的表述

　　冬山河親水公園，是國內首座以水岸為主題設計的創新遊憩空間系統，郭中端是這空間話語的關鍵書寫者，她以對「水空間」的特殊情懷與環境哲學指出，「人類幾千年來都是沿河而居，和水生活在一起」，但遺憾的是「我們和水的關係都被打斷、被破壞掉了，所以我一直想創造一個『人和水』可以很親近、很和諧相處的空間」。名古屋旁舊山城郡上八幡的親水怡人，一直是郭氏美好記憶，尤其在 1974 年親見違章、髒亂的韓國漢江，在 1987 年重遊時卻脫胎換骨的震撼，便激起了「希望能擁有一條河」來規劃整治的夢想。前述在 1985 年，郭中端鼓勵陳定南，應超越僅僅於冬山河水域設置龍舟艇庫的思維，建議應全新以國際級及台灣首例的胸懷整體規劃冬山河，獲得共鳴共識後，她表示會專注「做世界一流的」，也期許團隊「做最好的、最配合宜蘭的設計」，達成陳定南期許冬山河親水公園，成為「目前國內沒有的、完全不同的、嶄新的觀光旅遊基地」〔註27〕的期待。

　　為了做出「最宜蘭」的設計，接受宜蘭縣政府委託後設計團隊為深入精準的補捉宜蘭特色，率著台、日組成團隊深入研究宜蘭歷史及冬山河流域動、植物生態、人文風俗、聚落分佈、廟宇、空間架構、動線系統、既有使用行為等，更租了小船不斷穿梭水路，換位反觀水岸景觀及探查舊河道，田野採集宜蘭的傳說或神話，尋求揉合在地生活文化、宜蘭遊戲童玩等融為設計表

〔註25〕 田秋堇：〈要做就做世界一流的——訪『冬山河風景區規畫計畫』主持人郭中端女士〉報導於《噶瑪蘭雜誌》（宜蘭：噶瑪蘭雜誌社，1990 年 7 月）。

〔註26〕 陳碧琳：《空間異化與文化抵抗（三）第三階段：宜蘭一個生態/地景文化空間系統》（台北：國立臺灣博物館博物館百年學術探險研討會論文手冊，2011 年），頁 9，未出版。

〔註27〕 田秋堇：〈要做就做世界一流的——訪『冬山河風景區規畫計畫』主持人郭中端女士〉報導於《噶瑪蘭雜誌》（宜蘭：噶瑪蘭雜誌社，1990 年 7 月）。

現元素。在 1984 年《宜蘭縣觀光發展整體計畫》、〈宜蘭縣觀光發展冬山河風景區細部計畫〉和 1987 年 6 月通過的《宜蘭縣綜合發展計畫》,等上位計畫所形成的空間策略框架下,構思了利用冬山河自源流到出海口豐富水態環境,分三階段執行上、中、下游三大主題園區,展現「水與綠」空間藍圖,在上游興設自然綠地型之「冬山河森林公園」、中游水道筆直寬敞興設水態博物館為主的「冬山河親水公園」、下游養殖旺盛及海口沙灘興設「冬山河水上海濱公園」〔註 28〕,並設定第一階段「以創造知名度及獨特風格之『冬山河親水公園』及兩岸綠化優先」〔註 29〕,結合運動、休閒、教育等多元目的以「滿足市民們高計畫度與高價值感活動的參與感」,實現「追求自然健康與社會歸屬感的心願」,設計「屬於宜蘭的冬山河」〔註 30〕。

郭中端策略上選擇中游的「冬山河親水公園」,為冬山河上、中、下游全流域最優先的「靈魂區」〔註 31〕,設計手法上縮影再現蘭陽地區,從源頭山脈森林、到蜿蜒河流、到生活平原、再到太平洋及鄉愁地標龜山島等象徵地景,整合為自然觀光體驗戶外水態博物館、親水遊戲區、露天水上劇場、艇庫、水際龍護岸等歡樂遊憩的機能性元素,「親近水、擁有綠」的自然美學貫穿其中,親水池斜坡、隨和親善的階梯設計,透露著引導重返「人親近水的自然天性」;郭中端與象設計集團設計主持人樋口裕康,兩位主導親水公園設計架構的聯合主持人,均對風水學有濃厚興趣,於是親水公園兩岸護堤的意象化設計:「不是青龍、白虎,而是青龍、黃龍」;對岸邊龍舟等各種賽事的司令台,則「一定要坐北朝南才是主位,所以是黃龍,代表品階較高,另外一側就用青龍,青色就是布衣,與週邊田園連接,一般民眾都可以來的」,用以象徵一水之隔間地緣界面的既銜接融合,又界定管理上是否收費入園的內外關係。郭中端認為,鳥瞰冬山河出海口望向龜山島、河口沙洲,蛇腰般比鄰太平洋的走向,早期風頌宜蘭地景與立地格局的雅士文人,即有「龜蛇把海口」人靈地傑之說,「如果用風水來看,是一個『龜蛇把海口』的格局」,

〔註 28〕郭中端主持:《冬山河風景區開發建設規劃報告》(宜蘭:宜蘭縣政府,1900年),頁 54〜129。

〔註 29〕郭中端主持:《冬山河風景區開發建設規劃報告》(宜蘭:宜蘭縣政府,1900年),頁 131。

〔註 30〕郭中端主持:《冬山河風景區開發建設規劃報告》(宜蘭:宜蘭縣政府,1900年),頁 17〜40。

〔註 31〕郭中端主持:《冬山河風景區開發建設規劃報告》(宜蘭:宜蘭縣政府,1900年),頁 114。

園區水域內五座採自蘭陽溪在地圓錐形卵石所推疊成丘的造景，跳連「對到了龜山島」，成為一景觀視覺軸線，串接了「剛好是兩座金字塔」的龜山島〔註32〕。設計者，以風水民俗演化，契合宜蘭關鍵地景而來的大視覺設計，遙向傳說意象豐美的地方符碼、蘭陽游子心靈故鄉——龜山島〔註33〕。

　　動員社群參與，更是頻添此間人文風味及新生集體記憶的靈魂成分。於施設冬山河黃龍護堤岸標誌區段時，宜蘭縣政府與施工團隊邀來了八百名縣內學童齊坐河堤，以自繪陶板鑲嵌於可望長久的黃龍護堤岸；一方禮邀懷古念舊的口承老者，蒞境講述地方典故及冬山河域民俗風情、族群流轉歷史，接地氣的互動串鳴，開展了另類溫情參與的公共領域，象徵性的滿足溶入住民情感與記憶。

（三）「希望之河」之名的由來與追飾

　　宜蘭「母河」之說，早期均以蘭陽溪為稱。按蘭陽平原係蘭陽溪沖積扇形成，且其主流和支流分別發源於中央山脈及雪山山脈，全長73公里貫穿縣轄大同、三星、員山、五結、宜蘭市、壯圍鄉等幾乎涵括全宜蘭的鄉鎮，主、支流所涵攝面積廣達 978 平方公里，且於匯入太平洋海口前的噶瑪蘭大橋與代表溪北意象的宜蘭河及代表溪南意象的冬山河會合；故蘭陽溪為地理學意義之「母河」。冬山河「母河」之說尚不廣泛，較屬感念陳定南在水患治理之後，大格局創設冬山河親水公園的情感，投射為從「冬山河」到「冬山河親水公園」此一地景翻轉，對在地人的歷史性意義及宜蘭非工業化發展路徑的鼓舞。另因冬山河，在親水公園及陳定南等全國性聲望加持之下，對外地評價者而言，冬山河知名度遠勝蘭陽溪（舊稱「濁水溪」），故有「冬山河是宜蘭的『母親之河』」〔註34〕的頌稱。

〔註32〕謝國鐘：《冬山河的八十年代——一段人與土地的深刻對話》（新北市：遠足文化，2015年），頁101～103。

〔註33〕宜蘭鄉土文學作家黃春明詩作〈龜山島〉以故鄉地景表述情懷：「每當蘭陽的孩子搭火車出外　當他從車窗望著你時　總是分不清空氣中的哀愁到底是你的，或是他的　龜山島　蘭陽的孩子在外鄉的日子　多夢是他失眠的原因　他夢見濁水溪　他夢見颱風波蜜拉、貝絲　他夢見你---龜山島　外鄉的醫生教他數羊　一隻羊、兩隻羊、三隻羊　四隻濁水溪　五隻颱風　六隻龜山島　龜山島　每當蘭陽的孩子搭火車回來　當他從車窗望見你時　總是分不清空氣中的喜悅到底是你的，或是他的」，美學化的註解了這共享的鄉愁。

〔註34〕陳郁秀：〈母親之河，藝術欣傳〉收於李乾朗：《遊園訪勝——國立傳統藝術中心建築群導覽手冊》（宜蘭：國立傳統藝術中心，2002年），頁4。

在地文史工作者莊文生觀察到,因地理阻絕僻處邊陲而素來欠缺自信的蘭陽平原:「在 80 年代冬山河的整治及親水公園建設完成,一切改觀,這是一個重要分水嶺,從此讓宜蘭人由自卑、自憐轉成自信、有光榮感,以身為宜蘭人而自傲,宜蘭脫胎換骨,自信要把宜蘭變成台灣人的心靈故鄉。」〔註35〕。又因游錫堃創生「宜蘭國際童玩藝術節」所形成之強勢地域符號,使「冬山河」、「冬山河親水公園」、「宜蘭國際童玩藝術節」等三元素,一體形成複合圖騰,發散滋長為文化地理中集體情感下的「母河情結」。

冬山河一直以來時而迅猛致災的兩岸住民夢魘,轉變而為新穎的大氣面容與清幽親善,自此藏放著濃醇故鄉情懷與宜蘭人昂揚鼓舞的號名:「希望之河」、「生命之河」。也成為了在地人與離鄉遊子,成長經驗裡的戀稱與另類鄉愁。園區空間幻化為地域詮釋與宜蘭性情書寫,符碼化了宜蘭地方面容,整體性的轉化了本土政治衝突抵抗的緊繃高亢,柔化為腳下鄉土的環境情懷,地方有機的意義系統於是漸漸滋長。

三、「宜蘭國際童玩藝術節」的地域認同與記憶效應

在採擷再現了部分傳統童玩民俗,整合了大量引入匯演的異國民俗舞蹈,命名宜蘭的創造性歡樂節慶自此誕生。童玩、多元的異國民俗藝術級包羅廣泛的民俗博物,於是或靜或動的被結構性的、歲時性的策展了起來,豐富而成為地域人文意象的內裡;年年同一時間、同一空間、同一策展模型,層累而為參與體驗者厚實的愉悅記憶,與屬於宜蘭這一地域意義特殊的新傳統。

(一)「宜蘭國際童玩節」創生的民俗過程

游錫堃 1989 年 12 月當選就任了第 11 屆宜蘭縣長後,逐序呈現以民俗為中心的地方文化重建及所創生新民俗、新傳統現象。游政府貫注「開蘭 200周年」地方意義系統的創造與實踐,「宜蘭國際童玩藝術節」以童玩及民俗舞蹈文化為主體元素,穿引了宜蘭「文化立縣」策略下相續的地方文化。藉由公部門文化政策的執行及經費資源的選擇性給與,結合民俗文化專家的諮詢,與民俗傳統傳承社區或傳承人或傳承單位,經由公眾民俗學的取徑再結

〔註35〕莊文生:〈悠悠冬山河,悲情加禮遠〉宜蘭社區大學 102 年專題講座(宜蘭:宜蘭社區大學,2013 年)。

構化〔註 36〕復振展演民俗傳統的社會條件，同時再語境化〔註 37〕民俗傳統重現的地方意義與身分論述。

「宜蘭國際童玩藝術節」的開創經驗，具體而微的刻鏤了地方藉由民俗過程的文化治理思維，也具體啟動了經由文化政策重新定義地域的地方策略。「宜蘭國際童玩藝術節」成為高知名度及識別度的範式符號及新節慶傳統，表現為「文化宜蘭」及「宜蘭文化」的前衛性社會運動過程，使「文化從施政的邊陲躍進核心」的「文化立縣」創制史，暗合了英國左派史學家 Eric Hobsbaw 所定義：「創制的傳統」（invented tradition）概念〔註 38〕。

（二）童玩節創發探索時期（1992～1996）的民俗歷程與地域效應

本階段始於 1992 年 11 月 4 日，游錫堃感應了台灣區運動會大型群眾活動魅力後的慶功宴中宣告「宜蘭要辦比區運會規模更大的活動」起，1994 年 8 月 18 日第三次創意小組正式決議 1996 年的「開蘭 200 周年」紀念日以「國際兒童嘉年華」〔註 39〕為主體；1995 年 12 月 29 日成立「宜蘭紀念日 200 週年系列活動推行委員會」〔註 40〕，並完成推行組織分工共 19 分組；終於 1996 年 6 月 23 日展開了為期 23 天的「1996 年宜蘭國際童玩藝術節」，吸引了 196625 人次購票入園。

1994 年 8 月〔註 41〕宜蘭縣政府文化中心提出《宜蘭紀念日 200 年系列活動——「國際兒童嘉年華」企劃書》，規劃 1996 年暑假在新建啟用的羅東運動公

〔註 36〕此處「再結構化」（restructuration）的概念，係參據法國精神分析大師拉康（Jacques-Marie-Émile Lacan，1901 年 4 月 13 日～1981 年 9 月 9 日），的精神分析學及語言分析學的結構理論工具。另高宣揚詮釋拉康：「作為語言結構和秩序本身的象徵結構，決定了整個社會和文化的象徵性，同時也決定了自我心理特質的象徵性結構，還決定了個人與社會之間、歷史和現實之間、物質和精神間的複雜關係。」

〔註 37〕此處係參用後現代理論互文性之論述概念。再語境化（recontextualization），指從一個話語語境文本到另一個話語語境文本，或從一個話語傳統到另一個傳統的動態轉換，包括語言命題、故事架構等等。

〔註 38〕霍布斯邦（Eric Hobsbawm）等著，陳思仁等譯：《被發明的傳統（The Invention of Tradition）》（台北：貓頭鷹，2002 年）。

〔註 39〕即當今形成新民俗傳統的「宜蘭國際童玩藝術節」。

〔註 40〕參閱〈『宜蘭紀念日』200 週年系列活動架構表〉，收於《200 週年系列活動推行委員會成立大會手冊》（宜蘭：宜蘭縣史館，1995 年）。

〔註 41〕參據宜蘭縣政府 1994 年 8 月 18 日《開蘭 200 周年創意小組》第三次會議資料》（宜蘭：宜蘭縣政府施政資料中心，1994 年）。

園展開包括：辦理兒童藝術節、設立兒童展覽館、開設兒童遊戲園、及召開國際兒童研討會等四項規模龐大的子計畫〔註42〕。在形成這份最初始兒童嘉年華大計畫的激盪過程中，熟悉歐美民俗節慶的吳靜吉博士〔註43〕建議參照進步國家經驗，指出某些文化底蘊深厚的城市，都擁有獨具傳統且足以代言城市的民俗文化節慶，如法國的亞維儂戲劇節、英國的愛丁堡藝術節或日本京都的祇園祭等，都是以大型民俗文化傳統節慶，成功的標誌了城市的人文意象，持續發揚文化傳統而成為帶動區域振興的非工業發展模式。為實境了解國際上指標性民俗文化活動傳統的展現形式及評估民俗文化經濟的地方效益，宜蘭縣政府委由吳靜吉規畫考察了亞維儂國際藝術節等歐洲代表性民俗文化節慶。

　　「宜蘭國際童玩藝術節」原創命名，由「國際兒童嘉年華」大系列企畫構想分支中之「兒童藝術節」轉化而來，1995 年 7 月底，確認修定 1996 年首辦新創兒童民俗節慶標準官方命名為「宜蘭國際童玩藝術節」，英文命名為「International Children's Folklore & Folkgame Festival, Yilan」。其創「節」的構想與醞釀一如英文命名中所涵攝之節慶元素，包括：International—國際、Children's Folklore—兒童民俗或稱童玩、Folkgame Festival—民俗遊戲嘉年華、Yilan—宜蘭，以「名」定性，指攝以「民俗」，為節慶範疇及基本元素的興設邏輯甚明。以「兒童民俗」，為創生地方新節慶核心主體資材的上位概念，可經由考察當時宜蘭文化中心主任林德福統籌的《「國際兒童嘉年華」企劃書》文案中佐證顯示，案中「兒童藝術節」子計畫部分，執行構想單元即包括：民俗童玩的蒐羅展演、兒歌童樂、兒童戲劇、兒童民俗舞蹈等；設立「兒童展覽館」子計畫部分，策展構想內容即包括：童書、童話、童畫、童玩等等〔註44〕，明確的揭露了藉由民俗過程再語境化地方特質的路徑。惟因該原初企畫，涉及耗時耗資的博覽會硬體場館設計興建，且總計畫經費需求鉅達 9 億新台幣以上，終經評估不可行而遭擱置，奧援難求的實際困難，阻斷了宜蘭縣政

〔註42〕《宜蘭紀念日 200 年系列活動——「國際兒童嘉年華」企劃書》，宜蘭縣政府文化中心 1994 年 8 月 20 日會議資料（宜蘭：宜蘭縣政府施政資料中心，1994 年）。

〔註43〕吳靜吉，宜蘭縣壯圍鄉東港村人，深具家鄉情懷。為教育心理學者、作家、企業管理顧問，同時醉心戲劇表演藝術而創立了蘭陵劇坊。美國明尼蘇達大學教育心理學博士，時為宜蘭縣政府顧問，同時受聘為開蘭 200 周年規劃小組 6 人委員之一。

〔註44〕參據宜蘭文化中心 1994 年 8 月 20 日《「國際兒童嘉年華」企劃書》（宜蘭：宜蘭縣政府施政資料中心，1994 年）。暨陳賡堯：《文化‧宜蘭‧游錫堃》（台北：遠流，1998 年），頁 272。

府過大的雄心。契機起自中央望向地方鄉土的文化政策轉向，蔣經國經濟發展惟尚的《10 大國家建設》，概著眼硬體式公共基礎建設的國政路徑〔註45〕，在 1994 年接續推出的《12 項國家建設》終於開始添加了文化及區域發展等部分領域〔註 46〕，其中〈提升各縣市鄉鎮文化品質〉一項，首揭了國家文化政策去中心化的新典範，該項具體涵列的〈輔導縣市舉辦小型國際展演活動〉的補助申辦項目，適為《「國際兒童嘉年華」企劃案》，開立了另扇順勢轉化的及時活門，以兒童民俗為創生地方新節慶的核心元素，承辦國際性兒童民俗展演及國際兒童民俗舞蹈嘉年華為地方新民俗建構基因的創新節慶，終於獲得青睞入選〔註47〕，開始有了中央經費的專項挹注。

表 3-1　「1996 年宜蘭國際童玩藝術節」收支摘要表

年度	中央補助單位/金額	縣府編列	門票收入	收入合計	支出
1996	文建會 20,000,000 傳藝中心 1,838,912	7,000,000	45,229,120	74,068,032	58,997,923

　　首創的「1996 年宜蘭國際童玩藝術節」，終於在宜蘭縣政府委託半公法人「蘭陽文教基金會」〔註 48〕為策畫與採購主體，並全面動員縣政府各部門協力的策辦機轉下，在當年 6 月 23 日快樂出航，為期 23 天嶄新的宜蘭童玩節慶，開啟了宜蘭以文化為地方品牌、以文化經濟結合觀光為非工業資本主義發展路徑。首發的民俗奇幻旅程修成正果，首辦即吸引了 196625 人次購票入園，票務收入加上資源整合轉化等總營收達 7 仟 4 百餘萬元；收支相抵後仍保有 1507 萬盈餘〔註49〕。1996 年成功首發的民俗奇幻旅程，以兒童民俗文化節慶軟調溫雅的稚嫩步履初邁，獲得了地方聲望、人潮及週邊外溢效益的回饋加持，更結構化了宜蘭的新地方論述及「文化立縣」政略的正當性。

〔註45〕十大建設是指 1970 年代末至 1980 年代台灣所進行一系列國家級基礎建設工程。臺灣自 1965 年經濟起飛後，高速道路、商港、機場及核能發電廠等基本建設匱乏，無法適應社會經濟發展需求，蔣經國於行政院長任內遂指標性推動 10 大建設。其後台灣口號式的「00 大建設」成為激勵民心的施政常模，「12 項國家建設」即接續其後。

〔註46〕時任行政院長連戰在 1994 年 1 月 10 的國民黨內部會議首先揭露「12 項國家建設」的政策主張。

〔註47〕破天荒取得中央首發獎助地方興創 1996 年國際性民俗節慶的 2000 萬新台幣補助金，搭配宜蘭縣政府政策性在年度本預算中編列了 700 萬新台幣為統籌資源。

〔註48〕公設財團法人一開始成立目的是為了避免過多的政治干擾，達到行政彈性。

〔註49〕如表 2-1　「1996 年度「宜蘭國際童玩藝術節」收支摘要表」。

表 3-2　蘭陽文教基金會概況表

設立日期	1989 年 6 月 29 日
法人屬性	屬宜蘭縣政府公設法人。係配合台灣省教育廳 1989 年挹注分攤設立基金，以輔導鼓勵各地方政府所設立免除行政程序彈性、專責辦理地方文化推廣事務之政策成立
創辦人	陳定南
董事長	應屆縣長為當然董事長
執行長	當任宜蘭縣文化中心主任（現改制為文化局長）
成立宗旨	以推展宜蘭縣文教活動，發揮社會教育功能，提昇縣民生活品質為宗旨（主責在辦理宜蘭國際童玩藝術節）
工作人員	專職 21 人，兼職 15 人

　　「1996 年宜蘭國際童玩藝術節」鋪展開來的新穎節慶內容，分以演出、展覽、遊戲、交流等四大骨幹範疇，演出方面受益於在地「蘭陽舞蹈團」創辦人祕克琳神父〔註 50〕的協助並，經由聯合國教科文組織「國際民俗藝術節協會（C.I.O.F.F.）」聯繫其國際會員所屬民俗舞團，登台宜蘭匯演所承載之民俗舞蹈，也因而形成以民俗舞蹈為演出範疇之傳統；1996 年全程參與演出的國際兒童民俗舞蹈團隊分別來自：加拿大、波蘭、捷克、俄羅斯、比利時、以色列、韓國、日本、泰國等九個國家。分別演出所屬民族國家或移民所屬族裔，最具族群文化傳統代表性的兒童民俗舞蹈與民間藝術表演。所策展的民俗童玩博物館系列，包括在地民俗童玩與全球民俗童玩輝映對話的「國際童玩館」、「鄉土童玩館」、「風箏館」與「陀螺館」。

　　「國際童玩館」蒐羅各大洲三十七國各式不同文化背景童玩；「鄉土童玩館」則回到台灣社會集體記憶時光感的復古懷舊元素，展示五〇年代台灣雜貨店風格，展示糖罐、尪仔標、鋁製玩具槍、竹槍、竹水槍、玻璃彈珠等；「風箏館」則依飛行結構、風箏製作原理展示十二大類古今中外不同風箏；「陀螺館」包括本土及各國各種特質風格陀螺。

　　民俗遊戲系列部分，分別由專業兒童劇團演員以小丑逗趣扮相及賣貨郎行當，於特定時點及園區動線或露天廣場直接與遊賓互動。各展館並附設竹

〔註 50〕祕克琳，1935 年生於義大利北部波隆納，義大利修習哲學、接受神職教育，成為天主教靈醫會神職人員，1964 年遠渡重洋來到台灣，1966 年藉羅東鎮北成天主堂小教室開設各類才藝班為地方接觸傳教及推廣基礎藝術界面，同年創立傳承民族舞蹈風格的蘭陽舞蹈團。

水槍、竹筷槍、風箏製作、益智巧版、九連環等童玩製作及體驗資材，國際民俗舞蹈與童玩展演等民俗元素於冬山河親水公園的非語境再現，創新了台灣社會的生活文化體驗，營造了宜蘭國際童玩藝術節展演的社會聲望及地方治理的進步性意象。

（三）童玩節傳統化構成時期（1997～2002）的民俗歷程與地域效應

新任第 13 屆縣長劉守成續辦了 1999、2000、2001、2002 共 5 年期間〔註51〕，延續由地方文化行政部門「宜蘭縣文化中心」〔註52〕統籌規劃，公設法人「蘭陽文教基金會」及宜蘭縣政府各公部門協力執行的策辦模式，專職的策展人也力守策展內容一貫保持「演出」、「展覽」、「遊戲」、「交流」等四大主軸線的兒童民俗節慶特質調性，漸趨穩定的結構化了「宜蘭國際童玩藝術節」的節慶識別度模式及地方新民俗傳統。

此一新傳統構成階段，參與演出的國際兒童民俗舞蹈團隊：由 1996 年 9 個國家，成長到 1997 年 11 個國家，1999 年 17 個國家，2000 年 16 個國家，2001 年高達 23 個家，2002 年 21 個國家，分別演出所屬民族國家或移民所屬族裔，最具族群文化傳統代表性的兒童民俗舞蹈與民間藝術表演。展覽系列所策展的民俗童玩博物館部分，1997 年策展了「益智童玩館」、「積木館」、「天涯若比鄰館」三個博物館；1999 年策展了「國際童玩館」、「童玩 DIY 館」、「摺紙、草編專題館」、「天涯若比鄰館」、「黃恆男童玩紀念館」五個博物館；2000年策展了「國際文物童玩館」、「科技童玩館」、「玩偶館」、「有聲童玩館」四個博物館；2001 年策展了「天涯若比鄰館」、「史艷文傳奇偶戲館」、「光影魔幻城」、「娃娃館」、「飛行館」、「有聲童玩館」六個博物館；2002 年策展了「天涯若比鄰館」、「節慶童玩館」、「安徒生童話繪本原作展」、「風動館」、「有聲建築童玩館」五個博物館，分別貫穿圍繞在地民俗童玩與全球民俗童玩展演，民俗節慶傳統在形式與內容的常構化要件上逐漸成熟。

層層交織疊錯的各族群傳統兒童民俗舞蹈，與民間藝術表演及童玩博物館的非語境化再現，充分具足了當代新民俗再結構化、再語境化與再創造的

〔註51〕劉守成 1997 年 12 月接任第 13 屆宜蘭縣長，惟因 1988 年台灣地區腸病毒感染嚴重，迫於公共衛生之社會壓力，宣佈停辦。

〔註52〕1979 年 5 月起籌設，專責推動蘭陽地區社會教育及文化事業，並興建藝文展演及文化行政館舍，2000 年「宜蘭縣立文化中心」改制為「宜蘭縣政府文化局」，下設文化發展、圖書資訊、視覺藝術、表演藝術、文化資產等五科，規劃並推動地方文化政策。

表演民俗學與公共民俗學特徵。此一特徵的社會磁場漸強指數，顯示在「宜蘭國際童玩藝術節」逐年成長攀升的社會參與、民俗文化經濟效益、節慶形象化及地方社會聲望的量化基礎上〔註53〕。此一階段入園人數、園內財務收益及地方觀光週產業外溢效應迭創新高，形成強且有力的社會磁場。宜蘭在全國媒體的露出率及輿論正向評價，形成了地域品味清新而超拔的高度識別性，植塑了從論述詮釋到實踐證成的另類文化經濟發展模式。

1996 年首屆入園人數 196,265 人，1997 年成長至 294,101 人；其後雖因 1998 年籌備完成開辦前夕，受脅於台灣腸病毒傳染肆虐而夭折停辦，但 1999 年如常辦理後，入園人數卻一舉衝高到 402,072 人；2000 年入園人數再成長至 605,351 人；2001 年入園人數更跳躍成長 21 萬人來到 816,747 人；2002 年入園人數更爬升到 907,390 人最高點，幾近突破百萬天險的空前高峰。在「宜蘭國際童玩藝術節」節慶主體財務收入表現上，1996 年首屆初航盈餘 1507 萬；次屆 1997 年盈餘 730 萬；1998 年因公共衛生考慮停辦折損 1560 萬；1999 年盈餘 1702 萬；2000 年盈餘即躍昇到 4796 萬；2001 年盈餘 6424 萬；2002 年仍盈餘 5410 萬，連續三年兒童民俗節慶收益，維持在平均 5000 萬的財務盈餘狀態中〔註54〕，進入了成熟穩定的高原期。此一再語境化的民俗節慶，高效揭露了宜蘭在台灣社會的差異路徑與自明性格，使得宜蘭在對外呈現型款及對內增進凝聚力和認同感時，有了更好的機會澄清地方價值、地方發展路徑，實證論辯過程後再結構化的地方性。

至此，宜蘭社會伴隨著此新生節慶的奮進軌跡，地方性與新傳統的結構紋理漸具自明性、穩定性。構成了「宜蘭味」濃重的地方型款與特質，日趨穩定的廓現了外社會的地方面容與內社會的地方身份歸屬和土地認同。地方性與新傳統的形構與發展，承載於「母河情結」若隱若現的冬山河親水公園，以及在此物理空間誕生成長的「宜蘭國際童玩藝術節」節慶內容與文化意象。綜合考據 1997 年迄 2002 年期間，財務、入園人數、媒體報導之正面及頻度、入園者之滿意度問卷評價、節慶週邊經濟效益調查評估等指標因素表現之持續正向循環之時間跨度，此期間應可稱為「宜蘭國際童玩藝術節」開

〔註53〕除入園人數一路躍昇外，首屆即盈餘形成自足民俗節慶，為台灣首例。委託各學術機構之遊客滿意度及地方經濟外溢貢獻亦年年攀升，有機形成促進地方觀光產業群聚之生態。

〔註54〕成長比較趨勢詳如作者彙整分析之「表 2-4 1996～2002 年度宜蘭國際童玩藝術節收支及入園人數趨勢表」。

辦以來的「黃金五年」。

　　累計至 2002 年，參與童玩節活動之入園人數計 4,269,916 人。冬山河親水公園，作為承載「宜蘭國際童玩藝術節」民俗文化的、快樂的、親子的、在地景觀意象的溫潤愉悅載體，對外行銷宜蘭的文化性、進步性與自明性，毋庸置疑的獲得了台灣地區極高的社會聲望與突出的地域治理評價。更滿足了宜蘭在地住民及離鄉遊子的土地感情認同與身分尋索的鄉愁歸宿。發源於宜蘭縣冬山鄉中央山脈，蜿蜒流淌蘭陽平原後匯入太平洋的「冬山河」，加上了陳定南前縣長兼及治水和下游流域觀光的「冬山河親水公園」，在游錫堃及劉守成兩位相續的地方百里侯，前者創生、後者承續光大「宜蘭國際童玩藝術節」的民俗過程中，漸進形構的符號性、象徵性日濃，宜蘭閑居東北台灣一隅的鄉村社會，以蕙質適然的「環保立縣」、「觀光立縣」等秀異發展質性與地域品味，先行實踐了殊異的地方論述與地方性；「宜蘭國際童玩藝術節」順然內化而為宜蘭新傳統，也是承載濃重「宜蘭味」與前述「母河情結」的地方新傳統。

表 3-3 　「宜蘭國際童玩藝術節」1996～2002 年度收支及入園人數趨勢表

1996 年至 2002 年度「宜蘭國際童玩藝術節」收支及入園人數趨勢表 （經費單位：新台幣）					
年度	中央補助 （單位/金額）	縣府編列	門票收入	收入合計	支出
1996	文建會 20,000,000 傳藝中心 1,838,912	7,000,000	45,229,120 （196,265 人）	74,068,032	58,997,923 （盈 1507 萬）
1997	0	0	72,658,723 （294,101 人）	72,658,723	65,356,057 （盈 730 萬）
1998	文建會 3,400,000	0	0	3,400,000	19,004,510 （短 1560 萬）
1999	文建會 12,577,100	0	100,138,860 （402,072 人）	112,715,960	95,694,919 （盈 1702 萬）
2000	0	0	152,647,550 （605,351 人）	152,647,550	104,690,086 （盈 4796 萬）
2001	文建會 4,000,000 觀光局 2,000,000	0	209,588,590 （816,747 人）	215,588,590	151,347,588 （盈 6424 萬）
2002	文建會 4,000,000 觀光局 2,000,000	0	235,993,266 （907,390 人）	246,103,266	192,000,000 （盈 5410 萬）

四、童玩節的中挫與象徵再強化時期（2003～2009）的民俗歷程 與地域效應

此期間起自 2003 年，劉守成縣長因 SARS〔註 55〕疫情危機暫停辦理，迄至 2007 年 8 月 7 日呂國華縣長以童玩節連續虧損嚴重，宣佈「暫停辦理宜蘭國際童玩藝術節」後，停辦了任期最末的第 3、4 年，即 2008 和 2009 年的「宜蘭國際童玩藝術節」止。作為台灣新生民俗節慶先行典範的「宜蘭國際童玩藝術節」，在創領風潮攀登高峰後，主、客觀及內、外環境因素變異鉅大，戲劇性的也悲劇性的頹傷中斷了「宜蘭國際童玩藝術節」新民俗、新節慶的新傳統，後驗了宜蘭的新鄉愁。

2002 年，緣起於廣東順德的 SARS 疫情，於 2003 年傳染至台灣，並造成台北和平醫院醫護及病患交叉集體感染，2003 年 4 月 24 日封院 14 天防止擴散，仍造成 27 名死亡的重大悲劇，造成台灣社會無比的恐慌。正值密集籌辦關鍵階段的 2003 年「宜蘭國際童玩藝術節」，受限於無法預期 SARS 疫情有效防治期間，劉守成終於 5 月 30 日宣佈：「忍痛停辦 2003 年宜蘭國際童玩藝術節」。2004 年，援例賡續復辦，入園人數仍達 786,000 人，惟已較 2002 年的 907,390 入園人次回跌了 12 萬餘人。回溯比較創辦以來歷屆吸引入園參與的人數，1997 年，較 1996 年成長了 97,836 人；1999 年，較 1997 年成長了 107,971 人；2000 年，較 1999 年更一舉成長了 203,279 人；2001 年，較 2000 年仍然乘勢竄升了 211,396 人；2002 年，首度在入園人次上呈現了 10% 的些微衰退跡象，較 2001 年，短少了 90,643 人。2004 年，入園人次在 2003 年中輟之後，衰退幅度較 2002 年擴大到 14%；2005 年，入園人次同時因海棠、馬沙及珊瑚等颱風，登陸宜蘭之影響持續回降至 506,136 人，較 2004 年減少了 279,864 人，衰退幅度達到 35.6%〔註 56〕，收支財務首度出現赤字，短絀了 5109 萬，使得「宜蘭國際童玩藝術節」此一市場化的新民俗節慶，首度顯現了市場性困境。

〔註 55〕SARS 為（severe acute respiratory syndrome）的簡稱，是一種世界衛生組織 WHO 先前稱之為「非典型肺炎」的急性呼吸系統感染疾病，後因感染病原及症狀之細部差異，世界衛生組織於 2003 年 3 月 15 日修訂公佈疾病名稱為「嚴重急性呼吸道症候群」。參考 WHO2003 年 5 月 1 日發布公告。
〔註 56〕詳如作者彙整分析「表 2-6　宜蘭國際童玩藝術節 2003 年至 2009 年度收支及入園人數趨勢表」及「表 2-7　宜蘭國際童玩藝術節 2003 至 2009 年度間入園人數消長表」。

　　2005 年 12 月，代表國民黨的呂國華〔註57〕，及代表民進黨的前法務部長也是前宜蘭縣長的陳定南，同台競逐第 15 屆宜蘭縣長選舉。呂國華得票121,463 票，得票率 51.4%；陳定南得票 112,853 票，得票率 47.75%，呂國華以 8610 票之差勝出取得地方執政權，中斷了宜蘭縣自陳定南、游錫堃、劉守成相續 6 屆 24 年的綠營執政傳統。呂國華首年任期，按傳統在原團隊規劃執行下，繼續辦理「2006 年宜蘭國際童玩藝術節」，固然在增加了「武荖坑園區」〔註58〕及延長活動期間長達 51 天〔註59〕的調控下，使兩園區入園總人次回溫至 864,782 人，較 2005 年成長了 358,646 人次。但因增置園區，巨幅擴張支出成本，及遭遇碧利思、凱米及寶發三颱風相繼來襲，也擴大了短絀規模達到 5,126 萬，在宜蘭縣議會受到民進黨籍議員嚴厲的質疑與挑戰。

　　2007 年，「宜蘭國際童玩藝術節」仍然維持雙園區辦理架構，惟在羅東劉添梧縣議員，協同無線電視台質疑戲水區水質的輿論宣染氛圍下開幕，迄活動末期之 2007 年 8 月 7 日，入園人數仍難攀登 235,000 人次之天險。呂國華以童玩節活動陷入瓶頸及連年鉅額虧損之理由，召開記者會正式宣佈：「明年起暫時停辦『宜蘭國際童玩藝術節』，是否以其他活動替代，將再研議後公佈」〔註60〕。2007 年財務結算結果，短絀了 3700 萬收場。由於宣佈停辦童玩節的突兀衝擊，激發了宜蘭民間及政治場域強烈的反彈與串連，民間抗爭的社會運動，終於在「2007 年宜蘭國際童玩藝術節」落幕前夕達到高潮。巨大的政治壓力，逼使呂國華於 2007 年 9 月 26 日再次召開記者會宣佈：將以「2008年宜蘭國際蘭雨節」入替「宜蘭國際童玩藝術節」，以蘭陽地景中「山、河、

〔註57〕 與林聰賢皆為國民黨籍前立委林建榮 1993 年任宜蘭市長時之左右手秘書，1996 年開始投入國民大會代表選舉落選，1998 年首度當選宜蘭市長，2001 年經國民黨臨時徵召參選宜蘭縣長敗北，2002 連任宜蘭市長，2005 年擊敗回鍋參選之陳定南當選第 15 屆宜蘭縣長，2009 年連任縣長失利，敗與林聰賢。

〔註58〕 「宜蘭國際童玩藝術節」自 1996 年開辦以來迄 2005 年期間，節慶場域皆採單一活動園區設置於「冬山河親水公園」形成傳統；「武荖坑園區」位於蘇澳鎮與冬山鄉交界，係陳定南縣長時期規劃的全國最大露營區，也是每年宜蘭綠色博覽會的舉辦場地。呂國華辦理 2006 及 2007 年「宜蘭國際童玩藝術節」時，增闢為活動第二園區。

〔註59〕 查宜蘭國際童玩藝術節歷年節慶期間，1996、1997 年俱 23 天；1999 迄 2005年間各屆俱為 44 天；2006 年為 51 天，2007 年為 49 天。

〔註60〕 參據中國時報、聯合報、自由時報及蘋果日報等媒體 2007 年 8 月 8 日之新聞報導。

海」等元素，跨越溪南、溪北〔註 61〕畛域限制，除溪南原有五結「冬山河親水公園」及蘇澳「武荖坑風景區」外，新增位處溪北的頭城外澳海灘共三園區，擴大辦理及增益經濟受益地區。

循此基調，呂國華任期末之 2008 年及 2009 年，皆以「宜蘭國際蘭雨節」替代「宜蘭國際童玩藝術節」，直至爭取連任縣長選戰末期，迫於民調持續低落陷於苦戰，終在各方龐大壓力下〔註 62〕，於 2009 年 11 月 17 日，召開記者會正式宣佈：「已獲中央支持，復辦 2010 年宜蘭國際童玩藝術節」並宣告：「如獲連任，明年童玩節未續辦，即辭去縣長職務」。期待以重新擁抱童玩節，換取輿論支持以振作疲敗選情，但終至敗北，功敗垂成。2009 年，宜蘭縣長選舉結果，計以 112,469 票，對 133,394 票，相差 20,925 票的懸殊差距，慘敗於以「呂國華為破壞宜蘭傳統罪人」為主軸，力攻取勝的民進黨候選人林聰賢〔註 63〕。「宜蘭國際童玩藝術節」的高度象徵性，成為具現任優勢的呂國華，以 45.74％的得票率，敗於新手林聰賢 54.26％得票率的最大變數。選票政治，即效的驗證了「童玩節傳統」已然確立於宜蘭社會，此一強烈的社會訊息也讓我們觀察到，地方民選菁英悖離了烙印於公眾認同與情感中的「傳統」時，所可能遭遇公眾意志強烈反噬的現象，佐證了守護「童玩節傳統」的公眾信賴，在宜蘭社會已高坐而為道德化的象徵了，具有了不可撼動的神聖性。

綜觀停辦童玩節事件，自 2007 年 8 月 7 日，呂國華以記者會宣佈「暫時停辦宜蘭國際童玩藝術節」起，以宜蘭資深社會運動者林奠鴻等人為首的民間公共事務團體，即以「立刻宣佈復辦宜蘭國際童玩藝術節」為訴求，串連

〔註61〕 宜蘭自日治時代，隨著羅東鎮因木業而商業發達所輻射形成蘭陽溪以南各鄉鎮的地域生活圈；相對於蘭陽溪以北，以宜蘭市縣治為中心的政治及文教地緣生活圈，形成南北地理及住民心裡的概括性心裡邊界。又因其後民選政治的世俗化地緣政治動員，更形成地方發展論述及政經資源爭執的概說符號。

〔註62〕 壓力系統中，包括國民黨中央及行政院高層、民進黨競選團隊、地方意見領袖、呂國華團隊內部部份成員及媒體輿論等。

〔註63〕 與呂國華皆為國民黨籍前立委林建榮 1993 年任宜蘭市長時之左右手秘書，皆為國民黨籍，歷任基層公職。為尋求政治發展 1994 年轉職羅東鎮公所徐步經營基礎，1998 年退國民黨入民進黨，2000 年任陳水扁競選總統羅東後援會總幹事，2001 年因羅東鎮長選舉布局不敵傳統民進黨參選人陳淑暖又退出民進黨，2002 年以重返國民黨為由遊說國民黨禮讓以無黨籍參選羅東鎮長擊敗民進黨提名人陳淑暖勝選，2005 年連任鎮長，2006 年再加入民進黨，2009 年獲民進黨提名當選第 16 及 17 屆宜蘭縣長，2017 年 2 月屆期中轉任行政院農委會主委。

成立了「黃槿花行動聯盟」，以搶救宜蘭傳統的高度論述張力，發表了「就是要宜蘭國際童玩藝術節」宣言，符號化了每年七、八月童玩節鬧熱期間，盛開於冬山河畔的黃槿花，代表宜蘭精神、代表宜蘭新文化傳統的圖騰，訴求齊心努力「希望明年花開時，童玩節仍能燦爛登場」、「期待黃槿花，2008 再出發」，軟性動員宜蘭人集體記憶及土地情感。以黃槿花意象型塑童玩節代言人偶「花露露」，意寓不能坐待黃槿花無端夭折凋謝，發起公眾及團體連署，號召各界舉行公聽會、公共論壇，獲得在地鄉土文學家黃春明及著名人類學者前行政院文建會主委陳其南等的現身力挺〔註 64〕，形成輿論焦點及報導頻率，論者普遍主張：童玩節是宜蘭人無可取代的核心價值，也已成為台灣人民共有的文化資產，為文化創意加值，開創了在地幸福產業，是宜蘭驕傲、是宜蘭價值、是宜蘭光榮，「童玩節是宜蘭人用心血所營造，宜蘭人絕對無法接受因一時無法獲利，就輕言放棄的思維模式」。

民間抵抗停辦童玩節政策的風潮，在「2007 年宜蘭國際童玩藝術節」閉幕日的下午達到最高潮，以「黃槿花行動聯盟」為主導，穿著銘印「就是愛童玩」黃槿花訴求的黃色團體 T 恤，臉部、臂部繪上花圖騰的龐大人群，拉布條、舉牌徒步跨過冬山河往親水公園閉幕會場，向主持閉幕典禮的呂國華訴求抗議，高亢的集體行動，為原屬歡娛的節慶落幕儀式帶來了緊繃的氣氛。當夜「黃槿花行動聯盟」，最終擇定於親水公園節慶閉幕會場對岸，輪番上演民間版童玩節集錦，以舞蹈、新詩朗誦〔註 65〕、展演抒情方式播映剪輯或集體分享童玩節的記憶與情感，獲得了廣大的節慶體驗家庭、親子、藝文界、知識界及歷年參與青年志工等的溫暖迴響，最終以火把於冬山河青龍河堤，排列出「我愛童玩節」的中、英文標語並燃放煙火，告別餘情迴盪不去！晚間七點鐘閉幕典禮呂國華講話時，民眾齊聲鼓譟並高喊：「我愛童玩節，童玩節不要停！」，氛圍反差的柔性抵抗訴求，緊繃了尷尬與難堪的冬山河兩岸！

閉幕活動後，民間呼籲復辦童玩節的抗爭活動間歇，呂國華 2007 年 9 月26 日，依承諾表達對 2008 年是否續辦童玩節的政策決定，宣佈：將以「2008

〔註 64〕 參據「黃槿花行動聯盟」宜蘭童玩論壇——『就是愛宜蘭國際童玩藝術節』2007 年 8 月 23 日起等系列文宣海報及紀錄檔案(宜蘭：黃槿花行動聯盟，2007年)。

〔註 65〕 當日帶領團體朗誦如抗爭口號之新詩：「他是音色如陽光的小喇叭在蘭陽平原的綠色中　引領著別有天蘭陽　他提醒我們大夥　他鼓舞著我們大家　抬頭！挺胸！向前行！」，並強調最後一句「向前行！」以台語發音。

年宜蘭國際蘭雨節」入替「宜蘭國際童玩藝術節」。社會張力因而再度達到高潮，黃槿花行動聯盟質疑決策粗糙倉猝，民進黨議會黨團也批評「蘭雨節根本是童玩節的擴充版」，無必要執意停辦已形成傳統的活動，卻於相同場域創辦相同形式的新活動〔註66〕。

　　呂國華停辦童玩節，所觸痛宜蘭人感情認同及光榮傳統象徵的集體創傷，自此深烙，也宿定了呂國華不被地方社會諒解的敗北結局。停辦童玩節所形成社群集體挫折感糾結翻攪不歇，在宜蘭、在台灣社會各界泛泛流倘〔註67〕，台灣媒體報導、各界有識之士等，對「童玩節之死」扼腕、批判、惋惜形成了集體相對剝奪創傷心理效應，強大的社會力伴隨延展，形成了地方在野的民進黨陣營及「黃槿花行動聯盟」等訴求的深遠戰線。批判者普遍以「宜蘭傳統」象徵的道德化符號辯證基調，長期論辯、控訴呂國華頹喪兒童民俗節慶新傳統，是「政治性停辦綠朝所創文化產業品牌」的「童玩節殺手」，更是「沒有文化素養」且「破壞宜蘭傳統的罪人」等不一而足的公共究責。事件發展的深層質疑與公共論域的倫理化申述，民俗童玩節慶惻斷所鑄成的集體創傷，儼然上綱而為「是誰背叛宜蘭傳統？」的道德化、符號化、象徵化，等地方價值與社群倫理的兩決聖戰，結果則漸強表現為：唯有「換掉縣長」，才能救回童玩節的政治究責趨勢。此一重大事件及社會抵抗過程，實即「宜蘭國際童玩藝術節」象徵性的澄清與再強化過程，同時是宜蘭地方傳統價值和殊異自明的地方性，特有的再實踐、再肯認的社會集體行動過程。

五、「宜蘭國際童玩藝術節」再生時期（2010～2016）的民俗歷程

　　此期間，起自 2010 年宜蘭國際童玩藝術節復辦。林聰賢以「拯救宜蘭傳統」、「維護文化資產」、「傳承宜蘭精神及宜蘭經驗」等政治語彙，有效建構了自身為宜蘭綠色執政神聖系譜傳人的正當性，順利取得了地方政權，2009年底同一次地方選舉中，民進黨更首次在宜蘭縣議會取得過半數席次及議事領導權。原本於呂國華時期，力量旺盛牽制童玩節的議會政治，轉化而為林聰賢奧援與辯護能量，支持宜蘭縣政府逕行編列公務預算支持 2010 年復辦宜蘭國際童玩藝術節，蘭陽文教基金會 2005 年以降，至 2007 年逐年短絀瀕臨

〔註66〕指以「宜蘭國際蘭雨節」入替「宜蘭國際童玩藝術節」。
〔註67〕文化界黃春明、陳其南、朱宗慶……等名人，原創童玩節之游錫堃、林德福、李靜慧……等都鮮明或為文或現身批判，呼籲搶救童玩節。

解構的經辦基金困境〔註68〕，終於獲得緩解，公帑挹注後，使得市場性已走下坡的童玩節傳統復活再生。

「2010 宜蘭國際童玩藝術節」，在停辦議論及政治競爭等社會過程中，再度贏得社會高度關注及「共同疼惜節慶傳統資產」的期待。再投入近兩億的籌辦成本，同時分別在冬山河親水公園及武荖坑風景區中，展開為期 44 天延續童玩節「演出」、「展覽」、「遊戲」、「交流」的兒童民俗節慶傳統，入園人次再度回溫到 2005 年的水平，達到 586,530 人；惟財務收支短絀仍達 5617 萬。2011 年至 2014 年期間的相關量化數據與 2010 年相差不多。2015 至 2017 年，雖呈現了「常」〔註69〕的民俗節慶事象結構，惟持續低盪滑落的入園人數規模、收支財務短絀額度及外溢經濟效益〔註70〕，皆回歸停格於難以為繼的困境狀態中。值得繼續觀察的是，入園人次與財務短絀數據的明顯墜落跡象，竟然重現與 2004 年 2005 年相較的數據型模〔註71〕，於本文截稿前閉幕的「2017 宜蘭國際童玩藝術節」，入園人數來到 34 萬人次的新低，新民俗節慶市場化的困境隱然再現；新民俗傳統的護持，落入了類傳統非物質文化需用心保護的嚴肅語境。

表 3-4　「宜蘭國際童玩藝術節」2010 年復辦起至 2015 年動態趨勢表

年度	2010	2011	2012	2013	2014	2015
天數	44	44	44	51	51	51
入園人數	586,530	527,035	441,176	520,396	526,279	378,007
收入	133,862,120	105,358,120	102,382,265	113,374,875	102,263,425	53,248,550
支出	190,038,810	139,076,354	125,578,000	125,578,000	125,578,000	125,578,000
短絀	-56,176,690	-33,718,234	-23,195,735	-12,203,125	-23,314,575	-72,329,450

〔註68〕籌辦宜蘭國際童玩藝術節的財務來源有三：中央政府補助、宜蘭縣政府自編公務預算、童玩節慶活動收入。惟 2010 年前，宜蘭縣政府自編公務預算辦理童玩節為 1996 年游錫堃為創生節慶編支 700 萬，其後均大部份仰賴自主盈餘。

〔註69〕即解釋民俗學中所關注民俗事象之形式及其民俗內容，呈現常態無大異之型模穩定狀態。

〔註70〕相關數據詳如「表 3-1　宜蘭國際童玩藝術節 2010 年復辦起至 2015 年之動態趨勢表」。

〔註71〕限於本文篇幅及宜蘭國際童玩藝術節的節慶變遷事態觀察中時間縱深之必要，再生階段之新民俗特質容另日田野調查徵得實證後再論。

六、「宜蘭國際童玩藝術節」的民俗過程與經驗範式

　　諸如歐美先發社會藉民俗文化元素，振興城市獲社區的經驗，「宜蘭國際童玩藝術節」的創生過程，甚至漸進發展以民俗展演創生宜蘭「文化立縣」治理傳統的形成，皆與早發社會遙相呼應且若合符節。「宜蘭國際童玩藝術節」一如歐、美、日等早發社會，藉由公部門偕同專家菁英介入的手段與過程模式，創造非語境化的民俗展演場景，內化了民俗展演屬性與結構紋理取得了新的發展形勢與話語空間。再者，「宜蘭國際童玩藝術節」作為宜蘭新民俗象徵的意義系統，自 1996 年創生迄今，皆擇定於溽暑 7、8 月各級學校暑假之親子家庭期間，辦理於「冬山河親水公園」，常律性的便利學童及家庭的周期時間形式，例行性的重遊舊地標式地景空間的特定時空，使「宜蘭國際童玩藝術節」俱足解釋民俗學中「民俗事象形式」〔註 72〕的確立元素。規律性的時空節律，複合「宜蘭國際童玩藝術節」謹守表演民俗學中「演出」、「展覽」、「遊戲」、「交流」的兒童民俗節慶內容展演傳統下的「民俗意義」，結構化了傳統民俗節慶般「常」的民俗形式，以及內容展演〔註 73〕上指向「兒童為主」，創造蘭陽成為「兒童夢土」的民俗意義，確立了「宜蘭國際童玩藝術節」的民俗象徵符號系統〔註 74〕。

　　「宜蘭國際童玩藝術節」生成而為新民俗節慶的變遷過程，形構了「宜蘭國際童玩藝術節＝常態節慶」；「宜蘭國際童玩藝術節＝宜蘭冬山河親水公園」；「宜蘭國際童玩藝術節＝宜蘭民俗文化」；「宜蘭＝重視文化、很有文化」等地方性象徵。同時重建了「宜蘭國際童玩藝術節＝宜蘭」；「宜蘭國際童玩藝術節

〔註 72〕按林繼富、王丹民俗象徵的視角指出：「作為一種符號系統，民俗包涵形式（民俗事象）和內容（民俗意義）兩個層面。且兩層面的鏈接以及民俗意義的生成、發展與演變俱有內在的規律性。」，林繼富、王丹：《解釋民俗學》（武漢：華中師大出版社，2006 年）。

〔註 73〕按楊利慧、安德明在〈美國當代民俗學的主要理論和方法〉提及：旅遊景點的文化表演（Cultural Performance at Tourist Sites），實際上展示了個人和集體對於文化和社會的觀念，表演空間由表演者和參與者共同賦予意義，表演者積極地參與到選擇和決定「展示什麼？」的過程中。且認為：這個過程充滿了表演者的不斷協商，以及旅遊者、市場、政治以及社會風俗制度等的影響。宜蘭國際童玩藝術節為一官方主導創生的新生節慶，從台灣原住民祭典舞蹈及國際上不同兒童民俗，舞蹈等非語境化的匯集表演，再再表現了當代表演民俗學、城市民俗學或公共民俗學的特質了，來日容另文討論之。

〔註 74〕宜蘭國際童玩藝術節的創生過程，實即 1994 年 8 月 18 日宜蘭縣政府「開蘭 200 周年創意小組」以「營造宜蘭成為兒童夢土」策辦「國際兒童嘉年華」為「開蘭 200 周年」主體活動決議的具體實踐。

＝宜蘭文化」;「宜蘭國際童玩藝術節＝宜蘭傳統」;及「宜蘭國際童玩藝術節＝宜蘭精神」等宜蘭人新身分認同,系列符碼的意義系統與身分詮釋機轉。「宜蘭國際童玩藝術節」所歷經的「創生探索期」→「地方性與新傳統構成期」→「轉化與象徵再強化期」→「再生時期」等發展歷程,稱其為當代蘭陽社會文化史上最重大的政治文化事件之一,綜據本文上揭研究實徵,應稱允當無誤。

　　「宜蘭國際童玩藝術節」於宜蘭甚至台灣的時、空維度上交構積澱了特定意義的集體記憶,「泛童玩節社群」〔註75〕從創造者、參與者、表演者、觀體驗者及廣泛的認同者不同的歸因角色,共有了屬於童玩節的感情過程及共有共用的往事,發展而為高度具同質性的社會特質與集體心理,此一新生的童玩節特定文化進而產生高度內聚的自明性、符號性、象徵性的忠誠認同力。當集體記憶遭受斷鏈危機,在突兀強烈衝擊下所衍的急性焦慮心理,迅速外顯外溢而為強大的、堅決的集體維護意志及社會行動力與斷鏈阻抗力〔註76〕。「宜蘭國際童玩藝術節」停辦與重生,強烈衝突的集體記憶社會再生產過程,正意義精確的反向驗證了童玩節夙然儼俱的集體記憶而為地方象徵,尤為宜蘭人身分認同符碼的「準神聖性」了〔註77〕。

　　以新民俗學取徑關注當代新民俗事象的實徵研究〔註78〕,溯源考證宜蘭國際童玩藝術節的創生建構、兒童民俗表現形式、內容語彙及園區場址的意涵指涉等相關民俗事象的驅動源頭與核心動力,均指向地方政略先驗性立意介入地方價值創新與重建的系統施為,亦即宜蘭地方政團通過文化政治場域,形諸治理機轉的文化領導權實踐。宜蘭作為地域社會先行指標,「宜蘭國際童玩藝術節」尤為殊具側寫論證趣味的民俗重建與鄉土運用的代表作;新

〔註75〕筆者歸納停辦童玩節事件發酵階段,實徵公共論域中或社會抵抗行動中極力表達復辦傳承意見者群,以名之。

〔註76〕按法國社會學家 Maurice Halbwachs 註解「集體記憶」為一個特定社會群體之成員共用往事的過程和結果。廣義的集體記憶指的是一個具有自己特定文化內聚性和同一性的群體對自己過去記憶。從狹義來看,集體記憶專指非歷史學的對歷史的記憶。Maurice Halbwachs 著,畢然郭金華譯:《論集體記憶(ON COLLECTIVE MEMORY)》(上海:上海人民出版社,2002 年)。

〔註77〕筆者個人歸納實徵現象研究後的理解註腳,為便讀者理解,遂以名之。

〔註78〕本研究思維及方法上,深受歐陸及美日民俗學「望向腳下生活世界」等方法論之影響。相關文獻主要參據楊利慧、安德明:〈美國當代民俗學的主要理論和方法〉;日本當代民俗學者菅豐:〈日本現代民俗學的「第三條路」──文化保護主義、民俗學主義及公共民學〉及福田亞細男:〈日本民俗學的至今為止和從今以後〉;歐陸 Wolfgang Kaschuba:〈從「民俗學」到「歐洲民族學」:研究對象與理論視角的轉換〉等視角。

節慶的創生，表現為文化系統與政治系統的整合交迭，為地方國家掌握地方文化領導權，貫徹意識形態與權力紋理主導特定民俗過程的先例。

第二節　在地脈絡空間的美學化與博物館化

　　宜蘭文化經驗的重構，有著另一條藉由物理性建築場館加乘博物館美學的知識與風雅的新興脈絡。游錫堃及其周邊智囊此一文化治理思維，循由激發地方官僚行政創意與新資源觀，展開而為先行且富進步性的「宜蘭縣史館」、「宜蘭設治紀念館」、「台灣戲劇館」、「宜蘭縣立蘭陽博物館」、「宜蘭美術館」，並結盟在地民間博物館、休閒農場、觀光工廠、社區文化館等「類博物館」，組織了「宜蘭縣博物館家族協會」等地方博物館系列風潮。智囊團援用歐陸生態博物館理論，鳥瞰宜蘭山水風物、生活方式、經濟生產等文化景觀總匯，以「蘭陽就是一座大博物館」的概念論述，作為宜蘭自我映像及自我凝視的身分基調。筆者基於章節議題邏輯，以「台灣戲劇館」屬傳統戲曲傳承之一實，納為第五章；「宜蘭縣史館」緣於事件脈絡及議題系統，歸納於前列第六章；「宜蘭縣立蘭陽博物館」的美學修辭獨特，轉借地方風物為場館形諸於外的建築品味，並以宜蘭地區生態系統為漸層結構，宏觀展現地方大地景，有其獨特與象徵性，故獨立論述於本章後節。本節將聚焦探討，具象映現抽象歷史政治的「宜蘭設治紀念館」，及借由日治時期為「台銀出張所」，戰後為台灣銀行宜蘭分行的跨時空歷史空間，轉譯為美學想像的「宜蘭美術館」，等地方文化資產中較具指標性的歷史建築空間，美學化、博物館化的先進意識與文化治理經驗。

一、治權更迭下的地方廳舍政治

　　噶瑪蘭地區因緣於地型、原住民強烈抵抗及清朝政治等因素，遲至 1796 年始在漢人入侵墾拓漸次漢化，墾首吳沙雖為尋求清廷官方背書其武裝入墾的合法性，在入墾次年即取得淡水廳同知何如蓮所授予的義首墾照〔註 79〕，但類此墾團自治的無政府狀態，卻在間隔 16 年後的 1812 年，清廷正式核定新設噶瑪蘭廳，分割淡水廳原形式性管轄的三貂角溪以南區域為單一行政轄區〔註 80〕，設立統治官署，才正式將斯地及原漢住民納入當代國家版圖，開啟了噶瑪蘭地

〔註 79〕宜蘭縣文獻委員會：《宜蘭縣志》〈卷首中〉（宜蘭：宜蘭縣文獻委員會，1969～1970 年），頁 4。

〔註 80〕陳淑均：《噶瑪蘭廳誌》（台北：成文，1983 年），頁 211。

區國家政權政治的流轉序曲。「設治紀念館」即在這一歷史起點意義下，觀看宜蘭在不同政權政體流轉長廊中所遺留的地方政治映象。清廷 1812 年 7 月納治噶瑪蘭，通判翟淦 1813 年於舊稱五圍的宜蘭城，即當今宜蘭市舊城東路、舊城西路、舊城南路、舊城北路等所環繞區域中心的新民路一帶，興建 6 座南向廳舍為噶瑪蘭廳署〔註81〕，1819 年復擴增規模。噶瑪蘭廳舊城也在楊廷理、翟淦與陳蒸等初任首長，相續籌謀中完成了城廓規模，1875 年宜蘭地方統治機關雖由噶瑪蘭廳改制而為宜蘭縣，縣衙署所在並無更易。但此官廳所在，在日本殖民政權 1895 年據台後有了劇變，該政權為了符應現代殖民的帝國擴張策略，穩固殖產效益，引進了西方醫療制度以區域地緣配置之考量，於清治廳舍斯處舊址改置台北縣宜蘭支廳西式診療所，命名為「宜蘭醫院」，直接隸屬台灣總督府管轄，成為與在地人生活密切連結且慣稱迄今的「宜蘭大病院」〔註82〕。

　　1895 年 6 月，日軍武力由北而下統佔宜蘭，地方治權易主為日本殖民政府台北縣宜蘭支廳，派河野主一郎為首任支廳長。日殖民政府於 1897 年 5 月展露了深耕殖民地的企圖心，宜蘭以支廳升格而為宜蘭廳，提升了地方統治機關層級之餘，更在 1906 年顛覆清廷宜蘭廳以城廓內舊城為統治中心的空間政治思維，一舉將宜蘭廳權力中心所在的宜蘭廳署及廳長官邸等 14 棟宿舍，大遷至宜蘭舊城河外之西南郊，亦即當今宜蘭市舊城南路「宜蘭設治紀念館」區帶，佔地規模達 6.05 公頃，以西方城市現代性的城市規劃觀，涵納了現代城市生活空間中的學校、公園、街役場及臺灣銀行，形成當時的政經中心〔註83〕。1920 年 7 月 26 日，日治台灣行政區域劃分巨幅調整，無視地方「建請存置宜蘭廳」的呼聲〔註84〕，公布宜蘭地區自該年 9 月起分設宜蘭、羅東及

〔註81〕宜蘭縣文獻委員會：《宜蘭縣志》〈卷首中〉（宜蘭：宜蘭縣文獻委員會，1969～1970 年），頁 6。

〔註82〕「宜蘭醫院」1895 年由日殖民政權台灣總督府創設，經歷 1945 年國民政府光復後移交中華民國台灣省政府為「台灣省立宜蘭醫院」；復經 1997 年第四次憲法增修條文第九條第三項，於 1998 年將台灣省移除「地方自治團體」地位，「台灣省立宜蘭醫院」於是配合精省改直轄為「行政院衛生署立宜蘭醫院」；2002～2005 年間游錫堃任行政院長，為改善宜蘭長期欠缺醫學中心等級醫療品質的困境，力促國立陽明大學以醫學院之專業進駐宜蘭，輔以時任區域立委林建榮及宜蘭衛生局長劉宜廉博士多方協調，「行政院衛生署立宜蘭醫院」於 2008 年改制為「陽明大學附設醫院」迄今。

〔註83〕《台灣寫真帖第壹集》1915 年。

〔註84〕《台灣日日新報》1920 年 7 月 28 日報導：1920 年 7 月 17 日報導宜蘭居民召開「建請存置宜蘭廳大會」。

蘇澳共 3 郡直隸台北州〔註85〕，原統理宜蘭全區的宜蘭廳解散，廳署則轉為轄區降格的宜蘭郡專屬的郡役所使用。

　　1941 年 12 月第二次世界大戰發，在這國際激烈衝突系列中，日本藉口盧溝橋事件挑動侵中戰爭，中國政權在蔣介石主導下被動展開中國抗日戰爭，延燒太平洋戰爭為呼應第二次世界的亞洲衝突軸線，台灣矛盾的政治與戰爭處境，終於在 1945 年 8 月 15 日在日本戰敗無條件向中國投降後獲得緩解。接收台灣的中華民國政府在 1946 年 1 月 16 日，成立台北縣政府轄含宜蘭地區，設宜蘭區、羅東區、蘇澳區與宜蘭市等四行政區域。1949 年台北 228 衝突事件動盪擴大，中華民國臺灣省政府主席兼臺灣省警備總司令陳誠於 1949 年 5 月 19 日頒布《臺灣省政府、臺灣省警備總司令部布告戒字第壹號》的戒嚴令，宣告自同年 5 月 20 日零時起臺灣省全境實施戒嚴〔註86〕，台灣社會高壓肅殺，白色恐怖統治時期，宜蘭地區亦有 30 餘人受害，其中同年 3 月 19 日所發生「頭城媽祖廟活埋事件」，駭然喪命六人中更包括時任省立宜蘭醫院院長的郭章垣〔註87〕，更是震撼宜蘭社會。台灣社會動盪稍事平息後的 1950 年 10 月 10 日，宜蘭復縣，廣東中山大學法律系畢業的官派縣長方家慧，擔當宜蘭地方自治選舉前近 7 個月的過渡鋪陳任務，籌辦產生首任民選縣長盧纘祥後，即在 1951 年 6 月 1 日交接地方治權，開始了宜蘭縣民主選舉的社會集體學習之路。縣政府的官務運作空間則承襲日治宜蘭區署舊址，盧纘祥 1952 年增建縣長室、餐廳等，1954 年增建福利社。第 7 屆、8 屆縣長李鳳鳴，1974 年於舊城南路原址重建完成 4 層宜蘭縣政府大樓。

　　1987 年 7 月 14 日，蔣經國以總統身分宣布解除台灣地區長達 38 年的戒嚴狀態，台灣社會經濟日豐，政治氣氛開始多頭活耀鬆動，宜蘭更在 1981 年尚處戒嚴階段，選舉出富進步意識的少壯黨外菁英陳定南膺任第 9、10 屆宜

〔註85〕宜蘭縣文獻委員會：《宜蘭縣志》〈卷首中〉（宜蘭：宜蘭縣文獻委員會，1969～1970 年），頁 34。

〔註86〕按《戒嚴法》規定：「在宣布戒嚴期間，由戒嚴地域的最高司令官掌管行政事務及司法事務」，等同於軍事統治，執政者以外有中華人民共和國併吞台灣壓力，延伸國共內戰之非常時期行戰時管理，壓制人民自由與基本人權，包括集會、結社、言論、出版、旅遊等權利，形成了台灣社會創傷深烙的「白色恐怖時期」。

〔註87〕郭章垣（1914 年～1947 年），台灣嘉義人，留學日本慶應義塾大學取得外科醫學位，1946 年 5 月接任省立宜蘭醫院院長，曾擔任「二二八事件處理委員會宜蘭分會」主委協商官民兩方，迄頭城慶元宮（即媽祖廟）遇害時，任期僅 10 個月。

蘭縣長，壯盛了地方主體性，以系列衝撞威權象徵的膽識與政治魅力，開始了宜蘭先行的由地方解構國民黨一黨獨大的黨國體制的政治抵抗與變革道途。遷建宜蘭縣政府及整合中央政府派駐機構官廳的「宜蘭縣政中心計畫」始於 1989 年，縣長任末的陳定南倡導了「空間親民化」、「環境公園化」與「建築在地化」等三大空間策略，

在有關官僚廳舍配置的原則上，陳定南概念中期待，行政機構所在的縣政府行政大樓與作為地方立法機構的縣議會不應比鄰而立，而應在空間意義上表達出機關間相互制衡與對等配置的態勢，一如美國京畿之華盛頓政府廳衙配置關係，相峙其中的空間則以較顯軟性調和的文化設施，如地方戲劇中心或綠地公園來緩衝〔註 88〕。

繼任第 11 及 12 屆縣長的游錫堃，則親力親為的要求在其個人縣長任滿前完成縣政府遷置之里程碑，於 1997 年 1 月 28 日促成宜蘭縣政中心嶄新行政區竣工，啟動遷入於 1997 年 3 月驗收啟用。新縣政中心以觀照全蘭陽，適位於平原中心區，宜蘭縣政中心土地都市計畫案於 1987 年提案，1995 年內政部土地變更通過，計劃面積含中央派駐宜蘭司法、審計單位機關用地、新生住宅區、眷村遷建及部分既有村落和中小學校園、綠地公園等共約 238 公頃，主要發展區面積 112 公頃〔註 89〕。從官治廳舍空間策略的論述議定，到土地徵收及整體配置到細部設計施工，一貫以視覺層次、流暢動線及溫婉空間轉換，融合質樸親善的原石、紅磚及木質觸面等建材元素，外輔以假山、庭園、樓閣、塘池及青綠花木，營造了美善招呼、敞懷迎人的親切意象，轉換了一派冷硬衙廳權威的常規典範。以營造新官廳實踐新建築行動，示範宜蘭新建築運動、發展地方風物地景意義性之論述，激發各公部門公共建築美學觀，形成民間地貌改造及設施改良之生活美學風氣。從前述宜蘭縣治歷經前清、日治、國府時期三次遷建流變，證諸官衙建築型式及空間語彙所表彰的統治意志及空間哲學，讓我們觀察到，當權者對被統治者及權利範疇中展示權威的意識形態基礎，也俱已伴隨變遷了。

〔註 88〕郭旭原：〈六十三的意義　悼念陳定南先生〉，參據《準建築人手札網站》2006 年 12 月 1 日發表文。郭為當時承擔縣政中心規劃之「象集團」與郭中端建築師團隊的規劃專業成員。

〔註 89〕宜蘭縣政政府：《擬定宜蘭縣政中心地區細部計畫並配合變更主要計畫案》（宜蘭：宜蘭縣，1997 年）；宜蘭縣政府於民國 1997 年 7 月 19 日發布實施後以區段徵收方式辦理開發，作為遷建縣政府辦公大樓之需。

二、城市主體性與文化資產意識的甦醒

　　宜蘭縣政府位於舊城南路區帶所屬都市計畫，係緣起日治殖民政權 1932 年間所發布實施，1945 年中華民國接收後延續適用其規範，至 1979 年因都市發展需求壓力擴及舊城區外，1779 年李鳳鳴縣長按「都市計畫法」程序提案擴大都市計畫範圍，該提案遲至 1983 年陳定南接任時期始核定實施，確認了當今縣城配置基礎。1987 年陳定南希望為宜蘭市新階段發展奠基，構想推動宜蘭縣政府史上第三次公務核心廳舍南遷課題，並活化繁榮縣廳遷除後舊址周邊，進一步提案了《變更擴大宜蘭都市計畫（第一期公共設施保留地專案通盤檢討暨第一次通盤檢討）》案，該提案冗長的審議程序，也遲至 1991 年游錫堃接任縣長後獲內政部都市計畫委員會認可；惟內政部都市計畫委員會該核定，雖同意原編定為「機一」及「機三十三」的日治時代以來的舊縣府廳舍用地，變更作為未來供民間住宅區及商業區使用前應另提細部計畫，按都市計畫法規定再次完成審議之後始得處分舊廳土地，另為建築〔註 90〕。

　　1995 年游錫堃承續前述核定計畫要求，針對縣廳舊址區帶續提《擬定宜蘭市都市計畫（南門地區）細部計畫並配合變更主要計畫（部分住宅區為商業區）說明書》，又稱「南門地區細部計畫」，即俗稱「南門計畫」〔註 91〕，於 1997 年 5 月公告適用，首見在規畫內容中強調：「保存並強化建築文化資源」，具體「以舊城南路景觀塑造為主導，延續並開創歷史護城河新意象」，並期待在「加強宜蘭歷史性記憶」的原則上，做到「尊重地方性歷史人文資產，保存縣長官邸及監獄入口辦公廳建築」，以區內「縣長官邸」、「歷史石墻」、「監獄門廳」及成蔭老樹群為保存核心；更在發展架構上揭露「以國小教室作為民俗藝坊及傳習所」、「台銀建物作為民俗資料圖書館」、「縣長官邸作為縣史館」、「酒廠煙囪保留作為歷史性地標」及「酒廠廠房作為美術館、手工藝館、產業展示館、民俗俱樂部」等〔註 92〕，大量引用文化資產或復振民俗

〔註 90〕宜蘭縣政政府：《變更擴大宜蘭都市計畫（第一期公共設施保留地專案通盤檢討暨第一次通盤檢討）公告》（宜蘭：宜蘭縣，1991 年）。

〔註 91〕宜蘭縣政府：《擬定宜蘭市都市計畫（南門地區）細部計畫並配合變更主要計畫（部分住宅區為商業區）說明書》（宜蘭：宜蘭縣政府，1997 年）。詳見前列計畫第一章「緒論」。宜蘭縣政府 1997 年 5 月 5 日以府建都字第 50768 號發布適用。

〔註 92〕宜蘭縣政府：《擬定宜蘭市都市計畫（南門地區）細部計畫並配合變更主要計畫（部分住宅區為商業區）說明書》（宜蘭：宜蘭縣政府，1997 年）。詳見前列第三章「發展構想」。

作為區域振興的文化治理策略。

　　此區歷史與建築文化複合的元素，植基自 1895 年日治台灣後，殖民政府改清治地方制度為宜蘭地方廳，初置宜蘭支廳，1897 年升格行政階序為宜蘭廳，初沿用廳社於舊城堡中心宜蘭街即原清治宜蘭縣署；後因原縣署陳舊失修，日治政權轉移發展重心至舊城廓之南擇地另建新式西化公廨及日式官方宿舍群落，首長官邸由日治時期首任宜蘭廳長西鄉菊次郎所籌建，當今修復轉化為「宜蘭設治紀念館」，自日治首長到陳定南、游錫堃等都嘗在此留下歷史烙印。官舍構造形式為混合磚砌與木構造支覆瓦日式平房，坐南朝北，周邊圈以石砌短牆，建坪規模佔約 4170 餘坪〔註93〕，為日本木造房舍與西洋建築混融並現的建築形式，各立面呈現強烈混搭建築文化的「和洋式風格」。

三、印記地方官治流變的「宜蘭設治紀念館」

　　按陳定南時期所提審獲確認之《變更擴大宜蘭都市計畫（第一期公共設施保留地專案通盤檢討暨第一次通盤檢討）》〔註94〕，僅規畫縣廳舊區付諸變更為商業區及住宅區活化使用，並無明細規劃作為，按公務部門執行慣例，通常需清除全部既有建物，再行標售點交民間開發使用，無法保存個別舊有建物。游錫堃 1995 年接手提出「南門地區細部計畫」在，以文化資產保護調查結果為念，主張以舊縣長公館為中心之舊建築群為首波保護且活用之標的；此一歷任行政首長官邸建於 1906 年，與宜蘭舊縣政府比鄰而居，即今日宜蘭市舊城南路力行 3 巷 3 號。1997 年 3 月 13 日發包文化資產專業修護匠師整復，1997 年 12 月 13 日歷任地方首長官邸經修護復原，啟用為「宜蘭設治紀念館」〔註95〕，2001 年 6 月 29 日進一步依據文化資產保存法公告為「歷史建築」。

　　游錫堃推動舊首長官邸從歷史建物轉化為活態體驗空間的時點，主要落在 1995 至 1997 年期間，該階段已是游錫堃縣長第二任期之末，正處於施政理念純熟並自信宣揚宜蘭「文化立縣」理念與成績的臨別高峰〔註96〕。本研

〔註93〕林玲玲：《宜蘭縣文職機關之變革》（宜蘭：宜蘭縣政府，1997 年）。

〔註94〕宜蘭縣政府：《變更擴大宜蘭都市計畫（第一期公共設施保留地專案通盤檢討暨第一次通盤檢討）》（宜蘭：宜蘭縣政府，1991 年）。

〔註95〕林玲玲：《宜蘭縣文職機關之變革》（宜蘭：宜蘭縣政府，1997 年）。

〔註96〕游錫堃縣長的第一任期起於接任陳定南的 1989 年 12 月，第二任期迄於 1997 年 12 月。

究前揭各主要民俗文化治理及創意行政成果，皆已隆盛而為台灣社會所高度關注與肯定的地方象徵與住民光榮感印記。宜蘭縣政府1996年，特商請夙守在地歷史研究領域的專家陳進傳，接任文物史料蒐集與調查研究的主持人，主導並評估以博物館化策略策展宜蘭地方史的可能方案與脈絡結構。陳進傳以對地方史之嫺熟及故鄉史識，擇取以1810年代清廷納噶瑪蘭入版圖為策展起點，迴避使用清代官方文獻以納治事件為「開蘭」之慣稱，另號以「設治紀念館」，而非「開蘭紀念館」；一則將「開蘭」之事件命名權，讓渡予游錫堃團隊以1796年9月16日漢人墾首吳沙「率漳泉粵三籍流民千餘人入蛤仔難開拓，進烏石港，築土圍拓墾」〔註97〕事件為紀，於1991年開始以官方「開蘭195週年紀念日」〔註98〕重建宜蘭集體身分，逐年紀念推展在1996年的「開蘭200週年紀念日」達到最高潮，完備了宜蘭地方意義系統的論述，奠定了創「宜蘭國際童玩藝術節」及設「宜蘭縣史館」……等一系列文化政策實踐及民俗復振的地方改造實踐架構〔註99〕。避免以「開蘭」為紀念館名之二，在基於推動前述「開蘭200週年紀念日」大型社會動員計劃時，遭遇原住民及多元文化價值信念者質疑的衝突經驗，質疑「開蘭」用辭為漢族霸權沙文爭議，抵耗了進步文化作為的正當性與周延性〔註100〕。

當文物史料蒐集與調查研究主持人陳進傳，採擇了以清廷設治為策展起點，於是輔以「歷史地理」貫穿「大清來治」、「太陽旗下」及「民主世紀的來臨」、等範疇，展開了以清治、日治及中華民國政府時期三階段治權屬性的歷史軸線，調查並博物館化了宜蘭的地方官治歷史。廣邀了林正芳、邱彥貴、陳偉智及陳昭如等深耕宜蘭在地史的菁英群協力調查研究，清理各時期公文書及印信、書信等〔註101〕。在陳進傳率在地文史菁英投入並產出《宜蘭設治紀念館文物史料蒐集暨調查研究報告書》的典範架構導航下，宜蘭縣政府在面臨游錫堃任屆的執行壓力下，同時於1997年3月，發包了舊首長

〔註97〕宜蘭縣文獻委員會：《宜蘭縣志》〈卷首中〉（宜蘭：宜蘭縣文獻委員會，1969～1970年），頁4。

〔註98〕參據吳沙國中編：《吳沙公開蘭195週年紀念專輯》（宜蘭：宜蘭縣政府，1991年10月）；及《台灣新生報》1991年7月7日報導。

〔註99〕參據《「宜蘭紀念日」200周年系列活動「水・綠・健康」系列活動工作計畫》（宜蘭：宜蘭縣政府，1996年）。

〔註100〕有關爭議過程，本研究第二章第三節已有詳論。

〔註101〕陳進傳：《宜蘭設治紀念館文物史料蒐集暨調查研究報告書》（宜蘭：宜蘭縣政府，1997年6月）。

官邸予文化資產專業修護匠師整復的採購合約，迅速地於同年 1997 年 12 月 13 日修護復原歷任地方首長官邸，啟用為「宜蘭設治紀念館」〔註 102〕。該館以結合空間體驗及歷史文本的時空氛圍，常態性展出宜蘭設治相關史料，不定期規劃主題展覽，墜入歷史實境長廊般的表述著宜蘭設治 200 多年的歷史、文化與社會變遷，尤其是統治形態的變遷〔註 103〕，抽象歷史政治於是具象映現。

　　有關倡導縣長官邸作為「宜蘭設治紀念館」之實踐行動。游錫堃劍及履及的搶先於其縣長任期屆滿的 1997 年，如戲曲搬演般的，先行運用行政權敦請來「文場」主角陳進傳，擔綱評估轉化為「宜蘭設治紀念館」應為最適方案後投入《宜蘭設治紀念館文物史料蒐集暨調查研究》，另方「武場」拚臺般的修護啟用已如前段所述；惟宜蘭縣政府名正言順，真格的經由都市計畫將所欲保存並活化的歷史建築空間納為法定管制範疇的程序，其實係在游錫堃卸任後的 1999 年，始由接任縣長的劉守成提出《變更宜蘭市都市計畫（南門地區）細部計畫（通盤檢討）》案，具體明列區內「指定保留構造物」包括：「設治紀念館〔註 104〕、監獄門廳、設治紀念館東側巷道之清水紅磚牆、自治丕基紀念碑及清代石砌牆」；明列「建議保留構造物」包括：「舊主秘公館、舊農校校長宿舍、監獄牢房、監獄哨台及圍牆」等劃為融合歷史空間、歷史建築及老樹群的「南門文化園」，並訂下管制、設計、獎勵等剛性規範條款〔註 105〕經內政部都委會審定，2000 年 11 月終於修成正果公告適用，至此「南門計畫」下的「南門文化園」，串聯了舊首長官邸為「宜蘭設治紀念館」、舊主秘公館、舊農校校長宿舍等為一承載政治紋理及日式風情的文化空間，而此區經都市計畫命定為：需永久保存的「指定保留構造物」及「建議保留構造物」的歷史建築，進一步在 2001 年 6 月 29 日，經宜蘭縣政府文化資產審議委員會按「文化資產保存法」審定為縣級歷史建築類的文化資產〔註 106〕，增披了一層保存及使用方式與提供管理資源的法制保障。

〔註 102〕游錫堃末任的第 12 屆縣長任期，於 1997 年 12 月 20 日屆滿交接。

〔註 103〕林慧敏：〈歷史建築再利用之研究：以宜蘭設治紀念館為例〉（花蓮：國立東華大學，2010 年），鄉土文化學系碩士論文。

〔註 104〕舊首長官邸，首次於都市計畫名詞中正名為歷史博物館化的「設治紀念館」。

〔註 105〕宜蘭縣政府：《變更宜蘭市都市計畫（南門地區）細部計畫（通盤檢討）》（宜蘭：宜蘭縣政府，2000 年），89 年 11 月 16 日府建城字第 123699 號公布適用。

〔註 106〕宜蘭縣政府：《宜蘭縣文化資產審議公告》（宜蘭：宜蘭縣政府文化資產審議委員會，2011 年 12 月 21）。

四、「南門林園」歷史空間指標區帶的熟成

1997 年，游錫堃主政的宜蘭縣政府所提出的《擬定宜蘭市都市計畫（南門地區）細部計畫並配合變更主要計畫（部分住宅區為商業區）案》，即在內容中的第二章以「發展目標與規畫構想」為宜蘭市系統性的表述了「強化地方性空間文化」及成為地區「文化重鎮」的城市策略觀，並設定「發展遠景」應以「維護並展現歷史老城的特質」，「保存並強化建築文化資源」，保護並活化歷史空間區塊「以舊城南路景觀塑造為主導」，甚至首次具體指出以「酒廠廠房作為美術館」、「台銀建物作為民俗資料圖書館」、「縣長官邸作為縣史館」等地方博物館進駐轉化歷史空間方案〔註 107〕。在 1999 年提出《變更宜蘭市都市計畫（南門地區）細部計畫（通盤檢討）》案，宜蘭縣政府具體建議於都市計畫有規範力之公文書中明列區內「指定保留構造物」，除設治紀念館外尚包括監獄門廳等；「建議保留構造物」部分則尚包括舊主秘公館、舊農校校長宿舍等「南門計畫」下的「南門林園」。

年有進境的是，2004 年宜蘭文化局以創設「宜蘭文學館」為鵠的，重新修護「舊主祕公館」及「舊農校校長宿舍」等兩歷史建築為宜蘭文學博物館空間。惟所評估方向雖導向以設立宜蘭文學館達成歷史空間再利用，但限於宜蘭縣文化局欠缺博物館管理營運能力及穩健之財務資源，經營型式只得尋求委外經營管理，但曲高和寡，總欠缺民間東風，最終只得降低委託資格要求與契約條件，商得當時宜蘭素有好評的「當代絲竹樂團」以法人身分進駐承受委託，宜蘭文化局同時妥協以長約提供低租金及低權利金降低其負擔外，並同意該團改變「宜蘭文學館」之初旨定位，易稱為「九芎埕藝術廣場」〔註 108〕，且以該團音樂專長將舊農校校長公館改策展為「音樂館」展示絲竹樂器及周邊文本，又以提供園區飲食消費空間之需要及增進營收誘因，通融該團邀入在地知名日本料理「武藏坊」，以「美食館」型態掛牌營運餐廳；契約之前三年，宜蘭文化局並以委託絲竹樂團推廣音樂藝文活動之模式，定額補助絲竹樂團之年度藝文推廣經費〔註 109〕。主持「九芎埕藝術廣場」的靈魂領袖為該樂團兼任指揮李建興，同時是宜蘭復興國中專任樂團指揮及音樂教

〔註 107〕宜蘭縣政府：《擬定宜蘭市都市計畫（南門地區）細部計畫並配合變更主要計畫（部分住宅區為商業區）說明書》（宜蘭：宜蘭縣政府，1997 年）。詳見第二章「發展構想」，於 86 年 5 月 5 日以府建都字第 50768 號發布適用。

〔註 108〕取宜蘭舊城舊地名「九芎城」為典故。

〔註 109〕宜蘭文化局招標公告及委託合約文本。

師，藝術廣場營運及年度推廣活動率以音樂為主，例如 2009 年以「當代樂坊九芎埕音樂祭」為代表，在九芎埕藝術廣場由當代樂坊首創純竹樂器擔綱演出，邀來德國人聲樂團襄贊演出〔註 110〕。該委託合約期滿後，經檢討後仍回歸「宜蘭文學館」規劃初衷，宜蘭文化局於重新委託策展規劃後，於 2011 年 12 月 21 日宣布「宜蘭文學館」正式開幕，以系列在地文學活動註腳宜蘭文學館開幕元年，其場館空間調整為「舊主祕公館」委外為風雅輕食兼動態文化活動推廣空間；「舊農校校長宿舍」則提供為文學策展與文學專題互動的斯文場域。

　　於 2000 年《變更宜蘭市都市計畫（南門地區）細部計畫（通盤檢討）》案中，同時被劃列為「指定保留構造物」的舊宜蘭監獄門廳，建築於日治帝國入佔宜蘭的次年即 1896 年，從建築的歷史社會學分析，統治者的建築行為與城廓配置，完全服膺典型的殖民專斷政權由社會控制機構先行的政治風險控管原則，其統攝手段伴隨著統治廳衙、軍警營區及關押等權威機構，滲透肅殺鎮嚇之社會氛圍，達成立即有效統治的權力保障效應。這舊宜蘭監獄門廳的歷史建築，與同計畫中「指定保留構造物」及「建議保留構造物」等保存標的群，同時於 2001 年 6 月 29 日，經宜蘭文化資產審議委員會審定為應保存之文化資產。宜蘭縣政府根據「文化立縣」政略，盤點了宜蘭城的文化資源及景觀動線後，以串聯各資源點為復振舊城區發展活力與改良小城經濟生態結構的套裝，投入了鳥瞰統整軸心區域的「舊城振興行動計畫」，評估後擇定自宜蘭火車站、宜蘭行口、迎賓紅樓（今站前丟丟銅廣場、幾米廊道）、中山公園、九芎埕人文空間（舊監獄門廳、哨塔等要求新建物退讓的公共開放空間）、設治紀念館、音樂館（今文學館）、宜蘭酒廠、宜蘭社福大樓（宜蘭河堤公園右岸）為一系列性連串之人文步道，沿舊城東路、舊城南路直至宜蘭河畔，形成一個城區走廊輪廓類似一輪新月的振興標的區域。而這區域的核心腹地即是舊城區內原宜蘭監獄搬遷至三星鄉後變更為 2 點 5 公頃商業區，2005 年由環華豐公司標得興建新月百貨與晶英飯店的「蘭城新月廣場」，與其西側臨近蘭城新月廣場旁，99 年底由慈濟基金會高價介入接手約 1.6 公頃的住宅區用地，與設治紀念館及宜蘭文學館等。而都市計畫及文化資產中列為「指定保留構造物」的舊宜蘭監獄門廳等，則包裹在 2005 年標售的蘭城

〔註 110〕《自由時報》2009 年 10 月 21 日以〈當代樂坊純竹樂團　24 日亮相〉為題報導。

新月商業區中，宜蘭縣政府要求獲標廠商於開發中保留並依規範修復活化，目前蘭城新月公司已報准宜蘭縣文化資產審議委員會以「藍屋餐廳」營運中。

另則前述計畫中，倡導以宜蘭酒廠「作為美術館」或「酒廠煙囪保留作為歷史性地標」及「酒廠廠房作為手工藝館、產業展示館或民俗俱樂部」等民俗博物館」之實踐部分，確也在服膺此一地緣發展策略的原則下，由宜蘭縣政府於 2007 年提審《變更宜蘭市都市計畫（第二次通盤檢討）》案，將富含縣酒即「紅露酒」等釀酒文化的酒廠及其腹地，一舉全盤變更為「酒廠文化專用區」〔註 111〕。宜蘭酒廠位於宜蘭城舊城西路，與宜蘭設治紀念館及宜蘭文學館斜街對望，係 1909 年日治時期由宜蘭士紳林青雲鳩資創立的民營企業「宜蘭製酒公司」，以烏豆酒、米酒、當歸酒、米酒頭等米製酒起家，尤其是紅露酒至今不衰，係當時宜蘭指標性大企業。1920 年日商介入及商業考量改組為「宜蘭製酒株式會社」，1922 年日殖民政府為拓展財稅基礎，立專賣制度收歸公營，隸屬為台灣總督府專賣局之宜蘭出張所，1929 年業務成長升格為宜蘭支局。戰後 1945 年日戰敗，中華民國政府接收入台灣省專賣局，1957年取名台灣省菸酒專賣局宜蘭酒廠，2002 年台灣公賣制度變革為台灣菸酒公司宜蘭酒廠。後為因應菸酒開放之競爭，一度展開遣散員工準備歇廠，後調整純粹生產模式為觀光工廠及酒類文創雙活潑營運模式，尤其在民國 1998 年里程碑式的，以酒廠生產廠房等酒類工業生產展示體驗，及漢傳統中的製酒與飲酒等文化資財，博物館化「甲子蘭酒文物館」〔註 112〕。

五、「宜蘭美術館」芻議與實現

有關倡導台灣銀行宜蘭分行舊營業廳舍「作為民俗資料圖書館」部分，在實踐行動過程中有了轉化而為「宜蘭美術館」的大改變。游錫堃團隊以台灣銀行宜蘭分行舊營業廳舍，具跨越日殖民史與民國史的歷史意義，陳述著近現代宜蘭的地方經濟活動與金融變遷史；且站立於都城中心的建築量體，雖經改建仍強調對稱（symmetry）、比例（proportion）、構成（composition）、尺度（scale）等古典主義美學傳統，是一見證世代變遷，造型平衡與軸線鮮明值得保存的建築語彙。惟該行舍系屬國庫銀行資產，所有權及管理權俱掌握於台灣銀行總行，宜蘭縣政府雖有取得台銀舊行舍博物館化為「宜蘭美術館」主場館的主觀

〔註111〕宜蘭縣政府：《變更宜蘭市都市計畫（第二次通盤檢討）》（宜蘭：宜蘭縣政府，2007 年）。於 2007 年 6 月 20 日以府建城字第 0960076701A 號發布適用。
〔註112〕宜蘭酒廠：《甲子蘭酒文物館導覽說明手冊》（宜蘭：宜蘭酒廠，2017 年）。

意願，但台銀被動並不樂意，宜蘭縣政府曾尋求都市計畫變更手段，逕行循南門細部都市計畫劃設南門文化園的模式，以台銀舊行舍為「指定保留構造物」或「建議保留構造物」的歷史建築理由，主導變更位於商業區的該建物所在土地為文教博物館用地，惟受限於法規及台銀態度的不可行，而遲難進展。游錫堃雖一度倡議以台銀提供舊行舍作為「宜蘭美術館」，並遷建新行舍至其腹地西側，則縣政府願協助為台銀新行舍爭取更高容積率等建築使用空間的利多，也未獲得具體協議，縣政府也欠缺資源片面推進。

　　直至 2002 年劉守成縣長第二任期，宜蘭縣政府取得行政院文建會活化歷史建築先期評估規劃補助經費，始發包《宜蘭縣立美術館設計規劃案》，委託李天鐸建築事務所在台大城鄉基金會宜蘭工作室陳育貞等協助諮詢下，經由歷史調查、公共問卷及三場官、學及宜蘭民間藝術創作代表菁英對談等操作過程後完成〔註113〕。宜蘭縣政府雖未能展開都市計畫手段，但卻如實的在 2002年 9 月 20 日，經由得以主導的宜蘭縣文化資產審議委員會，通過審定公告台銀宜蘭分行舊營業廳舍為縣級歷史建築類文化資產〔註114〕。

　　台銀宜蘭分行舊營業廳舍原始建物是一棟建於 1898 年宜蘭的二層樓建築，總面積約在 400 坪左右，為日治時期「台銀宜蘭出張所」設立所在，係源於 1898 年「台灣銀行創立委員會」於日本東京決議以五百萬元總資本額，在台北正式設立總行，並政策性決定展開全島營運網絡，1899 年開始於宜蘭佈建「台銀宜蘭出張所」，另分別於嘉義、台中、嘉義、新竹、滬尾、鳳山及澎湖島設立六家支店。有關宜蘭出張所設立地點，《宜蘭縣志》記載指初設於宜蘭廳本城堡宜蘭街坤門，亦即南門〔註115〕；在設立時間部分，建築史學者陳志梧主張宜蘭出張所建於昭和 3 年（1928 年），蘇美如則指宜蘭出張所建於明治 32 年（1899 年）〔註116〕。日本大藏省 1927 年為因應斯時日本金融界因超貸出所形成的大恐慌，修訂「銀行條例」及「銀行儲蓄法」，規範各銀行應

〔註113〕李天鐸：《宜蘭縣立美術館設計規劃案結案報告書》（宜蘭：宜蘭縣政府，2002年）。

〔註114〕宜蘭縣政府：《宜蘭縣文化資產審議公告》（宜蘭：宜蘭縣政府文化資產審議委員會，2002 年 9 月 20）。

〔註115〕參據宜蘭縣政府：《宜蘭縣志》（宜蘭：宜蘭文獻委員會，1970 年），頁 51。惟《台灣日日新報》1907 年 11 月 21 日曾以〈銀行新築〉為題，報導台銀出張所原設於宜蘭舊城中心東門街，因行舍空間過於狹隘老舊，重新擇定南門新址重建新式建築。

〔註116〕參據李天鐸：《宜蘭縣立美術館設計規劃案結案報告書》（宜蘭：宜蘭縣政府，2002 年）。

合併或廢止出張所及派出所，派出單位均應回歸受大藏省節制的支店設置作業，台灣銀行宜蘭出張所於是在 1928 年 1 月 1 日經核定升格為「台灣銀行宜蘭支店」〔註117〕。1936 年台灣銀行宜蘭支店建築，因配合宜蘭城發展及緊鄰新市區道路拓寬之必要，風雅古典的臨路建築立面被削卸大半，大量排擠壓縮了銀行營運空間及建築造型〔註118〕。

1935 年日本投降後中華民國政府接收，「台灣銀行宜蘭支店」隨即於 1936 年 5 月隨總行改銜「台灣銀行宜蘭分行」〔註119〕，惟因受前述 1936 年道路拓寬所形成之空間極限，台灣銀行於 1949 年委託台灣省政府建設廳公共工程局著手規劃並於同年 12 月重建完成新樓，請來時任台銀董事長的嚴家淦揭牌啟用。這樓地板面積 2161 平方公尺建物也就是保留至今並於 2002 年 9 月 20 日，經宜蘭縣文化資產審議委員會審定公告為縣級歷史建築類文化資產的「台銀宜蘭分行舊營業行舍」。也就因為前列標的建築實質置換的滄桑史，當游錫堃及劉守成展現勢在必得的強力實踐意志時，台灣銀行、建築史界、文化資產圈及民間的藝術創作界，甚至於部分行政部門，都嘗有該建築物是否符合歷史建築類文化資產的實質基礎及鑑識要件的另說；甚或提問「宜蘭真的需要一座美術館嗎？」、「美術博物館應兼具典藏、展示、美術教育、研究等實質機能與營運資源，宜蘭真準備好了嗎？」、「宜蘭美術館究應定位為在地美術館？台灣地區美術館？抑或國際級能見度美術館？」，尤有文化政策評估時經常性的提問與主體糾纏，墜入「究係縣民的生活美術館？或是藝術家們的美術館？」的服務主體中〔註120〕。惟時任縣長劉守成在 2002 年 11 月 30 日躬身出席主持「宜蘭縣立美術館設計規劃案期中簡報審查會議」時，一席「這個案子是前任縣長交下的，我們當然要想辦法讓它實現，假如萬一不行，我們也要毅然決然改弦更張，另外找地方蓋一個更大的」，斬釘截鐵的政策性宣示，宜蘭縣政府籌設「宜蘭美術館」的列車繼續前行；但因台銀態度及其遷置新館和合作案必要之繁雜程序、雙方經費等變數，仍拖宕到 2011 年 12 月

〔註117〕參據《台灣日日新報》1928 年 1 月 31 日以〈台灣銀行整理方針——得大藏省諒解〉為題之報導。

〔註118〕參據《台灣日日新報》1936 年 7 月 14 日以〈改築支店〉為題之報導。

〔註119〕參據宜蘭縣政府：《宜蘭縣志》〈卷 4 經濟志〉（宜蘭：宜蘭文獻委員會，1970 年），頁 50～58。

〔註120〕參據李天鐸：《宜蘭縣立美術館設計規劃案結案報告書》（宜蘭：宜蘭縣政府，2002 年）。有關頁 42、118「宜蘭縣立美術館設立評估問卷」調查分析與定位構想；及附錄四「宜蘭縣級美術館籌設事宜座談會」三場會議紀錄。

12 日台灣銀行宜蘭分行新建於舊行舍西後側的新式大樓歡喜喬遷啟用後，始開始舊行舍建築移交宜蘭縣政府，供宜蘭文化局於 2012 年接手進行舊舍結構補強及轉化作為美術博物館的機能性改修〔註121〕。2014 年 11 月 17 日舊台灣銀行宜蘭分行大樓移交借與宜蘭縣府作為「宜蘭美術館」的宿願，終如長年蒼松結新毬果般的開始了試營運，與地方社會展開了美學對話〔註122〕。「宜蘭美術館」從倡導立願，到與社會、機構間在公共論域中的衝突與協商，歷經 12 年、跨越 4 位主政縣長後，在 2015 年 5 月 17 日以「象徵與指涉──王攀元繪畫的『苦澀美感』」為題，展出長居宜蘭的國寶畫家王攀元最後一幅畫作「英雄淚」，及其藝術生涯的指標創作等，呈現一代大家的美學思維、表達型式和藝術道途的苦澀與救贖策為開幕首展。

　　主劃宜蘭美術館的宜蘭文化局官員雖在文宣及新聞稿定位其為地方美學最高殿堂〔註123〕，也在官方網站鋪陳「宜蘭美術館的成立，將引領宜蘭美術美麗身轉，讓外界看到宜蘭美術之美，也讓在地美術得以與台灣、國際深度對話，成為宜蘭最美麗的視窗」等浪漫願景，只是籌謀過程中各界對美術館發展主體及定位有關的「誰的美術館？」、「哪裡的美術館？」、「創作、文化經紀、策展及文化經濟能量？」等嚴峻提問，都可能尚待且戰且走的驗證與回應了。

第三節　地方風物與象徵建築的蘭陽博物館

　　宜蘭東北海濱特有的「單面山」海蝕礁岩，遙與太平洋中龜山島相望的地景，在蘭陽博物館設計師姚仁喜的元素掬擷擬摩下，成為步入設展宜蘭人文地理的蘭陽博物館，常設於藍天碧海間的感性大地展，視覺鮮明且徜徉的對仗著，陳述著富涵想像的宜蘭這地方。

一、博物館作為政治與文化的介接場域

　　傳統的博物館，總外以偉美建築量體標示知識高山的隆重；內以迥異日常

〔註121〕《台灣新生報》2011 年 12 月 13 日報導台銀宜蘭分行遷入新大樓啟用，並移交舊行舍與縣政府。
〔註122〕《自由時報》2014 年 11 月 16 日以〈台銀舊宜蘭分行移撥縣府，李紀珠：開心和榮幸〉為題報導時任台灣銀行董事長李紀珠出席宜蘭美術館試營運儀式。
〔註123〕《中時電子報》2015 年 5 月 17 日以〈宜蘭美術館開幕展王攀元苦澀美感〉為題報導。

生活的張掛擺置及貫穿其間的非常氣氛，薰陶開化著進出的公眾們。架構起這時空感知系統的基礎，應包涵了文化質素及階段性政治等兩次系統之生態總成。

（一）文化權力對生活世界的涉入

筆者親身體驗，即使帶點隨意情懷及閒情優雅，進入所熟悉的蘭陽博物館，都極容易同理觀者進出策展者所規畫舖陳的知性氛圍及複合體驗間，總滲透著盛宴或祭典般的儀式性、肅穆性。觀者/映照物、過往/當今、進步/落伍、典範/追隨⋯⋯等等系列對照刺激之反應機轉交織展演，都隱然指向策展內定之涵化方略。文化權力間角逐、爭議與協商，於是涉入標的客群文化生活空間中，一種對集體無意識狀態的干預設定，文化政治以文化領導權消長的動態腳本，在我們日常生活世界中四處拉開序幕。

（二）文化生活品味與文化政治結構

前文述及進出博物館間之儀式性氛圍，其發送渲染的基礎與動因，主要立基於公眾對情境品味的識別與認知。緣援階層化社會差異的生活經驗，再生產尊高／鄙微等階層品味識別的社會化過程，公眾逐漸熟諳文化領導頻譜之評價損益，促使了集體無意識的彙貫進入品味趨迎系統。

觀諸台灣百年世潮流轉，日治時期及國民黨威權時代，優勢當權團體在各階段政治社會中，皆如受到歷史法則制約般汲汲尋思、戮力構築各種社會控制系統的周延有力，尤以形其上特定意識形態的規訓論述貫穿歷史，為了政治權威的需求，常以文化手段溯古或修古，重修時空脈絡，或追飾道統、法統，詮釋當前權威其得天應道，是一種話語權、詮釋權及文化領導權的壟斷過程，用以實踐政治社會化的目標，更是「維穩（policing）」〔註 124〕結構重建的最高戰略指導，藉以鞏固權利再生產與權利關係模組複製的深層基礎，顯示了文化政治所指涉的意識形態與規訓系統，即該時空文化領導權的鬥爭場域。

（三）台灣的地域文化重建與在地全球化方案

隨著「全球化」及「地方化」相互增強的社會演進趨勢，國際觀跟本土意識在現代人尋求身分對焦及文化認同的時代場景下，台灣政治治理視野的本土化、地方化，也連帶的促成了文化政治生態的典範轉移。中央政府在統

〔註 124〕參考 Jacques Dorzelot 有關西歐 19 世紀社會的治理性論述。

治傳統及欠缺自信的體質上，長期近乎壟斷的主導著台灣文化治理的範疇，自 1980 年代民間社會力多頭發酵後，國家在文化活動與文化決策權力（decision-making power）的形使態勢上，包容與解除中心化（decentralization）的特質漸成常態。國家至上的集體主義特徵，開始產生了向民間社會及本土價值靠近的文化政策（a decentralized and socioculturally-oriented cultural policy）〔註 125〕。文化政策，轉而以地方及地方社會文化的復振為主體。本土文化，在社會語言、生活衣食及社會價值各方面，興起了「重新包裝」的潮流，本土民俗文化和傳統生活方式中的很多要素獲得了復興和改造的空前機會。蕭新煌認為，台灣社會這類形式的創造、發展和復興，可以視為本土對全球化的反應〔註 126〕。

　　台灣在全球化語境中尋求新的主體定位及共同體出路的過程中，先有經濟規模的擴展繁榮、政治威權的衝撞解構，社會民主化的轉型後，有關文化政策係在社區總體營造運動開始後，才全面從「國族主義」、「現代主義」蛻變到「去中心化」、「地域化」階段；文化轉向的急速變遷，解放了強盛的社會力，多元的論述與文化趨力，提供了公共領域生成的社會條件。宜蘭作為一個地方，於 1990 年代起地方政團以「文化立縣」口號為治理政略，逐步彙成在地文化治理論述。從後驗的台灣社會銘印檢視，宜蘭已相當程度的在台灣社會中，符號化了地方社會自覺性、進步性及文化象徵性。其緣起動力、地域紋理，筆者作了後文的探討與反思。

二、蘭陽博物館的文化政治過程

　　游錫堃政團有關公設縣級地方博物館的倡議，顯現了以地方為文化主體，爭取在地詮釋權的自覺意識，也是改造文化政治生態的具體行動。值得觀察的是，這一系列富進步性的文化過程，多是在與上級政府資源與權力不對稱的從屬關係上，將體制外的訴求成功的在體制內實現。

（一）蘭陽博物館創建的權力過程及資源決策

　　游錫堃擔任台灣省議員時期，即創立了《噶瑪蘭雜誌》以劉守成與田秋董等為核心人物，維繫了林錫耀、陳金德及其後以「反六輕」、「反火電」為社會運動論述而外溢擴結的反六輕行動組織在地知識菁英。這一富在地使命

〔註 125〕參考 Jacques Dorzelot 有關西歐 19 世紀社會的治理性論述。
〔註 126〕蕭新煌：《台灣社會文化典範的轉移》（台北：立緒，2002 年）。

感、深度參與地方抵抗運動的核心成員，在游錫堃準備參與縣長選舉接替任滿的陳定南前，擬定政見準備階段即有地方發展途徑的議論與發想，地方博物館設立之議，首於 1989 年議論中向游團隊提及。在游錫堃取得地方執政權入主縣府後，相關策士轉而以各種榮譽頭銜、智囊途徑〔註127〕，實質介入了地方治理方針與實務行政，涉入最廣的，尤以地方文化、教育及社區等領域議題為最；爭取創設地方博物館即屬顯例。

1991 年 2 月藉當任台灣省主席連戰下鄉宜蘭時游錫堃建言爭取，獲回應：「交台灣省教育廳評估協助」之結論。為提供台灣省政府文化政策補助及評估之需要，宜蘭縣政府於 1992 年 12 月成立「博物館籌建規劃委員會」，游自任主任委員親自召集，首次會即接受委員呂理政、許美智之議，館稱由較偏漢人視角之「開蘭博物館」，易名為「蘭陽博物館」，以求中性及發展性。並決定以都市規劃手段，徵收取得頭城鎮烏石港側建館用地〔註128〕，該位址恰為漢人入蘭首墾之「頭圍」〔註129〕所在地。為求蘭陽博物館設置政策進入實質規劃階段，1994 年正式付費委託國立自然科學博物館及台大城鄉基金會展開評估。由當時國立自然科學博物館長周延鑫任計畫主持人，台南藝術學院副教授張譽騰、台大城鄉基金會執行長劉可強任計畫共同主持人，執行「蘭陽博物館整體規劃」〔註130〕，並以專業規畫身分作為縣府內部「蘭陽博物館整體規劃小組」跨單位任務編組之外部執行幕僚。自此，「蘭陽博物館整體規劃」全案之決策參與、規劃方向等對話空間，均進入「博物館籌建規劃委員會」內少數委員特定且封閉之審查機制中〔註131〕，其政策產出過程依序為：由縣府內部「蘭陽博物館整體規劃小組」〔註132〕於 1993 年 12 月首先提出「蘭

〔註127〕如縣政顧問、諮詢委員、各類法定決策委員會成員或任務型政策研究委員會成員等，另有縣府政策規劃、調查評估、方案執行等委託。
〔註128〕參據「宜蘭縣開蘭博物館籌建委員會」1982 年 12 月 8 日「開蘭博物館籌建委員會議記錄」（宜蘭：宜蘭縣政府，1982 年）。
〔註129〕「圍」，為漢人介入原住民傳統區域墾殖之武裝保衛工事，係環繞建造於漢人入墾根據地週邊之土堤阻絕設施。斯地為入蘭開墾領袖吳沙，首據之前進灘頭堡，故號「頭圍」，後隨墾區擴大為今日之「頭城鎮」。
〔註130〕參據宜蘭縣政府：《蘭陽博物館大事紀》（宜蘭：宜蘭縣政府，2010 年）。
〔註131〕委員包括公部門代表：教育局長莊和雄、主任督學文超順、文化局長林德福、約聘人員許美智；博物館界：呂理政、江韶瑩；地方教育界：陳進傳、周家安、邱水金等。
〔註132〕「蘭陽博物館整體規劃小組」屬宜蘭縣政府內任務專案組織，成員為涉及開館事責之行政業務部門副主管或業務代表。

陽博物館整體規劃建議書」，向游錫堃召集之「博物館籌建規劃委員會」概提規劃流程、規劃架構、預期成果等規劃範疇及規劃方法論，供為審查〔註133〕。次為 1994 年 10 月「蘭陽博物館整體規劃小組」續向「博物館籌建規劃委員會」提報期中規劃，包括「規劃緣起、方法」、「文獻蒐集及案例」、「建館觀念及目標」、「展示與典藏提綱等」〔註134〕，最終為 1995 年 4 月，「蘭陽博物館整體規劃小組」向宜蘭縣政府「博物館籌建規劃委員會」及部分縣議會議員、部分縣府主管及台灣省立博物館代表，簡報「蘭陽博物館整體規劃期末報告」，進入書面決策定稿階段。

　　隨著「蘭陽博物館整體規劃期末報告」的完成，公部門的形式決策階段完成，一個標榜地域性、社區性、公共性的地方博物館，在一個沒有與公眾對話、缺乏公共論壇議論的過程中底定，確實錯過了重建地方公共領域，發展地方市民社會的關鍵機會。標榜進步型地方社會的宜蘭，以進步性施政自許，以再現地方性為象徵符碼，但地方的前進理則卻仍陷縮於地方特定菁英的可及思維，甚且服膺於專家主義，過度予外來規劃者對地方文化之編碼權。強調博物館物化客體之工具理性，未能兼及公共領域的溝通理性和有機招呼在地情感的人文理性；另以都市規劃手段，徵收取得烏石港側私人土地為建館用地亦迭遭世居農民地主強烈抵抗，惟在政府公權力的操作程序下，土地正義之正當性又另為議題了。倘持嚴格文化研究視角就蘭陽博物館創建的權力過程及資源決策批判之，蘭陽博物館的創建過程公眾並無由參與，當權的政治力量仍以善意指導者立場掌握地方全局，逕自定義未來。

（二）蘭陽博物館在文化地圖上的定位

　　1989 年設立地方博物館構想在宜蘭的提出，源自游錫堃地方智囊群中泛文化想像的系列倡議，這一重建地方治理重心的文化轉向，可由游氏初掌縣政，旋即因應主、客觀因素與資源，推動系列地方文化創新作為中觀察，包括：1990 年，援引台灣省教育廳鼓勵基層政府創設非政府法人推展文化建設的政策資源，於宜蘭縣立文化中心兼轄之下成立「蘭陽基金會」，作為彈性推廣文化的平台；配合行政院文建會成立「台灣戲劇館」，作為地方文化特色館；

〔註133〕參據宜蘭縣政府「博物館籌建規劃委員會」1983 年 11 月 17 日「蘭陽博物館整體規劃建議書審查會議記錄」（宜蘭：宜蘭縣政府，1983 年）。

〔註134〕參據宜蘭縣政府「博物館籌建規劃委員會」1984 年 10 月 26 日「蘭陽博物館整體規劃案期中簡報會議記錄」（宜蘭：宜蘭縣政府，1983 年）。

重修縣史,並籌備縣史館;舉辦「開蘭紀念日」大型族群尋根活動,啟動地方意識動員;編訂鄉土教材,復建母語;成立「縣立蘭陽戲劇團」……等等〔註135〕。宜蘭一系列以地方文化治理為中心軸線的挺進作為,顯示執政者為蘭陽平原勾繪文化地圖,以文化為地方命名,以在地文化為地方認同臉譜的施政取徑。尤其參贊縣府決策甚深的蘇昭英,當時堅持游團隊提出「文化立縣」的構想〔註136〕,更可佐證以地方博物館吞吐地域知識、社區生活、認同身分、文化經濟等在文化地圖上的座標基礎了。

蘭陽博物館的定位,首見於 1982 年 8 月提出的「開蘭博物館基本構想草案」,倡導「營建一座本縣專屬的鄉土歷史民俗博物館……」,而在首次討論該構想的「開蘭博物館籌建委員會」結論中,游錫堃指出「功能不僅提供縣民使用,希望能讓台北縣或其他縣市以休閒旅遊或研究發展來使用這博物館」,初步定位了在地鄉土關懷及外來觀光客休閒文化經濟的客群想像〔註137〕。殆至整館規劃委由周延鑫、張譽騰、劉可強等共同主持「蘭陽博物館整體規劃」,進行了定性分析後,游錫堃更周延了其論述稱「就自然與人文而言,宜蘭實是全台灣的縮影;珍藏宜蘭,即是珍藏台灣」,並認為在世界文化多元新趨勢中不可忽略本土文化,「文化為一切事務的根本及建設的基礎」,定位勾勒出宜蘭縣以「文化、環保、旅遊」三足鼎立的「文化縣」為藍圖〔註138〕,其重構施政論述、提昇地方文化政策位階並整合地方治理範疇之定位命名,逐漸沉澱成熟,同時指向宜蘭人身分認同及地方識別的社群深層心理動員,被召喚的地理區位生態地景複合了宜蘭人光榮的集體記憶,地方社會共同體意識逐漸構成,蘭陽博物館於是扮演了為宜蘭文化地圖命名定位與地方意識動員的角色。

(三) 蘭陽博物館的視覺展示與地域書寫

蘭陽博物館 2010 年 5 月 18 日開始試營運,同年 6 月 25 日正式開館,以

〔註135〕參閱宜蘭縣史館:《宜蘭縣史大事紀》;暨陳賡堯:《文化·宜蘭·游錫堃》(台北:遠流,1998 年)。

〔註136〕陳其南老師:〈文化的魅力·台灣的期待〉,為陳賡堯著《文化·宜蘭·游錫堃》序文(台北:遠流,1998 年)。頁 3～9。

〔註137〕參據 1982 年 8 月提出的〈開蘭博物館基本構想草案〉及「宜蘭縣開蘭博物館籌建委員會」1982 年 12 月 8 日「開蘭博物館籌建委員會議記錄」(宜蘭:宜蘭縣政府,1982 年)。

〔註138〕參據「蘭陽博物館軟硬體規劃與設計計畫提要」及陳賡堯:《文化·宜蘭·游錫堃》。

「宜蘭是一座博物館，蘭博是認識這座博物館的窗口」為「立館使命」，這定位緣於該館籌設委員呂理政援用新博物館學：「以境域為一博物館，現地展出」的論述主張自然存在於宜蘭境內動態生活中，所就地顯現的大地地理及動態的民間生活史、社區部落、民情風俗等，都是館外就地展出的內容。另在經營策略上，也以宜蘭縣史館、文化中心、蘭陽博物館等三個公設的文化機構為策展宜蘭的核心館群，進而帶動遍佈地域中的民間類博物館群〔註139〕，其組成以「蘭陽博物館家族協會」成員為主，包含各鄉鎮特色館、休閒農場、觀光工廠、社區空間等體驗空間，併織而為現地展示的大地博物館網絡，以在地生活的各方面元素迴繞宜蘭意象，展現多元、多面向的地域書寫縱深。此概念較傾向策展者以「地方宜蘭」的自我觀看、自我詮釋以展衍論述修辭，定調了蘭陽博物館為博物館學意義中「再現宜蘭」、「定義宜蘭」的中心總館，同時又為文化地理學意義中「地方宜蘭常設展」的總策展人，向歐美日 2000 年代以來社區博物館及現地博物館的思潮看齊。

　　蘭陽博物館建築的視覺基因，轉化自東北角濱岸一帶常見單面山礁岩為造型。「單面山」，是為前翼斜峭朝天東迎太平洋，背翼緩斜西倚雪山山脈的山形立礁，是本區地理與海蝕造化的岩岸地景。全館外部視覺成單面山幾何造型，屋頂與地面夾角 20 度，尖端牆面與地面成 70 度〔註140〕，係姚仁喜承續先期團隊企畫「表現地方」意識形態的會心造型。轉化了張譽騰等規劃團隊與縣府籌建委員「以漳、泉閩南建築形式為博物館設計主調」的先期共識〔註141〕。外體反映周邊地景，確立外在建築立面為在地生成，藉場域地理象徵符碼化為地方主體性。建築實踐為地理空間識別視覺與地域書寫，主導了空間政治中空間定義權，表現為一個地方發現自己的過程，證成地方身分的典範，

〔註139〕「類博物館群」：「類博物館」（quasi-museum），強調「博物館收藏豐富是它呈現博物館張力的憑籍，類博物館則在事實發生地或事件本身的真實故事，可感染觀眾的情思變化」。類博物館的範圍包括紀念館、廟宇與廟前文化、名人墓園、民俗村、主題樂園、文化遺產等。這些尚未機構化而具博物館形式的文化園區，在宜蘭的經驗裡，類博物館還包括休閒農場、傳統產業以其產業文化印刻集體記憶的觀光工廠、社區生活館、老火車站等。黃光男強調其具有的文化休閒及文化產業雙重功能。參閱黃光男：《樓外青山：文化‧休閒‧類博物館》（台北：典藏藝術家庭，2012 年）。

〔註140〕姚仁喜：《蘭陽博物館硬體規劃細部設計書》，1985。

〔註141〕參據宜蘭縣政府「博物館籌建規劃委員會」1984 年 10 月 26 日「蘭陽博物館整體規劃案期中簡報會議記錄」中游錫堃之會議裁示。

更是地方意識主掌在地文化領導權的文化轉向。

內容展示方面，進入精準規範設計益向博物館界專業表達語彙靠攏，籌建成員也益加周延精練的歸納展示理念為：「1. 多元化詮釋角度，在異己觀點間，產生互容精神，凝聚鄉土情感。2. 人與自然和諧的追求，在資源開發和永續間重新定位自然中的人。3. 「主題化」和「趣味化」的展示趨向，表現時空演變歷程，塑造深入淺出的學習經驗。」〔註142〕常設展之展示架構及內容也具體聚焦為：「族群文化及拓墾」主題，以呈現多元文化及族群文史探原；「宜蘭遺址」主題，則以宜蘭縣文化中心多年考古有成、出土豐富的大竹圍遺址為重心，兼及噶瑪蘭族群和蘭陽史前文化；「水的故事」主題，則重在宜蘭的水文地理及水、河資源及其所影響之生態；「綠色寶藏」主題，關心蘭陽平原多樣化生態、物種，尤以太平山為主的森林資源、林業文化的仿境體驗觀察等；「蘭陽大地」主題，在多層次呈現宜蘭地體、地質、地形氣候與海洋的特質與互動關係。各主題並隨展場內部高程，由低層之海洋、地底，往展館中層之蘭陽平原，再進而高層太平山之序列展開，臨境般的視覺搬演，使觀者似進又出的圍繞繁富宜蘭情境。一系列知性文本的展示和地域書寫，也確實豐饒了宜蘭作為地方的主體性、完整性及趣味性。

三、蘭陽博物館對周邊土地經濟與空間政治的影響

公共政策的施行，常有部分社群受益，但同時有部分社群卻感受相對剝奪等悖反效應。文化政策的形成與執行，在當代社會治理中亦普遍遭遇相近的困境與爭執；蘭陽博物館的實踐過程也難以例外。

（一）建館土地取得的影響

在台灣城鄉，關乎地域發展的政策常以都市計畫作為目標調節與管制手段，形構的地景或空間形態不僅被賦予特定象徵或意義，也會支持特定的社會關係、文化想像和政經利益〔註143〕。物理空間為社會活動的載體，人文價值、內容意義於是得以展演，文化再生產體系也因以形成。宜蘭縣政府 1992 年 12 月開蘭博物館籌建委員會的草案構想中，即預選頭城鎮烏石港區現址，經縣政府開蘭博物館籌建委員會及宜蘭縣政府都市計畫委員會，分別由博物

〔註142〕參據《蘭陽博物館軟硬體規劃與設計計劃書──展示設計細部規劃及設計》，頁2～11。其中第3點為援引漢寶德之觀點。

〔註143〕王志弘：《文化治理與空間政治》（台北：群學，2011 年），頁 14～17。

館規劃及土地用途變更雙軌並進，先於 2000 年 8 月以完成都市計畫法定程序公告，並以區段徵收〔註144〕取得博物館部分基地所有權。復於 2002 年 6 月，採都市計畫變更程序劃定博物館建築用地為社教用地，以一般徵收方式〔註145〕取得土地，迄 2003 年 7 月完成全部私有土地取得程序。此期間，多次經原始地主要求維持農耕、漁撈，抗爭未果。

　　博物館都市計畫及徵收程序執行中期，伴隨 11 餘公頃博物館區周邊之新生都市計畫區高益土地完成用地變更，高達 63 公頃包含住宅區、商業區、觀光旅館用地及公共設施等。對土地利益敏感之地方政經實力者，於利多政策前後即積極邀資收地或於實質徵收尚未執行前之資訊混淆階段，急速藉通暢準確之決策訊息管道與共利分工體系，先於政府向原農戶遊說出脫周邊土地之所有權，有系統賺取區段徵收後具開發價值之抵價地〔註146〕價格暴漲之利差。原本靜滯的土地持有狀態，成為各方投資或投機標的，交易之活絡及預期漲價之市況熱絡迄今，區內土地平均價格自徵收時每台坪平均約新台幣 6 萬元，劇漲至目前每台坪平均約新台幣 18 至 25 萬元，特許之高樓層觀海房價更每坪超越 40 萬，地產所有權炒作易手套利次數頻繁，土地利益最大獲利者為最具優勢政經實力的投資群。

〔註144〕參據內政部地政司的法規解釋：「區段徵收」是政府基於都市開發建設、舊都市更新、農村社區更新或其他開發目的需要，對於一定區域內之土地全部予以徵收，並重新加以規劃整理後，由政府取得開發目的所需土地及公共設施用地，其餘可供建築土地，部分供作原土地所有權人領回抵價地之用，部分讓售或撥供需地機關使用，剩餘土地，則辦理公開標售、標租或設定地上權，以處分土地之收入償還開發總費用。辦理區段徵收，政府可無償取得公共設施用地及節省龐大建設經費支出，土地所有權人亦可領回抵價地。網址：http：//www.land.moi.gov.tw/chhtml/content.asp?cid=86，瀏覽日期：2013.06.25。

〔註145〕「一般徵收」：乃政府依公權力之運作，為公益事業需要，基於國家對土地之最高主權，依法定程序，對特定私有土地，給予相當補償，強制取得之一種處分行為。其實施並不以原土地所有權人之同意為前提，而係國家基於公法上關係單方意思表示之行政行為，為行政處分之一種。土地徵收係國家依公法上之關係，因公共事業之需要，基於國家對土地之最高所有權，強制取得私有土地之所有權，另行支配使用之行政行為。易言之，土地徵收之主體為國家（行政法院 24 年判字第 18 號判例參照），同前註內政部地政司網站。

〔註146〕「抵價地」：為政府執行區段徵收時，政府估算應支付地主之補償金額，而自徵得之土地中折算發還部分土地予原所有權人，以抵付政府應補償之地價。參據平均地權條例施行細則第 54 條、土地徵收條例第 39 條。

（二）地方國家權力的效應

以都市重劃手段掌握地方空間使用規範之地方政府，則於市價浮起後標售抵費地中〔註147〕之剩餘地，鼓起另波吹皺春水漲風。宜蘭縣政府 2011 年 11 月委託財務顧問仲量聯行的土地標售案共 8 筆，土地總面積 1 萬餘坪，包括 7,122 坪的旅遊服務區、3,100 坪的住宅區，以及 125 坪的商業區，總底價 9.3 億元。其中面海臨港、坵塊完整與蘭陽博物館一池濕地水域對望之最佳區位的 7,123 坪的旅館用地，底價 7.12 億元，由國內獲利正盛之昇恆昌集團向縣府標下，以 8.47 億元、溢價 18%得標，昇恆昌規劃低樓層為標榜免稅商店消費水平之高級觀光購物賣場，中高樓層則共構規劃為數百客房之觀光飯店，指向產值日益擴大的陸客消費大餅。

該次宜蘭縣政府委託標售蘭陽博物館週邊土地共 8 標案，讓縣府進帳 9.73 億元〔註148〕。原始地主若不諳生財手法，則憑手中之土地徵收款或及早出脫之土地款，已無力重返祖耕（居）地了；房產開發者已迎向市場，轉以蘭陽博物館為建築獎之增值地標、人潮鼎盛、文風優雅、山海景觀、增值潛力……等高級房市銷售語彙，定位了不可同日而語的高級地段及抗跌房價了。文化公民權的倡議想像、文化產業之地方振興效益，循著資本市場的叢林競逐結構無意識的增益了市場主導幅度，文化治理體制構成場域的結構化力量因著具體操作機制的衝突，形成了蘭陽博物館地域振興方案中文化領導權和文化經濟調節的結構性失衡。

烏石港及博物館開發所啟動操作機制中，可見到掌握文化領導權的行政官僚及鑽營於經濟活動的資本暴利與世俗政治，社區群體及各類社會行動或文化行動者未能有效介入文化調節或文化經濟（cultural economy）〔註149〕的形成與受益，使在地市民社會之公共領域構成無力，文化領導權欠缺反身性，相對剝奪了公共性！

〔註147〕「抵費地」：政府在執行都市計畫通過後之市地重劃工程時，土地重劃區內公共設施用地、工程費用、重劃費用與貸款利息，應由參加重劃之土地所有權人按其受益比例共同負擔之，並且由土地所有權人以重劃區內未建築土地折價抵付，謂之抵費地。參據平均地權條例施行細則第 84 條。

〔註148〕參據宜蘭縣政府標售公告、新聞稿等。

〔註149〕參考王志弘有關文化治理論述，其以為文化治理體制之要項，包括構成場域的結構化力量、具體操作機制、主體構成，以及爭議和抵抗動態等。而其結構力量則為經濟活動的文化調節或文化經濟的形成。王志弘：〈新文化治理體制與國家──社會關係：剝皮寮的襲產化〉，收於《世新人文社會學報　第十三期》（台北：世新大學人文社會學院），頁 31〜70。

（三）博物館政策與宜蘭價值

　　另一海堤之隔，東南側防波堤填海造陸未克全功的 9.82 公頃海埔新生地，縣政府亦打鐵趁熱乘投資熱潮上升氣流形成市場獲利想像的蝴蝶效應，大規模於台北及宜蘭辦理招商行銷說明會，其大動作標售結果，從縣府 2013 年 3 月 6 日發布新聞稿見證慶祝行情：「宜蘭縣政府指出，烏石漁港南側防波堤，有一處面積近 3 萬坪的海埔新生地，基地面向龜山島，適合發展觀光產業；經過公開標售，由展悅建設、展佑開發及展誠開發以 20 億 5 千多萬元得標，換算每坪單價約 6.9 萬元，是該階段宜蘭縣境單筆總價最高的土地交易案。

　　2013 年宜蘭縣地政處表示，最近 2 年來，烏石港區土地標售市場交易熱絡，這片基地屬於漁港專用區，建蔽率 60%，容積率 140%，適合大型海洋遊憩、觀光飯店開發計畫，估計得標業者未來需投入新台幣 40 億元至 60 億元的開發經費，發展國際級休閒渡假村，是宜蘭地區難得大型的投資案件，有助發展觀光產業外，也可為宜蘭縣帶來更多就業機會。開發成結合海洋美景及溫泉特色的國際級休閒渡假村，烏石漁港將邁入高速開發階段。」〔註150〕，得標廠商為國內房產巨賈宏泰建設家族，聲明將積極投入開發。

　　以海洋學及主責海岸管理的經濟部水利署等對「海埔地」的定義，皆以海埔地為「高潮時被淹沒，低潮時露出海面的海灘地」，為生態敏感區位。海埔新生地，是延伸於潮間帶的淤積裸露平坦泥地，學術上另稱為潮埔，也是海灘的一類，乃濱海的堆積面。宜蘭縣政府在烏石港防波堤間接受台北捷運工程棄土，進行沿海囤土造地工程的新生地，其對環境之衝擊及敏感，實較台東美麗灣度假村 BOT 爭議之杉原海岸猶有過之，因本經濟開發標地更貼臨海洋、進佔沙灘，開發面積 9.82 公頃也遠較美麗灣杉原海岸之 6 公頃多了三分之一面積。至此，以文化之名、以蘭陽博物館為創造地方文化產業核心，發達文化經濟的地域振興方案，同時異化了宜蘭自陳定南以降所堅持的環境價值。

　　蘭陽博物館以地方文化重建及再現為文化政策目標，作為地域發展文化策略，塑造地方意象與地方認同之成果堪稱傑出。蘭陽博物館在 2010 年 5 月 18 日起試營運，同時以免費優待加持有效行銷至 2011 年 2 月 10 日，即九個月期間內入館人數即力破 100 萬；又九個月，即 2011 年 11 月 25 日時，入館

〔註150〕參據宜蘭縣政府網站發布之 2013 年 3 月 6 日新聞稿及中國時報、中廣、自由
　　　　時報、聯合報翌日平面報導。

人數再破 200 萬〔註 151〕，為周邊民宿、農場、連鎖咖啡、餐廳等泛觀光服務業帶來持續商機。在各類媒體訊息傳播網絡密集露出，引起難得之訊息迴盪效應，繼童玩節風靡多年後，蘭陽博物館躍居足為代言宜蘭文化聲望的又一超拔里程碑。

這一重大文化事件，以博物館概念發展圈，在地方空間有效成為塑造地方獨特性的媒介；但伴隨著地域振興方案所激發地緣政經形勢的結構變遷，草根住（農）民與社會贏者圈菁英間之階層社會利益衝突同時展開；空間也成為文化治理與抗爭的場域。具體的文化符碼在空間象徵中展現，滿足了部分行動實踐者，也一定程度的滿足了群體的感情認同。追求文化公共性的博物館政策，在文化經濟效應與空間政治衝突中，複製了地方權力結構的再階層化現象；蘭陽博物館實現市民文化權、促進地方公共領域結構轉型的人文價值目標，尚難精準聚焦！

四、博物館社會意義實踐中的意識形態

博物館的知識整理、主題採擇及呈現語式，都是建立在一定的立意表達策略上。在這見識概念的輸送傳播過程中，價值的判斷及揭露訊號的或大或小，繫乎立館及策展主事人等，心智活動中意識或無意識的邏輯歸納及物象解讀。意識形態，因而在博物館社會意義的實踐過程中有了原則性的影響。

（一）意識形態與社會意義系統的關聯性

在台灣走向民主化、自由化後，表現為社會意義系統去單元化、去中心化，新的社會意義及實踐行動開始朝向本土化、在地化等新意識形態傾斜，蘭陽博物館在台灣社會進入多元開放、價值競逐的社會境寓下創設，若以博物館與台灣社會的互動關係來看，Bourdieu 認為，「人」和「社會」事實上是存在著兩個相互影響的雙重結構，一方面雙方不停的向對方施展各種影響，一方面又深受著對方的影響和制約〔註 152〕。在前揭蘭陽博物館的創設過程與以展示宜蘭地方為話語的策略下，可預期個體意志與社會事實結構等主、客觀因子，同時是牽動社會意義的定義與實踐的變因，台灣各階段所實現的主要典範，一如 Bourdieu 分析將對受影響的閱聽人，形成生活實踐中更複雜更具建構力的因素，影響思考及行動背後更深層的、具有力量的「生成」結構。

〔註 151〕參據《蘭陽博物館大事紀》及中國時報、中廣、自由時報、聯合報該日報導。
〔註 152〕高宣揚：《布爾迪厄》（台北：生智，2002 年）。

要特別點明的是：引導或限制台灣各階段社會行動的主要「客觀結構」，實即各歷史階段的強勢意識形態！

伴隨時間流、意識形態流糾雜著現代性交叉掏洗著台灣社會的「空間時間」與「心理時間」〔註153〕，不同階段的社會生態結構也生成了不同的文化領導權型式，在文化政治基底中先後支配了這島嶼文化機構建制，變異著文化象徵場域。政治變遷、資源競爭與社群衝突的結果，往往由最後的勝利者取得文化象徵的建構權，用來鞏固其支配的合法性；另一方面，文化象徵往往也成為弱勢者用來對抗支配者所採用以凝聚共識的手段。〔註154〕儘管有著不同的美學宣稱，但同樣是實踐著「是一種將差異轉換為價值」的能量和機制，重建一種當時語境下的內在意義控制邏輯，或者說是一種權力矩陣（matrix of power），作為台灣各階段社會意義定義者的基石，整合資源以投入創建營運博物館的文化驅力，實質上就是透過文化政策形式遂行政治社會化的一種文化意志的展現〔註155〕，而博物館便是整合各般文化表現的意義櫥窗。

博物館是感性美學與理性科學的匯流露出平台，也是時代意義詮釋、權威意志展現的中心，博物館從建制、內容策略、視覺修辭管理，即為當代文化政治落實為文化政策方案的鮮活文本。它既是文化現象又是政治現象，是一種文化政治現象；是精神現象，又是制度管理行為〔註156〕，是介入精神現象領域的治理行為；於是博物館文化和政策產生了聯繫。而博物館文化政策的制定與發展，在相當程度上取決於對文化秩序的認知，當文化與政策兩個範疇聯繫在一起時，文化的內容與形式事實上正在被建構當中〔註157〕。本土意識抬頭的在地台灣發展動力，源起於滿足各階段對台灣主體性的論述修辭，展示場域所

〔註153〕此處的「空間時間」與「心理時間」概念，借用法國哲學家亨利·柏格森（Henri Bergson，1859年～1941年）的「綿延論」。論據在強調生命衝動的連綿性、多變性。認為人的生命是意識之「綿延」或意識之流，是一個整體，也是一種心理過程，此處借用旨在用以顯示台灣做為一個生命共同體所經歷動態變遷中空間、意識兩界之錯綜語境；此論常為精神分析途徑引用。參考孟憲忠：《諾貝爾文學獎作家的人生之旅》（台北：智慧大學，1993年），頁82～83。
〔註154〕李威宜：〈博物館與文獻會的想像政治：臺灣戰後文化空間與歷史時間的形成（1945～1978）〉，收於《2007年旅法臺灣學人人文與社會科學研討會手冊》台北，2007年。
〔註155〕Toby Miller、George著，蔣淑貞、馮建三譯：《文化政策》（台北：巨流，2006年）。
〔註156〕胡惠林：《文化政策學》（上海：文藝出版，2003年），頁1～3。
〔註157〕林信華：《文化政策新論──建構台灣新社會》二版（台北：揚智，2009年）。

營造的操作機制及文化內容的再生產與再定義，都表現為對當時文化政治語境的聚焦與回應。各時間跨度間的差異，顯示在博物館治理結構及意義操作機制的變遷，展演著差異的文化敘事及文化治理企圖。從觀者群體的角度來說，不管在什麼的歷史時空及主流氛圍中，政府部門主導創設博物館，建制及論述主宰於政府部門，主導創建動力都源於先設的文化政治目標，預定了特定政治意識、預期對受理文化影響的客群，做一定程式的發言，展現或實現特定的意義與意志；此處作為檢視影響博物館意義實踐之主要思想背景。

（二）台灣戰後博物館所呈現的意識形態變遷

台灣戰後復建的文化策略，即在以類急性外科手段快速劃清種族與文化邊界，並以中華文化歷史記憶為抽換軟體，全面取替日本帝國「大東亞共榮圈」的殖民論述，同時鞏固台灣為漢文化代表權「反共復興基地」之意識形態。故宮轉譯擴散傳統中國文化符碼並接合炎黃華夏歷史性意涵於台灣，作為文化及政治「反攻」憑藉，由國族圖騰記憶的召喚與標籤，建構集體歷史記憶與認同感。博物館史的相關研究已表明國族主義在博物館制度化的過程中產生關鍵性的影響，舉世皆然〔註158〕。2000年台灣發生政黨輪替重大歷史事件，取得執政權的台灣民主進步黨，在國民黨威權時代即以「黨外」本土民主意識抵抗並挑戰大中國國族主義，抵抗台北故宮博物院以搬運中國皇朝典藏遂行中國國族主義再次壓抑台灣本土文化，造成台灣社會文化經驗的再斷裂、再殖民化，本土意識政權為反制這文化宰制形式的延續，而有杜正勝任院長後「從國族主義到世界主義」〔註159〕的文化轉向趨勢，台北故宮博物院因而有了台灣化、本土化等解構中國主義的建制及社會意義變遷，在台灣南北平衡的政策理由下於嘉義分設了「國立故宮博物院南部分院」。惟此發展脈絡不在本研究設定範圍，略過另論。

在全球化、民主化與多元化的背景下，台灣政治情境的本土化、地方化，連帶促成了文化政治的典範轉移。宜蘭有「黨外民主聖地」之稱，從政治抵抗到文化抵抗的歷史背景觀察，蘭陽博物館的動力基礎或是意識形態背景，

〔註158〕張正霖：〈博物館、公共性與國族建構：以十九世紀之倫敦國家畫廊為分析對象〉，收於王嵩山主編：《博物館、知識建構與現代性》（臺中：國立自然科學博，2005年），頁343～366。

〔註159〕杜正勝：〈從國家主義到世界主義——國立故宮博物院的新思維〉，收於台北故宮博物院「國際博物館館館長高峰會議」手冊（台北：故宮，2004年）。

比較是傾向台灣朝野政治路線訴求中的全面競逐，旨在體現政治反對運動集團重建台灣國族意識與本土歷史意識的努力方向，也在取得反對運動的正當性及社會動力〔註160〕。是以，蘭陽博物館望向鄉土，啟動重塑宜蘭人集體記憶及定義「宜蘭精神」的政治社會化初步工程，源於對中央集體主義及大中華主義的政治抵抗，地方化「蘭陽博物館」也儼然作為宜蘭以文化立縣的「傳統發明」意義場域。

（三）意識形態的展現方式

博物館在「意識形態」指導下開展論述語彙及圖像修辭，再生產政治論述與社會意識動員文本，是博物館傳播影響力與解構並重建社會趨力的主要過程。論述（discourse），係指某人在某時期和某背景之下，針對某件事向某個人或某群人，說出的話或寫出的文字，論述要素除言說者、受話者、文本外，時空情境脈絡與表達策略、風格與修辭尤為關鍵。〔註161〕不同的博物館皆有特定立館論述，整合運用前述傳播要素，公開示範或暗示動員社會集體心理動力，造就一定的群體歸屬想像、社群心理動員方式，由階層組織形成非正式意義網絡，開展國家或權力主體與社會互動的一般性文化權力運作架構，形塑某種具預期輪廓的「社會典制」或某種「權力」維繫形勢。安德森（Benedict Anderson）在《想像的共同體》（Imagined Community）中也指出博物館和集體記憶的關係非常緊密，是書寫歷史、建構國家論述的重要機構〔註162〕，形成社群文化領導權力爭奪的空間，代表了一種權力和權威的社會實現規制，若以「台北故宮博物院」及「蘭陽博物館」作為比較，其差異的意識形態在政治論述與社會動員中的意義實踐語彙也截然不同。

地方化的「蘭陽博物館」在台灣政治與社會解放後，以在地意識為內容扮演看見鄉土的「政治指導」身分，蘭陽博物館的政治論述與社會動員編碼，初期表現於游錫堃「為政治而文化」〔註163〕的主導介入〔註164〕，進而以委員會

〔註160〕1990 年 4 月及 8 月游錫堃初任縣長年，即積極偕同黨外執政七縣市假中研院，舉辦本土語言音標研討會及本土語言教育問題研討會，係屬台灣民主進步黨的聯合集體行為。參考註 14，頁 372～374。

〔註161〕參考高宣揚：《後現代論》（台北：五南，1999 年）。

〔註162〕安德森（Benedict Anderson）著，吳叡人譯：《想像的共同體（Imagined Community）》（台北：時報，2010）。

〔註163〕參閱陳贇堯：《文化・宜蘭・游錫堃》（台北：遠流，1998 年）。

〔註164〕游自任為籌建委員會召集人，實質主導建館決策。

對應外來規畫者。在規畫者張譽騰及審查者呂理政〔註165〕主導之下，援用英國科學博物館長寇森（Neil Cosson）：「只要下了倫敦 Heathrow 機場，你就進入博物館了！」〔註166〕及生態博物館流派的概念，視宜蘭全縣為一座「生態博物館」。宣告以博物館的概念綜合思考宜蘭地域自然與文化資產的保存、維護、展示教育與觀光功能，希望將其自然與文化資產統合在現代的環境中，整體的呈現出來，形成博物館網路維繫社區文化社群，集體塑造地方歷史記憶，體現多元價值〔註167〕。究諸生態博物館主張的三大特性，則分別為機構極簡化、財源地方化、空間離散化。生態博物館概念主張社區、區域都是衛星型博物館，財源藉社區籌措自主，居民主動參與，增強社區認同，減少政府僵化與彈性不足，應是離心式、去中心化式的後現代概念博物館形式〔註168〕。

　　自二次戰後，西方對文化統治思維的探討，確實出現了若干思維上的變化，從葛蘭西的文化霸權論（Gramsci, 1971）、阿圖塞的「意識型態國家機器」論（Althusser, 1971）、傅柯的「治理性」（governmentality），都展現出西方對民族國家機器由上而下遂行威權式文化統治的批判。新葛蘭西學派仍然關切當代國家或官方文化機構由上而下的藝術文化介入，或將文化作為中介統治與被統治階層之間的社會關係所產生的當代文化霸權形式〔註169〕。90年代台灣，持大中國國族主義的國民黨政府，其單元化、官定化的意識形態仍中心化的壟斷台灣文化領導權，主體的詮釋論述遠離民間生活世界，國家至上、民族至上的大中國圖騰式集體主義，內地化台灣的文化政治策略，邊陲化了土地感情、及在地生活世界。宜蘭持續定向性的拋出在地化文化政治方案，蘭陽博物館做為在地施政宣告，也同時是向整體台灣社會傳播本土化的主張，在當時政治形勢緊繃的結構意義上，更是大形勢的以地方草根鄉土方案逕自挑戰國民黨政府統治基礎的解構衝撞，是一種溫和緩進的地方抵抗主義，是漸進的以政治行動同中央政府爭奪地方文化實質領導權的爭議運動。在政府型制及科層官僚層級權威的挑戰上，更是一種促使國家去中心化及作

〔註165〕在進入軟硬體細部分類設計時，呂理政轉而為分項規劃領域的主持人。
〔註166〕參據宜蘭縣政府 1983 年《蘭陽博物館整體規劃報告書》，頁 2-1。摘自 Hewison:1987。
〔註167〕參據《蘭陽博物館軟硬體規劃與設計計劃書——展示設計細部規劃及設計》定稿版。
〔註168〕張譽騰：《生態博物館——一個文化運動的興起》（台北：五觀，2004 年）。
〔註169〕劉俊裕：〈全球在地文化：都市文化治理與文化策略的形構〉，收於《藝文節慶、賽事活動與都市文化形象》（台北：台藝大，2013 年）。

為地方的宜蘭自我賦權增能（empowerment），實現地方政治菁英主導地方身分編碼的過程。宜蘭作為地方社會，向中央爭議文化領導權及台灣社會意義的論述，正是對當時中央壟斷文化領導權及一元化社會意義的一種反動，同時可理解為對中央化的抵抗與地方化的實踐。

（四）博物館建築型式的社會意義比較

博物館建築符碼與造型政治，也常表現出相異的意識形態及意義系統。博物館承載著無數知識文化與抽象文明，作為異質空間〔註170〕豐富想像生產與內容再生產的博物館建築不只是實體的物質而已，博物館建築範式是一種特例的空間地標，也是時代意識形態與美學表現風格並存的特殊功能藝術，博物館建築的實體在空間中雖做為一種物理性的存在，但豐富涵詠著精神層面、政治意志、意義隱喻或形而上的思考。若視博物館建築為一種「物質實踐」（material practice）的生產過程，或有關建築生產相關之資材、工法、地理天候的「建築生產模式」（architectural mode of production）〔註171〕，則「建築論述」（architectural discourse）更能精準本真傳達博物館構築意志的精髓，優位詮釋博物館的時代意義。博物館建築造型，是有關於文化信仰及物質化過程的一種更寬廣的意義表達系統，與政治、經濟、文化、工藝及社會結構廣泛關連。博物館建築從無到有的醞釀、規畫設計等生產過程，更具時代主題性，作為時代建築文本，也包括了社會文本與文化文本，可看成一個系統性的連續過程。規畫者總在一個特定的歷史社會語境中操作建築，是一種通過當時文化政治意義場域以契合社會和制度動因，進行的一種有關價值爭議判斷與抉擇過程，是特定的權力關係、意識規範，標示著相異的價值、美學形式體系，迴繞著一個不可逃避的意識性架構。博物館建築因此作為文本藉以揭示影響之文化政治生態系統，也預示了文化治理的內在思想。

「台北故宮博物院」的中國宮廷圖騰式建築語彙，在急於移植「歷史悠久的祖國」擬像以去殖民化表達正統。國民政府遷台後的主要興設的公共建

〔註170〕傅柯（Michel Foucault）著《Out of space》，提到異質空間（Heterotopia）具有兩極性的外在功能，一是創造幻想的空間，使得我們居住真實的空間相較之下更顯得不真實；另是創造另個真實且又完美的空間，剛好與現實世界雜亂無章的空間相對。

〔註171〕「物質實踐」（material practice）、「建築生產模式」（architectural mode of production）、「建築論述」（architectural discourse）各概念，參考夏鑄九著：《理論建築》（台北：台灣社會研究叢，1992年）。

築無不以中國皇朝宮殿形制表現，包括孔廟、圓山大飯店、陽明山中山樓、台北故宮博物院、國父紀念館到晚進的中正紀念堂，止在強調作為種中國傳統古國正溯的合法性象徵，台北故宮博物院於 1965 年完成〔註172〕，按北方宮殿風格採四層樓宇底層外展方闊視覺對稱，頂設五座飛簷樓閣特意營造王朝般雄偉，作為中華文化道統象徵性表徵，接合了中華文化的歷史記憶，轉譯了傳統中國帝國文化符碼。藉由國族記憶圖騰的喚起，作為後殖民文化論述，建構中國歷史式的集體記憶與認同感，作為正統中國意義實踐的操作場域。在台灣社會劇變過程中，台北故宮以建築作為一個承載中國國族記憶的容器，以中國皇朝文化符碼來召喚中國歷史記憶〔註173〕，除宣示中國在台灣後殖民階段重執文化領導權外，兼及國共內戰鬥爭延長賽局中競爭「正統中國」代表性，相較於中國共產黨發動文化大革命，台北故宮再現了傳統中國基因，作為台灣爭執代表中國道統的正當性。

地方化的「蘭陽博物館」則外穿了象徵化地景形廓，宛如宜蘭自我凝視著。蘭陽博物館建築造型意象來自館址周遭自然礁石地景的仿真映照，外部視覺成單面山幾何造型，係設計者反映周邊地景風物用以「表現地方」的會心造型。有別於台灣總督府博物館及台北故宮博物院的帝王典範，蘭陽博物館造型反映了社會典範從向上仰望轉移為對地方凝視，也是視覺表達在政治解放後捕捉在地情感的具像化表現。造型元素轉化自東北角北關海岸一帶常見的單面山礁岩地理，特徵為一翼陡峭東迎太平洋，西翼緩斜背依雪山山脈立礁，是區域地理特質所造化岩岸地景。屋頂與地面夾 20 度角，尖端牆面與地面成 70 度〔註174〕，係姚仁喜承續游錫堃籌建企畫中「表現地方」意識形態的會心造型，超越了張譽騰等規劃團隊與縣府籌建委員「以漳、泉閩南建築形式為博物館設計主調」的先期共識〔註175〕。在地生成、象徵符碼化為地方主體性，其外在建築於地理空間中的實踐，即為一深具識別度的視覺展示與地域書寫，在空間政治中主導空間定義的權力表現為：一個地方發現自己的過程，證成地方身分的典範，更是地方政團以地方意識主掌在地文化領導權的文化轉向。

〔註172〕郭肇立〈從「現代性」解讀台灣建築〉，收於金光裕：《台灣建築之美》（台北：行政院文建會，2004 年）。
〔註173〕〈國族記憶與歷史認同——台北故宮與故宮南院建築之文化符碼解析〉。
〔註174〕姚仁喜：《蘭陽博物館硬體規劃細部設計書》（宜蘭：蘭陽博物館，1989 年）。
〔註175〕參據宜蘭縣政府「博物館籌建規劃委員會」1984 年 10 月 26 日「蘭陽博物館整體規劃案期中簡報會議記錄」中游錫堃之會議裁示。

（五）策展內容與社會文化再生產

博物館意識形態對觀賞閱聽者最為直接深刻的影響，表現在視覺治理與其文化的再生產中。博物館中物件、標本、影像等作為個別視覺標的，或作為總體整合的策展主題、分類、定義說明，甚至展示動線、位置、氛圍等作為或不作為因素，始終扮演著展示客體之文化詮釋與意義溝通的媒介和影響因子。意義、再現與詮釋權力，工具本質的再製與投入觀者視界，其複雜性及主導視覺詮釋背後的權力關係，所形成之泛政治性影響，遠遠超越一般「正常國家」中對博物館有關的視覺意義系統的理解。若以人類學方法論中「主位（emic）」和「客位（etic）」的概念來檢視這些端點，博物館實踐是記錄視覺意象的觀看過程，並非在觀看的主位和客位間畫上界線，而是一種主位和客位、觀看交融的產物。〔註 176〕

台北故宮博物院及蘭陽博物館，作為各時空座標下社會意義與文化詮釋的視窗，藉由博物館內跨時空觀看模式呈現著某種特定向度的視覺本質與再現意涵，系統化的在不同時期、針對不同客群輸送著再現和詮釋的因子。影像/符號、寫實再現/想像複製、知識/意識形態、文字敘事/視覺意義等可能相對意義的產生、意義流動與意義再脈絡化，舖陳著觀者的理解架構、美學習性與集體記憶和情感，博物館的視覺治理在不同的再現機制下，會複製甚或取代真實而產生更深一層次的意義再生產的文化循環，經由特定場域對文化內容以選擇性視覺操作，主體與客體不但可以互動共感，且可超越時空互相定義，具備這文化社會化機能〔註 177〕。

博物館媒材和民族誌文本產出的過程，總是必須經過人為的篩選、蒐藏、解釋和展出。一旦進入了意義層次的實踐，圖像就成為一個具有複雜秩序的再現體系，也是一個不停變動的符號系統。對 Bourdieu 而言，博物館是散播菁英階級品味的文化機構，透過展場凝結的時空膠囊中，區隔「通俗／高尚」階級，達致社會分化的果效。〔註 178〕博物館透過象徵力量，透過文化再生產

〔註 176〕楊翎：〈影像的博物館人類學視角與理論意涵〉，收於《文資學報》第六期，台北，2011 年，頁 29～59。

〔註 177〕廖新田：《從深層到表面：現代主義與後現代主義視覺模式研究》。國立臺灣大學社會學研究所博士論文。2006。陳光興：〈真實、再現、擬仿：布希亞的後現代媒體社會學〉收於《當代雜誌》65 期，臺北，1991。頁 18～29。及 Marcuse，1988；Lechte，2000：337～338。

〔註 178〕黃應貴：《反景入森林──人類學的觀照、理論與實踐》（台北：三民，2008年），頁 368～371。

過程，使社會意義不斷的再現以及不斷的分配，具備了異質空間的特質，博物館臨時秩序的共時狀態，是各種時間序列交匯於此，隨著時間的啟動，乘載於時間軸上的元素或事件，會各自展開其機制運作，並發揮作用，所以異質空間是完成社會實踐的實質空間。〔註 179〕

甘立尼表示：「進入博物館不是像走進一棟建築物，看看作品那麼單純，這是社會行為儀式化的系統」。〔註 180〕以去殖民化及標榜正統中華文明為核心使命的「台北故宮博物院」在視覺治理上，在盡展歷朝的瑰寶蒐藏，尋求接合及轉譯漢族群的歷史記憶，以再生產中華民族的我群感。單一民族國家的特點為國家中的優勢團體透過具有排他性的同化政策，建構一種由單一民族或共同文化背景組成的想像的共同體，以培養國民有一種「同體一致」的感覺〔註 181〕，國族主義作為一套意識型態，藉由台北故宮展現中華文化為終極價值與關懷，以官方國家級博物館陳述「國家文化」，作為一個承載中國國族記憶的容器，以中國皇朝文化符碼再生產中國歷史記憶，進而在視覺治理及空間政治中改變台灣社會的集體認同。戰後國民政府去殖民化的考慮下，以截運之中國皇朝珍稀收藏接合道統系譜一脈之歷史記憶，轉譯為國族共同體文化符碼的再生產機制。

地方化的「蘭陽博物館」則扮演在地文化、生態櫥窗的視覺治理角色，以再生產住民的身分識別知覺與闡述地方意義系統，同時外顯殊異的地方性。蘭陽博物館與以中國藝術文化為主的台北故宮博物院，在視覺及文化再生產方面所不同的是，在於展示宜蘭地文自然、人文，旨在彰顯地方性並有效促進觀光經濟。但在文化政治初始場域形成決策後，即開始將開館之軟硬體及展示策略等實務，委託以倡議生態博物館概念的張譽騰為主規劃人〔註 182〕。生態博物館的策展概念，緣承於 1980 年代「新博物館學」（New Museology）的潮流所提倡的新時代博物館新文化運動，如 Hugues de Varine 所言，是「以土地取代博物館建築，以文化資產取代典藏品，以人民取代參

〔註 179〕王志弘編：〈論異類空間〉，收於《空間—社會理論選讀—上冊》，未發行，2000。
〔註 180〕轉據 Toby Miller/George Yudice 著，蔣淑真、馮建三譯：《文化政策》（Cultural Policy）（台北：巨流，2006 年），頁 237～238。
〔註 181〕盧梅芬：〈從殖民同化到多元尊重的新國族論述探討國家級博物館、國家敘述與原住民的關係〉，收於《博物館學季刊》（台中：國立自然科學博物館，2012 年 7 月），頁 113。
〔註 182〕初始締約委託時之計畫主持人為當時國立自然科學博物館長周延鑫，旋易為張譽騰。

觀者。」〔註 183〕，張譽騰的概念發表於其《生態博物館：一個文化運動的興起》〔註 184〕的著作中，生態博物館的文化生產策略目標是「地域集體記憶」的再現，其視覺治理構想在於強調在地居民的公共參與，以當地社會公共議題的關注呈現為主；執行方式在重視社會環境的保育，以及人和自然的互動。歸納蘭陽博物館常設展之展示架構及內容也具體聚焦為：「族群文化及拓墾」主題，以呈現多元文化及族群文史探原；「宜蘭遺址」主題，則以宜蘭縣文化中心多年考古出土豐富的大竹圍遺址為重心，兼及噶瑪蘭族群和蘭陽史前文化；「水的故事」主題，則重在宜蘭的水文地理及水、河資源所影響之生態；「綠色寶藏」主題，關心蘭陽平原多樣化生態、物種，尤以太平山為主的森林資源、林業文化的仿境體驗觀察等；「蘭陽大地」主題，在多層次呈現宜蘭地體、地質、地形氣候與海洋的特質與互動關係。各主題並隨展場內部高程，由低層之海洋、地底，往展館中層之蘭陽平原，再進而高層太平山之序列展開，臨境般的視覺搬演，使觀者似進又出的圍繞繁富宜蘭情境。一系列文本的展示和地域書寫，豐饒了宜蘭作為地方的主體性、完整性及趣味性；也如期實現了預設之宜蘭文化立縣傳統及轉化為在地光榮意識的泛發地。蘭陽博物館在張譽騰所想定之營運方針，在於分散式的收藏，在規劃中提及「未來的蘭陽博物館並不嘗試扮演「中央型」收藏庫的角色」，以大地是一座博物館的理念「現地收藏」。原設館策略是社群參與，一種離心、去中心化，非本位單一場館，反對普遍共通規則與價值，是後現代主義思潮的效應。

　　蘭陽博物館創造宜蘭傳統的性質及社會氛圍，不斷重複建立宜蘭的過去；一方面不斷招呼回應現代世界中經常性的變動與重構，另一方面則努力在維持在地社會生活現狀〔註 185〕。這兩方面的對立，在博物館主政者即宜蘭傳統「創發」者不斷視當下需要，再以「人工」予以接合、拆組、延伸詮釋，甚至複製再生產；進入宜蘭地方社會符號的重建與再現的互動驗證過程。宜蘭有效形塑了地方共感的發展規範，蘭陽博物館的基因圖譜一如內在軟體程式的指令邏輯一般，在發展論述與治理實務中凝煉而為既是規範也同時是驅動力的地方重建策略。在後現代解殖民性或稱去殖民性（De-Coloniality）的

〔註 183〕張婉真：《論博物館學》（台北：典藏藝術家庭，2005 年）。
〔註 184〕張譽騰：《生態博物館——一個文化運動的興起》，（台北：五觀，2004 年）。
〔註 185〕霍布斯邦（EricHobsbawm）等著，陳思仁等譯：〈創造傳統〉，收錄於其所編《被發明的傳統》（The Invention of Tradition）之導論（台北：貓頭鷹，2002 年），頁 11～25。

辯證中，多元性、全球化與後殖民世界，所關心提問的是：誰的知識？知識類型為何？知識如何構成？等問題〔註186〕。90年代以來台灣蜂擁的地方型博物館，由於與地方認同、社區總體營造、族群運動或新國族意識打造等政治力量聯結，而產生地方想像與國族想像混雜建構的現象，使得蘭陽博物館，成為不同意義實踐的角力戰場，文化內容的再生產與定義，都表現為對宜蘭文化政治語境的聚焦與回應。

從游錫堃任宜蘭縣長後，逐步發展施政論述，並在文化政策仍高度中心化階段，循中央及省指導性的文化政策脈絡中，有效確立了地方文化政策的主體性，開枝拓葉的展開了別具款式的文化治理經驗。作為地方決策單位的宜蘭縣政府，其文化政策方略實非建立在先驗性的人文理念模式上，係政策形成過程中，漸進的、形成文化治理的定性。而游錫堃的膽識及團隊格局、執行力均到位下，充分掌握文化領導權，開展了蘭陽博物館的文化故事。蘭陽博物館發生在蘭陽平原的偏鄉裡，特出的地方治理經驗，對文化看法的轉變，使地方文化從邊陲躍昇而為整合政治、經濟的新治理典範，是台灣「文化轉向」的建設性代表。

在文化自治化及再現在地文化的成就中，蘭陽博物館象徵著多元化、地方化的價值，但是在公民意識的深化、公共領域結構的形成與轉型，具備進步品牌聲望的宜蘭，在博物館文化領導權的正當性，及文化政治場域的公共性，有著需要持續向前的艱難與課題。另則，蘭陽博物館以文化產業的身分，被賦予再現地方、振興地方的期待，使得宜蘭社會取得了文化是門好生意的一種可能，但博物館周邊政經利益的異化風險，揭露了文化操作實務機制或許無意識的通過文化遂行了政治、經濟及社會利益爭議。惟宜蘭長此以來摸索出藉由民俗過程、空間定義、傳統發明等泛民俗過程彰顯地方意義與生活價值的過程，從人文理性角度出發，仍是殊值珍惜並動態追蹤研究的好課題。

第四節　宜蘭傳藝中心與傳統技藝展演空間的再創造

　　宜蘭通過復振早期鄉土生活質素的努力，沒有自限於縣政府地方自治事務的藩籬。宜蘭傳統藝術中心從創生到營運及發揮總體綜效的過程，宜蘭縣政府自始參與其中，關鍵人物仍是專注希望經由民俗過程振興地方的游錫

〔註186〕林文玲：〈視覺性與人類學知識的條件〉，收於《國立臺灣大學考古人類學刊》59期，2002年。頁4～39。

垩，在傳統藝術中心的選址及週邊有利條件的整合支持，甚至於協同創設營運基金會，將「歡樂宜蘭年」年俗節慶聚客資源投入傳藝中心等，都有深遠的影響。

一、宜蘭傳統藝術中心的創生與背景

台灣社會在經濟疾速成長及全球現代性穿透下，城市化帶來了人口流動與生活方式劇變的疏離，傳統生活聚落的解構與傳統藝術散失了社區載體，1970 年代民間社會對於台灣一味追求經濟財富、追隨歐美生活品味為潮流，本土民間藝術、工藝及傳統民俗在客觀的社會結構上偏居邊陲，在社會主流主觀的評價上遭鄙夷為過時的、落伍的、不夠精緻的，加上國家政策始終爭論於中國『大傳統』的代表性，輕忽了民間「小傳統」的解構式微、頻臨滅絕無以為續的民俗文化斷崖的歷史節點，紛紛以非政府組織的文化公益角色投入搶救社會傳統民俗資本的冷門範疇。在民間文化菁英及傳統民俗藝術界的入世實踐效應下，復健傳統文化的迫切感，回饋激化了政府部門的文化政策思維。

（一）「『東北部民俗技藝園』籌設計畫」開端時期（1990～1993 年）

1975 年，邱坤良入中國文化學院戲劇系中國戲劇組教授「地方戲曲研究」課程，兼任「地方戲劇研究社」社團指導老師，率地方戲劇研究社到臺北大稻埕「靈安社」田野調查並協商同意學生入靈安社為子弟，授予北管戲曲，1979 年 9 月，報導與傳播地方曲藝的《民俗曲藝》月刊由地方戲劇研究社出版發行 11 期後，由 1980 年成立的「財團法人施合鄭民俗文化基金會」接手，同年 11 月改版為《民俗曲藝》雜誌邱坤良先生擔任總幹事及總編輯，以法人組織架構持續支持北管、皮影戲藝術研習會、傀儡戲藝術研習會等〔註 187〕，是此波民間努力的濫觴。1978 年「中華民俗藝術基金會」致力於民族音樂的研究、保存與推廣；1980 年台大人類學系及政大邊政研究所接受教育部委託調查台灣傳統技藝及議能概況；1982 年「國立藝術學院傳統藝術中心」成立投入本土戲曲研究，成為國內最重要的本土戲曲資料中心。後續雖尚有團體投入不同領域、教育部也政策性鼓勵各級學校設立傳統技藝或民俗、本土戲曲社團，但螳臂擋車難挽狂瀾的困境中，保存復建台灣民間傳統藝術與民俗

〔註 187〕邱坤良：《民間戲曲散記》（臺北：時報，1979）；《野臺高歌》（臺北：皇冠，1980）；《現代社會的民俗曲藝》（臺北：遠流，1983）。

的系統性復振作為便成了寄望於國家文化行政部門的文化重擔了。

　　1982 年至 1986 年行政院文化建設委員會回應了民間期待，連續推動了五屆「民間劇場」，由政府創造非語境化展演舞台，以「廣場奏技，百藝競陳」或鼓吹「動態文化櫥窗」〔註 188〕，藉以激勵漸趨邊陲的傳統藝術，故有設立「民俗村」、「民俗技藝園」的倡議不斷，亟盼構築特定的民俗技藝保留區供民俗技藝傳承者長期展演、傳承〔註 189〕，讓庶民大眾得以在社區語境不再的斷裂文化經驗中親炙體驗傳統之美及民俗人文的生活智慧。在 1987 年先有「南部民俗技藝園規劃案」〔註 190〕的規畫案提出，復有仍應評估創設北部據點以為區域平衡之倡議，1990 年行政院文建會於是根據「79 年度加強文化資產與觀光結合實施計畫」著手研議，正式向行政院提案「籌設東北部民俗技藝園計畫」的政策構想，與「籌設南部民俗技藝園計畫」、「籌設民族音樂中心」、「籌設藝術村計畫」等同時獲納入「國家建設六年計畫」〔註 191〕。

　　文建會「籌設東北部民俗技藝園計畫」的政策構想獲行政院制度性背書後，各地方聞風爭相競取，包括花蓮、桃園及台北市希望設於關渡〔註 192〕。適逢游錫堃刻正藉籌辦「開蘭 195 紀念日」開創宜蘭鄉土主體性論述及爭取闢設北宜高速公路之際，深度契合其本土化民俗主義施政信念及地方發展策略，且千載難逢的由中央政府提供在地建設資源，游錫堃當即敏感積極的視爭取民俗園區為關鍵性政務，自身親率縣府團隊展開對行政院及文建會爭取設置宜蘭的遊說，並擬具了「設置『台灣民俗技藝園』建議案資料」作為力爭的說帖，敘明「民俗技藝系國家重要文化資源，其含蘊著民族心智之締造及歷史延續之歷程，是文化成長之具體見證。」，表示「保存並傳承固有民

〔註 188〕劉可強：《東北部民俗技藝園環境說明書》（宜蘭縣政府委託，未出版，1994），頁 1。

〔註 189〕邱坤良：《東北部民俗技藝園整體規劃報告書》（宜蘭縣政府委託國立藝術學院，未出版，1994），頁 11。

〔註 190〕行政院文化建設委員會：《南部民俗技藝園規劃報告》（行政院文化建設委員會，未出版，1987）；《臺灣南部民俗技藝園規劃案規劃報告》（行政院文化建設委員會，未出版，1990）；《南部民俗技藝園新建計畫摘要》（行政院文化建設委員會，未出版，1992b）；《南部民俗技藝園規劃報告》（行政院文化建設委員會，未出版，1997d）。

〔註 191〕陳金泉：〈細說傳藝政書〉收於方芷絮：《藝路走來——國立傳統藝術中心的籌備與興建過程》（宜蘭：國立傳統藝術中心，2003），頁 26。

〔註 192〕陳金泉：〈細說傳藝政書〉收於方芷絮：《藝路走來——國立傳統藝術中心的籌備與興建過程》（宜蘭：國立傳統藝術中心，2003），頁 38。

俗技藝供後人及子孫學習體驗先民智慧結晶」與陳定南先前執行及游錫堃就任年餘所力推復振民俗文化的「縣政建設發展目標一致」，並強調「宜蘭為歌仔戲發源地，民間迄今彈唱未歇」，另掌中戲、傀儡戲、福樂及西皮北管國樂等劇藝團體仍在地存在，可就近支持民俗技藝園運轉後之常態演出需求〔註193〕。並提議地點可就宜蘭東側海線結合冬山河風景區下游河畔右岸漁塭養殖區串承一氣，或西側山線觀光系統中的員山鄉中華村粗坑山谷地區擇一設置〔註194〕。

（二）提昇定位為「國立傳統藝術中心」時期（1994～迄今）

在一連串的爭取過程後，1991年1月16日經過文建會評估後中央政府終於選定「東北部民俗技藝園」落腳宜蘭縣五結鄉冬山河下游50公頃魚塭地為規畫籌設範圍〔註195〕。文建會並同意先行補助500萬授權宜蘭縣政府委託國立藝術學院主導整體規畫。《東北部民俗技藝園整體規劃報告書》由邱坤良任規畫主持人，台大城鄉規畫研究所劉可強任協同主持人，規劃設委員會由游錫堃任召集人，整體規劃報告書在1993年3月完成，分析台灣傳統藝術困境在於人才斷層缺乏、觀眾無願參與及傳承人和傳承團體苦無足夠及常態演出機會，因此設定民俗技藝園長程運作之功能應滿足民俗技藝展演機會；促進國內外民俗技藝交流；鼓力傳承藝人並照顧其生活；致力民俗技藝教育及研究；建立民俗技藝宣傳行銷系統；培養民俗技藝人才等功能需求〔註196〕。經過田野調查及傳承人訪問後，歸納民俗技藝園展演的技藝項目以台灣地區為主要範圍，初步以本土戲曲及傳統公益兩大類為主，園區配置氛圍以傳統聚落型態呈現農業社會的整體生活情境，同時作為民俗技藝展演的背景環境，農業社會的表達元素則設定「稻米文化與米穀產業景觀」，包括生產技術、過程與工具及各項農閒娛樂技藝民俗；「信仰與習俗」，慶生、婚姻、喪葬等各

〔註193〕宜蘭縣政府：《設置『台灣民俗技藝園』建議案資料》（宜蘭縣政府內部文書，未出版，1990。）頁7～24。

〔註194〕惟建議資料僅提出冬山河下游風景區分析建議，略過員山基地之推介，足見員山僅係應文建會應提出替選地點的要求，宜蘭縣政府政策指標在引進技藝園區進入冬山河下游。宜蘭縣政府：《設置『台灣民俗技藝園』建議案資料》（宜蘭縣政府內部文書，未出版，1990。）頁7～24。

〔註195〕陳賡堯：〈宜蘭文化大事記1990～1997〉收於氏著；《文化・宜蘭・游錫堃》末頁。

〔註196〕邱坤良：《東北部民俗技藝園整體規劃報告書》（宜蘭縣政府委託國立藝術學院，未出版，1994），頁9～11。

種生命禮俗，及普渡、作醮、神明誕辰等民間宗教節慶活動。園區展演內容則擷取宜蘭在地人文風貌，與宜蘭整體文化與觀光相關計畫尋求契合協同發展〔註197〕，初描了園區條件分析、內容設計、整體環境規劃構想、設立民俗技藝學校評估、環境衝擊影響說明等藍圖，也架構了園區基本策略及發展軸線。營運管理體制形式涉及園區成敗和復振傳統技藝政策的有效實踐，規劃團隊特別分析了政府公營、民間企業化經營、公部門與民間合營、由官方支持創立財團法人基金會負責營運等四種型態之良窳，具體建議應採取較據理想性的非營利也是非公營的基金會〔註198〕，由各級政府及民間共同籌資成立董事會決策管理，另設藝術評議委員會監督並評鑑。

　　1993年12月宜蘭縣政府參採邱坤良主導的《東北部民俗技藝園整體規劃報告書》研提《東北部民俗技藝園事業計畫》初稿，1994年2月修正為《東北部民俗技藝園新建計畫》，文建會審查通過後據以提報行政院。1995年8月文建會為配合行政院12項建設計畫，主動提昇「民俗技藝」園之範疇擴大為「傳統藝術」，1995年2月行政院正式定案為「傳統藝術中心新建計畫」〔註199〕，確認了傳統藝術中心直轄於文建會的國立官方體質與組織編制，也保障了相關傳統藝術傳承及園區營建與管理經費由國家預算支應。1995年3月宜蘭縣政府隨即按行政院核定之22餘公頃規模展開土地徵收作業及後續之土地變更與環境影響評估〔註200〕。

　　1995年11月行政院通過「國立傳統藝術中心組織條例草案」次月成立籌備處，理念中的民俗文化傳統的保育、復振政策至此經由法制化程序定位了傳統藝術治理組織為國立文化機構，望向本土的傳統藝術推廣與傳承的多功能有機文化園區由文建會及縣政府召集成立了籌建小組及籌建指導委員會，廣納官員及學者專家展開實質籌建工程；除了園區工程建進展外在時任文建

〔註197〕邱坤良：《東北部民俗技藝園整體規劃報告書》（宜蘭縣政府委託國立藝術學院，未出版，1994），頁14～17。

〔註198〕目前傳統藝術中心之經營管理體制採文化部建置公務體制為主，負責薪傳、推廣、研究、交流等任務，園區其他體驗與觀光結合之營運則經由競標由民間企業接受委託。前系屬統一超商，2017年系屬全聯集團。

〔註199〕劉可強、邱坤良：《傳統藝術中心細部規劃報告——工藝、戲曲、產業、生態、及文化的傳承與創造》（台北：台灣大學建築與城鄉研究所規劃室，未出版，1995），頁1-1。

〔註200〕陳金泉：〈細說傳藝政書〉收於方芷絮：《藝路走來——國立傳統藝術中心的籌備與興建過程》（宜蘭：國立傳統藝術中心，2003），頁26～28。

會副主委同時是民間藝術保存傳習計劃諮詢委員會召集人劉萬航主張下〔註
201〕，以珍惜時效的原則自 1995 年開始同步推動為期 3 年的「民間藝術保存
傳習計劃」〔註 202〕。2002 年 1 月 28 日斥資 20 多億元的國立傳統藝術中心經
過 6 年繁複的籌建過程終於落成，綢繆了「傳藝宜蘭元年」系列活動，以草
根節慶溫暖的語式「入厝、掛牌、喜事來」為題在民俗宜蘭、鬧熱傳藝的磁
場中，展開了台灣傳統民俗藝術的新生之旅！

二、國立傳統藝術中心的性質與展開

　　從民間傳統藝術傳承人及學術界共感傳統藝術及民俗文化瀕危的焦慮，
到集合民力凝結而成非政府組織以公民實踐行動研究、推廣並創造社群平
台，力挽狂瀾到倡導復振，1990 年代表國家投入民俗文化治理的提案方才啟
動。對於國家投入資源與政策性干預的民俗傳統復建組織與非語境再現園區
的體質屬性，夙有不同選項相對優劣的爭議〔註 203〕。

（一）民俗技藝復振組織的國家化

　　對於傳統藝術中心的體質，學界普遍期待國家扮演政策配合者、資源提
供者、環境造就者，有力承擔維護傳統民俗、民間有形無形文化資產等先民
累積的生活智慧及人文資本，但同時期期以為應保全民間文化來自民間的自
生自主傳統，故普遍傾向由國家提供經費、空間等物理條件，結合民間傳承
社群的人文社會條件，複合學術知識菁英專家條件與公民參與的公共化條
件，警醒民間瀕危傳統人文藝術的公共價值意識，形構傳統人文藝術因社會
生活形式變遷所無以附載的非語境化再現機會與空間，並梳理其傳統紋理尋
求傳統活化再生或社會文化再生產的最佳可能性，但這民間文化邊界的確立
則希望建立在國家權力不介入干預的底線原則上。因此在各種爭議協商的妥
協中，較佳的民俗傳統復振組織屬性方案應宜為國家與民間共同組成類公法
人的非政府組織，也就是以民俗傳統復振為天命宗旨的泛文化基金會；純粹
商業化的企業組織雖具有行動彈性、資金充足、效能效率等長處，但過度追

〔註 201〕陳金泉：〈細說傳藝政書〉收於方芷絜：《藝路走來——國立傳統藝術中心的
　　　　　籌備與興建過程》（宜蘭：國立傳統藝術中心，2003），頁 38。
〔註 202〕行政院文建會：《民間藝術保存傳習計劃》（國立傳統藝術中心籌備處，未出
　　　　　版，1995）。
〔註 203〕邱坤良：《東北部民俗技藝園整體規劃報告書》（宜蘭縣政府委託國立藝術學
　　　　　院，未出版，1994），頁 196～210。

逐商業利益恐不利傳承；或純粹國家化的公務組織，雖有行政資源及公帑預算的便利，但剛性的法令與程序綑綁，政治與行政權的穿透干預，素為民間忌憚。

1991 年 1 月 16 日經過文建會評估後中央政府終於選定「東北部民俗技藝園」落腳宜蘭縣，有關土地取得、土地變更程序、宏觀的園區整體規畫及興建工程的細部計畫、分期分區計畫、細部設計及發包施工等作業均委託宜蘭縣政府配合負責。2002 年 1 月，行政院文化建設委員會以官方法定程序發佈《國立傳統藝術中心暫行組織規程》，先行授予傳統藝術中心興建與籌備的法定地位，並先即展開全國傳統藝術之維護、調查、研究、保存、傳承與發展等事不宜遲的民俗文化傳統搶救任務。2011 年 6 月《國立傳統藝術中心組織法》正式發布，周延其機構職掌為：傳統藝術之研究、展演、推廣、獎助、典藏及創新發展；傳統藝術文獻圖書視聽資料、資訊之採編、出版及管理；傳統藝術數位加值運用及教育推廣；傳統藝術之人才培育；傳統藝術之國際及兩岸交流；臺灣音樂之調查、採編、保存、研究、交流及推廣；傳統藝術園區與派出單位場館營運發展管理及督導〔註 204〕等事項。確認了以國家機構性質投入傳統技藝及民俗傳統復振再現的漫漫長路。

（二）民俗技藝復振治理的科層化

公務化組織中架構了綜合企劃組、劇藝發展組、營運推廣組等三主責傳統復振部門。「綜合企劃組」職司：研訂傳統藝術創新發展推動計畫；傳統藝術之調查、研究、採集、出版之規劃、研擬及推動；民間團體及資深藝人之輔導及獎助；文獻圖書視聽資料、資訊之採編、管理及諮詢服務等。「劇藝發展組」職司：傳統戲曲、音樂、舞蹈、民俗雜技等表演藝術跨界合作之規劃及推動；劇本、劇藝之研發、創新及推廣；演藝、編導人才培訓之規劃及推動；重要藝術節慶與戲劇、音樂、舞蹈等展演活動之規劃及推動；國際與兩岸交流之規劃及推動等。「營運推廣組」職司：傳統工藝、戲曲、民俗、文物之典藏展覽、教育推廣等規劃及推動；傳統藝術園區文化創意發展之規劃及推動；傳統藝術園區委外營運之規劃、招商、履約管理及績效評估；志工招募、培訓、推廣及管理；傳藝中心整合行銷、新聞媒體公共關係發展等。

另為因應台灣特殊的傳統戲曲藝術脈絡，並納入了「臺灣音樂館」、「國

〔註 204〕參據《國立傳統藝術中心組織法》第 9 條規定。

光劇團」、「臺灣豫劇團」及「臺灣國樂團」等，作為傳統藝術紮根的實踐團隊。臺灣音樂館」職司：臺灣音樂之調查、研究、採集、保存、維護、傳承、出版；音樂圖書視聽資料之典藏、採編、管理及諮詢服務；音樂創作人才培育計畫之研擬及推動；臺灣音樂授權交流平台之規劃及推動；國際與兩岸音樂交流合作事務之研擬及推動等。「國光劇團」職司：京劇演出之規劃、製作及排練；劇藝研究、宣傳行銷、教育推廣、國際及兩岸交流；劇本創作、編修及資料蒐集、典藏、管理等。「臺灣豫劇團」職司：豫劇演出之規劃、製作及排練；劇藝研究、宣傳行銷、教育推廣、國際及兩岸交流；劇本創作、編修及資料蒐集、典藏、管理等。「臺灣國樂團」職司：國樂演出之規劃、製作及排練；國樂研究、宣傳行銷、教育推廣、國際及兩岸交流；國樂曲目創作、改編及資料蒐集、典藏、管理等〔註205〕。

（三）園區營運的商業化

2003年10月傳藝中心園區空間開幕以國家機構自行營運的形態開放民間體驗觀賞，同年11月便政策性的決定依據《國立傳統藝術中心組織法》對傳統藝術園區場館營運發展管理的授權，引用《促進民間參與公共建設法》委託民間競標營運管理權的方式，嘗試將寬廣園區中不涉及國家權力且直接提供民眾進行傳統藝術民俗體驗的服務界面業務，招商引入民間組織的彈性活力、人力資源及營運資金。由於國內企業界尚欠缺民俗文化園區營運管理經驗與可借鏡案例，又因園區位居偏遠濱海河畔，難以樂觀評估營運成本與收益，致皆興趣索然、裹足不前。經過文建會及宜蘭縣政府先期說明且多方循人脈拜訪鼓催，參與園區委託營運權競標的廠商僅「協和國際多媒體」及在徐重仁帶領下正全力擴充 7-ELEVEN 流通版圖衝破 2000 餘家店的「統一超商」，後因前者體質不善向法院提出公司重整撤銷入審資格，惟僅存之「統一超商」仍心存觀望，對經營前景仍多所疑慮，終於在宜蘭縣政府同意由所屬「蘭陽文教基金會」以基金入股與「統一超商」共同新創「統一蘭陽藝文公

〔註205〕參據 2012 年 5 月 20 日始生效之〈國立傳統藝術中心組織編制表〉、〈國立傳統藝術中心處務規程〉。國立傳統藝術中心從籌設到運作初期皆仰賴 2002 年 1 月行政院文化建設委員會以權變法定程序發佈的《國立傳統藝術中心暫行組織規程》為運行根據。《國立傳統藝術中心組織法》因立法院效能不佳，遲至 2011 年 5 月 20 日始通過並設定自 2012 年 5 月 20 日生效，取替原暫行組織規程。

司」〔註206〕的信心背書下，簽下一期 2004 迄 2010 共六年，每年應支付定額權利金新台幣 500 萬元及年營業毛額的 1%為浮動權利金的傳藝園區委託經營管理合約，開始揭開台灣公部門與商業部門協力復振民俗傳統的序幕。自此，屬於國家機構的「國立傳統藝術中心」專注於民俗傳統藝術的保存復振；屬於商業部門的「統一蘭陽藝文公司」則承擔園區體驗空間的應運與活化。

各方在新模式的互動衝突協商過程中，文建會力持彈性寬鬆的履約管理立場；「統一蘭陽藝文公司」則以其企業的靈活管理及母集團的廣布商業網絡，發揮企業形象及行銷、管理綜效；宜蘭縣政府則在傳藝中心與「冬山河親水公園」的觀光動線連結、行銷上，與「宜蘭國際童玩藝術節」及「綠色博蘭會」、「宜蘭七夕情人節」等大型嘉年華活動的結盟配套上，尤其是雪隧通車後，年入園人次激增到上百萬人次，2006 年終於出現盈餘，後來旗幟鮮明的「歡樂宜蘭年」年俗節慶對全國知名度及好感度的帶動，使得傳統藝術中心儼然形成了強而有力的文化品牌與文化觀光來客必遊的朝聖地。2007 年「統一蘭陽藝文公司」也履行委託經營合約捐資成立「台灣傳統藝術推廣基金會」之約定，增加一個以非營利組織身分扮演守護民俗傳統文化的公益回饋角色。第一期委託經營六年合約應於 2010 年屆期，惟因「統一蘭陽藝文公司」獲國立傳統藝術中心「營運期間績效良好」〔註207〕之評定，依約按原條件享有一期優先續約權，延續了 2010 迄 2016 年之第二期傳藝園區委託經營管理合約。

2015 年底「統一蘭陽藝文公司」約期屆滿前，傳藝園區的社會聲望及品牌價值躍進，已非昔日求親斯人、前景未卜的弱勢冷門偏鄉機構，在「國立傳統藝術中心宜蘭傳藝園區（含臺灣戲曲中心部分設施）整建暨營運移轉案」第一階段正式公告徵求經營管理團隊時，除明列倍增的年定額權利金調升為新台幣 1000 萬元及調升年營業毛額的 2%為浮動權利金外，尚包括新約期延長為 15 年期中承包團隊應逐年投入總額不得低於五億元的硬體改良經費，每年需捐助傳統藝術中心新台幣 2500 萬元做為「傳統藝術發展作業基金」，及每年應投入推動展演與教育推廣活動經費不低於 8000 萬元等嚴格條件，惟並未冷卻市場熱情。除「統一蘭陽藝文公司」盼續爭前矛鞏固城池外，尚包括以全聯福利

〔註206〕參據蘭陽文教基金會：〈蘭陽文教基金會 2004 年董事會會議紀錄〉（蘭陽文教基金會，未出版，2004 年）。
〔註207〕參據國立傳統藝術中心：〈國立傳統藝術中心宜蘭園區委外營運審查會議紀錄〉（國立傳統藝術中心，未出版，2009）。

中心知名的全聯物流集團旗下的「台灣善美的股份有限公司」及「佛光大學」等積極進場評選爭取，在名為《宜蘭傳藝園區第一階段委外經營發展成效評估計畫》的激烈評選競逐中，由徐重仁從統一集團轉換身分領軍的全聯集團以完整豐富的經營構想勝出，取得第一階段最優的評選資格。其企劃創新推動思維及依照歲時節令吸引客群，超越之前僅單線式的搭配宜蘭縣政府春夏秋冬四季設計活動，主張傳藝中心依照傳統上相對密集的歲時節令為主軸，以更觸動的歲時民俗元素召喚現代城市游子相對密集的吸引不同客群上門。同時強調傳藝不只是一個園區，更重要的是如何和地方連結，產生如同日本名古屋真中祭、北海道索朗祭等祭典不但保留傳統，也能讓年輕人積極參與的「地方創生」效應，舉歷例傳藝中心所在地宜蘭五結鄉年度最熱鬧的民俗盛事莫過於元宵節前後的永安宮「走尪」，傳藝應就近與在地聯結，不但應派民俗表演團體主動參與，也應加入聯合八大庄古禮遶境等在地民俗活動等。並宣告一旦獲得傳藝園區委託經營管理權後，將由「台灣善美的股份有限公司」捐資創立專責傳藝園區營運管理之專案法人，即「財團法人全聯善美的文化藝術基金會」，以非營利機制避免傳統藝術體驗環境過度商業化〔註208〕。

　　全聯集團在第一階段勝出後，「國立傳統藝術中心宜蘭傳藝園區（含臺灣戲曲中心部分設施）整建暨營運移轉案」競標進入第二階段，在傳藝中心依程序公告其最優條件進入徵求第二階段再挑戰者時，以歌仔戲演出及劇團管理名揚國際的「明華園劇團總團」也入場提出了競標挑戰書，惟經評審仍由全聯所屬的「台灣善美的股份有限公司」勝出，並於 2016 年 1 月由完成法人立案的「財團法人全聯善美的文化藝術基金會」與國立傳統藝術中心完成長達 15 年的特許營運管理權，屆期前若經評定績優則仍得享有延續為期 10 年的優先續約權，在 2017 年 1 月 21 日完成初步修繕整建重新對外開放。全聯善美的基金會為表忠於傳統藝術範疇，在需聘三分之一以上外部董事的人選整合中特邀請表演藝術領域的吳靜吉、藝術史學家莊伯和、知名民俗學者林茂賢、歌仔戲名伶唐美雲、台語歌后江蕙及歷任地方及中央文化部門主管的林德福等擔任專業董事〔註209〕。但 2016 年春節新經營團隊初試啼聲重新開幕

〔註208〕台灣善美的股份有限公司：《宜蘭傳藝園區第一階段委外經營發展成效評估計畫》（傳統藝術中新公告，未出版，2016）。

〔註209〕參據遠見雜誌：〈徐重仁拾回舊愛　矢志守護傳藝中心到 93 歲〉2016 年 12 月號。及「財團法人全聯善美的文化藝術基金會」捐助章程及董事會名冊，未出版，2016。

後，卻普遍激起了全聯營運作過度商業化的疑慮，隱約透露著藉由文化粉飾急於營利回收的焦慮。

三、傳統意象的展演空間

傳統藝術中心被賦予各項傳統藝術的研究、維護、保存、傳習、推廣、諮詢〔註210〕，也納入了民俗體驗觀察、民俗博物展示、民俗消費等當今之休閒遊憩及文化觀光等期待，其空間意象及語境重現的配置功能，成為主要的元素考量。

（一）重現閩南聚落型態

在傳統藝術的光譜中一般歸納為傳統戲曲、傳統音樂、傳統工藝、傳統民俗等四大文化範疇為傳藝中心的核心關懷，相關組織制度的設計、人力資源的編配、園區空間的設想與構成，都旨在回應核心策略與需求。於是園區空間除了行政管理的消極需求空間外，尚包括住宿招待所、室內外大小型表演舞台，較特殊的是有關傳藝空間的氛圍形構，從 1993 年最早的《東北部民俗技藝園整體規劃報告書》，邱坤良即構想以「聚落形態表達農業社會的整體生活情境」，並主張「園區既以民俗為題旨，若欲長期保持外向的活力，必將和當地人民互動融合，成為社區一分子，而其機能越強勢，目標群眾範圍越大，對當地所牽動的影響也越巨」〔註211〕。

作為一位民俗學研究者而言，我們從這裡看到了如同歐美社會民俗主義時期，由國家權力領銜，民俗或傳統專業領域的專家們介入協助再現非語境化情境的社會協同過程；一個這般形成的民俗文化動力結構，有效驅動了重建一個仿真的民俗情境文本的民俗復振策略。使不特定公眾得以經由聚落再現、景觀元素重組，並配合動、靜態及室、內外交錯策展，低障礙的形成觀聽者進入時空隧道般的「往日重現」感。這揉合歷史感、空間感，如同進入博物館儀式化空間普遍能觸成觀聽者「心理空間」及「心理時間」位移般，以重建特定的社會集體記憶氛圍的見解主張，同時表現在 1995 年劉可強所主持的《傳統藝術中心細部規劃報告》中，其理解「民俗技藝不是獨立存在的一群事物，而是與人

〔註210〕陳郁秀：〈一路走來喜見傳藝中心落成〉收於方芷絮：《藝路走來——國立傳統藝術中心的籌備與興建過程》（宜蘭：國立傳統藝術中心，2003），頁 6。
〔註211〕邱坤良：《東北部民俗技藝園整體規劃報告書》（宜蘭縣政府委託國立藝術學院，未出版，1994），頁 15。

和整體環境緊密相關的生活全面」，如果將民俗技藝設定為遊憩主題「若只停留在表面的知識性介紹，並不能讓人真正認識其價值」，基於對民俗技藝展演及傳承環境需求的分析掌握，劉可強等倡議應「發展出對應的園區配置及空間設計準則」，評估「提供遊客多種不同深入程度的活動」是民俗體驗推廣教育所必須的，因此在空間策略上「適度模擬一個完整而真實的聚落與產業空間及產業景觀中常見的生態系統」，確實「有助於生活環境早已脫離傳統的現代人，來理解民俗技藝存在的背景及內在意涵」，而實現這空間機能邏輯的具體做法，便是「將不同深度、性質的活動以『活動圈』的方式配置，以區分其不同的層次」〔註212〕。這個「活動圈」的配置指導概念實現在如下傳藝園區的各聚落群間。

（二）輻射式活動圈

　　傳統藝術傳習區：由戲劇館、曲藝館、傳統工藝傳習所、圖書館及體育館各建築物構成傳統戲劇及傳統戲曲有關的傳習、排演、研究、教學活動圈。此區機能較屬傳統技藝藝師、藝生及研究者之空間，教學區屬半私密區非對外開放區。戲劇館，有排演室、行頭間、技術製作室等，技術製作室備齊了木工、金工、電焊、縫紉等機具，用已完備演出之舞台構成、道具製作修復及演出服裝等。曲藝館，則包含曲藝傳習所，設有實驗劇場、大小傳習室、藝師休息室、道具間、戲服間等；其中小傳習室在個別樂器指導或身段練習，大傳習室則作為群戲或舞蹈排練。傳統工藝傳習所，設有教室、討論室、工作區、討論區、傳藝師及傳藝生研究室等。圖書館職司傳統藝術典藏，提供臺灣傳統藝術與臺灣音樂文獻圖書視聽資料之查詢、調閱以及授權申請與臺灣傳統藝術、臺灣音樂文獻等領域之圖書、視聽資料、期刊、學術資源及資料庫等；並以傳統藝術數位資料庫的數位科技形式，提供包含傳統藝術文物、民間藝術保存傳習計畫、臺灣各族群音樂資源檔案、展演活動紀錄、各類戲劇及音樂等演出紀錄中心自製的傳統藝術資源網站，分為戲曲、工藝、音樂、民俗與雜技、綜合、線上展覽等領域，近四萬筆歷年研究計畫採集特色館藏檔案及各類展覽、演出、傳習計畫主題等〔註213〕，以支持傳習、學術研究需求。

〔註212〕劉可強、邱坤良：《傳統藝術中心細部規劃報告——工藝、戲曲、產業、生態、及文化的傳承與創造》（台北：台灣大學建築與城鄉研究所規劃室，未出版，1995），〈摘要〉及頁 2-1 至 6-48。

〔註213〕李乾朗：《遊園訪勝——國立傳統藝術中心建築群導覽手冊》（宜蘭：國立傳統藝術中心，2002）。頁 19～69。及方芷絮：《藝路走來——國立傳統藝術中心的籌備與興建過程》（宜蘭：國立傳統藝術中心，2003）。

　　傳統戲曲展演區：由引導遊客體驗動線串連，戲劇館中動態表演的演藝廳；傳統戲劇、音樂、雜技等靜態策展的特別展示區、研究展示區、文物展示室、資訊檢索區等；曲藝館、展示館及兩館間尚有戶外之臨水實驗劇場、戶外廣場等近身之舊時民間傳統生活動態情境之互動表演及體驗等〔註 214〕。展演係活化傳統文化資材最重要的手段與途徑，民俗文化承載者得有充分的尊重、適當的演出頻率、烘托十足的平台與氛圍等條件盡情的揮灑演出最是動人。也是瀕危民俗文化經由「傳統藝術中心」建設性介入的干預施為，營造民俗文化再語境化的衍展條件，尋求翻轉民俗文化與當代變遷社會有機互動及主、客觀生存條件改良的再結構化機制，以再生產瀕危民俗文化社會生存根柢的最佳途徑。傳藝園區動態表演內容以旗下國光劇團、台灣豫劇團、台灣國樂團及宜蘭在地傳承團體為基本條件，加上雜技、歌仔戲、崑曲、原住民舞蹈及兩岸和國際交流等各類傳統藝術，提供不同的民俗文化美學體驗。

　　傳統建築體驗區：以重現傳統建築風格的實體建築，以散落點狀的指標性建築元素配置於體驗動線系統中。以純粹古宅移地拆卸重組復建方式呈現的實體建築有廣孝堂、黃舉人宅等文化資產保護概念下移地原型重建保存的兩組歷史建築；及配合復古民俗情境的文昌祠及間隔廟埕相對的戲臺等兩組全新仿古營造的體驗建築。黃舉人宅，即為宜蘭第一位大清舉人黃纘緒發煌後於 1877 年建於今宜蘭市新興路巷內供第四房夫人張聯珠，經典的「一正身、雙護龍」格局完整的閩式三合院，1996 年因道路變遷及黃氏子弟活化祖產決定拆除，宜蘭縣政府介入協調獲允妥適拆解 2002 年移地重建於傳藝中心現址〔註 215〕，兼顧保存及公眾對早期閩南式建築群落所承載之生活形式及民俗人文體驗。移地原型重建保存的歷史建築尚有原位於宜蘭市聖後街的鄭氏家廟「廣孝堂」，家族 1921 年籌建時初號為「廣孝會」，1996 年因道路拓寬經游錫堃協調按文化資產保存之建物測繪研究作業後於 2001 年復建於傳統中心民藝街坊廣場，內部按鄭氏家族所贈原般宗祠擺置「作為傳統社會宗族關係及祖先信仰之實體展示室」，示範宜蘭漢人慎宗祭祖的家族民俗傳統，建築文化專家李乾朗分析「廣孝堂」所蘊含潮州師傅的建築風格，迥異於宜蘭民間普遍

〔註 214〕李乾朗：《遊園訪勝──國立傳統藝術中心建築群導覽手冊》（宜蘭：國立傳統藝術中心，2002）。頁 19〜69。及方芷絮：《藝路走來──國立傳統藝術中心的籌備與興建過程》（宜蘭：國立傳統藝術中心，2003）。
〔註 215〕王巧瑩：〈林安泰古厝拆遷事件後，台灣地區之歷史性建築遷移保存案例研究〉（中原大學建築研究所碩士論文，2006）頁 65。

的福建漳州建築文化，且手法上有本地匠師參與略帶噶瑪蘭匠師手藝始使廣孝堂具備了重要的建築價值〔註216〕。

　　新建的仿古建築有文昌祠與廟埕另向相對的戲臺，文昌祠係台灣首座由政府興建的仿古廟宇，文建會原政策性決定國家設立園區僅重現廟宇、廟埕及戲臺等民俗文化元素，不擬迎祀神祇以表園區中性之信仰立場，其後正殿雖入祀也讀書人守護神文昌帝君及合稱「五聖文昌」之關聖帝君、孚佑帝君、魁斗星君及朱衣神君等，左副祀戲曲祖師西秦王爺、田都元帥、孟府郎君等；右配祀工藝祖師魯班先師、爐公先師、荷葉先師等，仍未開光降靈。遲至2004年雖行開光降靈之禮，但不擬實質開放點香祭拜，旨在經由實境展示民間信仰並意寓文昌帝君守護向學，祈求國家文明昌盛人才濟濟；戲曲、工藝祖師守護臺灣傳統藝術發揚不綴〔註217〕。有關重現民間信仰情境部分，先前於邱坤良民俗技藝園規畫中主張設廟宇，自五結鄉二結王公廟分靈，重現廟口慶典、搬戲酬神民俗；設曲館、眾神廟，讓酬神戲、各種小戲、雜藝、童玩、小吃攤交錯呈現；另設民間信仰小祠，迎祀符合台灣民間自然崇拜之福德正神或五穀神、三官大地等〔註218〕。劉可強於傳統藝術中心細部計畫時期，則主張自五結鄉二結王公廟分靈建中型廟宇與在地王公信仰圈融合，農業產業景觀展示區域則復建台灣草根田間小路或聚落地頭大自然地域崇拜的地神，也就是土地公福德正神為主要民間信仰生活元素〔註219〕。從對民間信仰情境的營造，到迎祀神屬性所指攝的主體思維，相對而言目前所應奉的主、副祀神屬性較傾向知識菁英及藝能社群，而非在地草根或普羅庶民傳統上的信仰表現。相互連結的傳統工藝推廣區：則由廣孝堂、展示館與民意街坊上之傳統工藝坊、童玩坊及文昌祠、廟埕廣場、戲台、小吃坊、黃舉人宅等建築群落，形成舊式街廓中民眾直接體驗與消費空間〔註220〕。

〔註216〕李乾朗：《遊園訪勝——國立傳統藝術中心建築群導覽手冊》（宜蘭：國立傳統藝術中心，2002）。頁61～73。

〔註217〕參據現任國立傳統藝術中心主任秘書訪談。

〔註218〕邱坤良：《東北部民俗技藝園整體規劃報告書》（宜蘭縣政府委託國立藝術學院，未出版，1994），頁98～111。

〔註219〕劉可強、邱坤良：《傳統藝術中心細部規劃報告——工藝、戲曲、產業、生態、及文化的傳承與創造》（台北：台灣大學建築與城鄉研究所規劃室，未出版，1995），〈摘要〉及頁2-1至6-48。

〔註220〕李乾朗：《遊園訪勝——國立傳統藝術中心建築群導覽手冊》（宜蘭：國立傳統藝術中心，2002）。頁19～69。